中国人事科学研究院
·学术文库·

外国公职人员行为及道德准则

熊缨 等译著

中国社会科学出版社

图书在版编目（CIP）数据

外国公职人员行为及道德准则/熊缨等译著. —北京：中国社会科学出版社，2017.11

（中国人事科学研究院学术文库）

ISBN 978-7-5203-0463-4

Ⅰ.①外⋯　Ⅱ.①熊⋯　Ⅲ.①公务员—行为规范—研究—国外②公务员—职业道德—研究—国外　Ⅳ.①D523.2

中国版本图书馆 CIP 数据核字（2017）第 123193 号

出 版 人	赵剑英
责任编辑	孔继萍
责任校对	季　静
责任印制	李寡寡

出　　版	中国社会科学出版社
社　　址	北京鼓楼西大街甲 158 号
邮　　编	100720
网　　址	http://www.csspw.cn
发 行 部	010-84083685
门 市 部	010-84029450
经　　销	新华书店及其他书店

印刷装订	北京君升印刷有限公司
版　　次	2017 年 11 月第 1 版
印　　次	2017 年 11 月第 1 次印刷

开　　本	710×1000　1/16
印　　张	17.25
插　　页	2
字　　数	274 千字
定　　价	75.00 元

凡购买中国社会科学出版社图书，如有质量问题请与本社营销中心联系调换
电话：010-84083683
版权所有　侵权必究

编译说明

国家公职人员掌握公共资源，行使公共权力，担负着管理公共事务的重要职责，其道德行为具有与其他公众人物不同的公共性特征，其道德行为的影响力和所产生的行为效果直接关系到百姓切身利益及政府的形象，在社会层面的影响更加广泛和深远。公职人员的失范行为，背后折射出的是行政行为及道德价值观的扭曲，同时，也揭示出公职人员道德行为缺乏统一严格的规范和标准。西方一些发达国家十分重视以法治体现道德理念、强化法律对道德建设的促进作用。在长期的发展过程中，美、英、澳等发达国家建立了一系列公职人员行为及道德准则，在公职人员道德建设方面积累了较为丰富的经验，道德建设的法治化水平较高。

"他山之石，可以攻玉"，学习和探讨西方各国在公职人员行为准则及道德标准方面的良好经验和存在的问题，对于提升中国公职人员的整体公共行政行为及道德水平，健全公职人员管理机制具有非常现实的借鉴意义。尤其是最近十年来，英美澳等国持续加强反腐败和廉政建设，对公职人员的道德建设更加重视，结合国内外的有益做法对相关道德行为法规和准则进行了修订，有关探索和新的变化也值得我国关注和学习。为此，我们组织力量收集、翻译和选编了国外公职人员行为及道德准则方面的规范。力求所选编的准则规范具有一定的代表性和参考价值，形成了《外国公职人员行为及道德准则》一书。

本书分为两个部分：第一部分是外国公职人员行为及道德准则比较分析，分别从外国公职人员行为及道德准则的概念及作用、目的、核心内容及常见原则、代表性国家相关准则发展历程、主要内容比较、实施措施比较等几个方面展开；第二部分是外国公职人员行为及道德准则的编译，包括美国、英国、加拿大、澳大利亚、日本、韩国等国公职人员行为及道德准则的法律规范，有的国家是将行为及道德准则作为一项专门的法律，而有的则是作为一项规范，但主要涉及的内容大体就是"应该型"规定和"不应该型"规定。

多位同志参与了本书的翻译和写作。熊缨完成综述和各章提要撰写，以及美、加、英、菲4国法规的翻译；王伊、何天纯、张霞、袁士鹏、樊士帅等每人负责完成了2个国家法规的翻译。

本书中选编的一些准则规范由于原文较长，只节选了部分内容，因此序号编排可能出现不连贯的情况；此外，一些准则规范中所引法规法条的序号均按照原文序号编译，因此可能出现序号形式有前后不一致的情况，特此说明。

因时间仓促，编译者水平有限，书中难免还有其他疏漏错误之处，敬请广大读者批评指正。

编者

2016 年 11 月

目　　录

外国公职人员行为及道德准则比较分析 …………………………（1）
美国行政部门雇员道德行为准则（节选）……………………（22）
英国公务员守则 ………………………………………………（48）
法国公务员职业道德规定（节选）……………………………（54）
德国联邦公务员法（节选）……………………………………（64）
西班牙政府工作人员及国家行政机关高级官员良好治理准则 ………（70）
加拿大公共部门价值观与道德准则 ……………………………（74）
爱尔兰公务员标准及行为准则 …………………………………（81）
澳大利亚《1999年公务员法》（节选）………………………（93）
澳大利亚公职人员道德与行为准则实施细则（节选）………（97）
新西兰《廉正与行为标准》……………………………………（120）
新西兰行为准则实施指南 ………………………………………（139）
意大利公职人员行为准则 ………………………………………（144）
波兰公务员道德准则 ……………………………………………（150）
克罗地亚公务员道德准则 ………………………………………（154）
印度2007年公共服务法案 ……………………………………（164）
菲律宾公职人员行为准则及道德标准 …………………………（174）
菲律宾公职人员行为准则及道德标准的实施细则 ……………（185）
日本国家公务员伦理法 …………………………………………（202）
韩国公职人员伦理法 ……………………………………………（218）
韩国公职人员廉正准则 …………………………………………（250）
新加坡部长行为准则 ……………………………………………（258）
联合国国际公务员行为准则（2013）…………………………（263）

外国公职人员行为及道德准则比较分析

国家公职人员掌握公共资源，行使公共权力，担负着管理公共事务的重要职责，其道德行为具有与其他公众人物不同的公共性特征，其道德行为的影响力和所产生的行为效果直接关系到百姓切身利益及政府的形象，在社会层面的影响更加广泛和深远。公职人员的失范行为，背后折射出的是行政行为及道德价值观的扭曲，同时，也显示出公职人员道德行为缺乏统一严格的规范和标准。西方一些发达国家十分重视以法治体现道德理念、强化法律对道德建设的促进作用。在长期的发展过程中，美、英、澳等发达国家建立了一系列公职人员行为及道德准则，在公职人员道德建设方面积累了较为丰富的经验，道德建设的法治化水平较高。本书对西方代表性国家公职人员行为及道德准则进行比较研究，总结和分析全球范围内各国建立公职人员行为及道德准则的主要内容和实施措施，希望从中获得对加强我国公职人员行为道德规范建设的有益启示。"他山之石，可以攻玉"，学习和探讨西方各国在公职人员行为准则及道德标准方面的先进经验和存在的问题，对于提升中国公职人员的整体公共行政行为及道德水平，健全公职人员管理机制具有非常现实的借鉴意义。

一 公职人员行为及道德准则的概念及作用

西方一些研究认为，道德准则通常仅限于推动特定的行为标准。行为准则有不同目的：启发、引导和管理。道德准则一般是对定义公职人员职业角色的"核心价值观"进行综合陈述。在通常情况下，道德准则会列出一些公职人员在遇到道德问题时应该秉持的基本价值观和道德原则，但很少强调这些原则在特定情况下如何应用。行为准则是反映个人道德、法律规定和职业价值观要求的文件，可作为行为指导。行为准则一般用于预测和防止某些特定类型的行为，如利益冲突、自我交易、贿赂和不当行为等。行为准则可以分为两大基本类型：一是"应该"型行为准则，二是"不能"型行为准则，一般后者多于前者，即大多数行为准则会详细规定在一些现实情况下公职人员不能从事的具体行为。行为准则及道德准则在内涵上有一定差别，而在实践中，也常常有国家分别颁布行为或道德准则。但是，也有一些国家将二者合并在一起做出规定，或者是在单独颁行的行为准则或道德准则中，实际上兼顾了两者的内容。

有研究认为，没有任何国家是完全靠法律、法规和程序性规范对道德进行节制的。特别是在道德行为失范领域，仅靠立法、行政法和刑法等对道德行为进行规制是不够的。实际上，政治价值观和公共部门的价值观这些观念也需要诸如准则之类的软工具。研究还认为，公职人员行为及道德准则主要有以下作用：促进道德行为，警示不道德行为；提供判断公职人员行为是否适当的系列标准；为公职人员在面临价值观、忠诚度或利益冲突时或做出道德选择时提供指南；明确公职人员的职责和权利；明确其职业或组织要求的一些原则（如公正、公正等）；明确处理不当行为的程序和惩处措施；在公职人员及其服务对象之间建立起一种契约；使职业规范合法化，提高职业自豪感；提高公众对公职人员的信任度；等等。

然而，也有研究对公职人员行为及道德准则的作用提出了一些质疑，主要包括：价值观的一般性陈述缺乏操作性；准则无法为所有情况和问题提供指南；由于政府活动的复杂性，很难制定一个普遍适用的准则；可能与其他法律法规有所冲突；准则中规定的公职人员的职责可能与他们作为公民的权利有所冲突；难以执行；可能被歪曲滥用——凡是没有明确规定的即被视为可以接受；利益相关方难以就一些原则和内容达成共识；等等。但是也有人指出，如果制定准则时注意内容的准确性、连贯性、全面性和可操作性，并注意与其他法律法规的衔接，这些问题也是可以避免的。

二 代表性国家行为准则与道德准则的发展历程

19世纪后期，随着公务员制度在英美等西方国家建立，国外公职人员道德建设开始了走上法治化道路的历程。20世纪60年代后期，为了应对经济社会发展过程中的伦理危机和道德困境，一些国家进一步对公共行政领域和政府的道德问题进行反思，开始系统综合地用行政伦理制度化方式研究公共行政问题。20世纪90年代末和21世纪初，防治腐败、促进良好治理成为世界各地公共行政与公共政策领域普遍关心的问题。为促进政府中的公共价值和美德，各国相继制定了一系列公职人员行为和道德准则和规范，并以法律的形式予以强化。创建这些准则的根本目的主要是遏制腐败的发生，提高公正性；但是在另一方面，行为和道德准则的创建对提升公务员队伍的行政效率，以及公共服务水平的提高也起到了重要的作用。

1. 英国

在最先建立行为和道德准则的英国，其建立行为和道德准则的背景是因为严重的贫富分化和政治腐败，并带来了一系列的社会和政治危机。

早在1889年，英国政府就制定了《公共机构腐败行为法》，严格禁止公共机构成员主动或被动的贿赂行为。依据该法，任何行使公共职能或法定职能的机构均被认定为公共机构，公共机构的任何人员被严格禁止在与公共机构有关的任何交往过程中收受或者要求收受、同意收受任何形式的礼物、贷款、费用、酬劳或利益，也严格禁止他们在此类事务中承诺或提供任何形式的礼物、贷款、费用、酬劳或利益。1906年，英国在修订《公共机构腐败行为法》的基础上，颁布了《防止腐败法》，将禁止公共机构成员贿赂的适用范围扩大到公共机构本身。1925年，英国政府制定了《荣誉法典》，以规范公务员（事务官）的从政道德。《法典》明文规定了禁止公务员（事务官）滥用国家授予的权利获取利益。该法典沿用至今，对英国所有公务员（事务官）从政行为起着明确的指导作用。

1990年至今，国际形势发生了巨大的变化。每个国家的反腐败环境也在发生巨大的变化，一些国家开始反思以前公职人员行为准则制定产生的问题，以及如何应对新形势下的反腐败工作，等等。1996年，英国首次制定了系统成文的《公务员守则》，明确规定了公务员的核心价值观与行为标准，要求公务员秉持正直、诚信、客观和公正的价值观。2006年，英国政府与公务员委员会出台了新的《公务员守则》，更全面地阐释了公务员围绕基本价值观所应遵守的道德行为规范。2016年，英国政府与公务员委员会对《公务员守则》进行了最新修订，在保持《守则》原有框架下，对具体条文做了调整和完善。

2. 美国

美国政府1958年便颁布了《政府服务伦理守则》，该《守则》共10条，由美国众议院通过，是美国政府对官员进行道德立法的第一部正规性法律文件。其沿用至今，具有原则性和纲领性，首要强调"将对最高道德准则的忠诚置于对个人、党派或政府部门的忠诚之上"。1978年，美国政府颁布《政府道德法案》，这是美国公务员道德立法的第一部法典。《政府道德法案》是美国公务员道德立法的基石性文件，尽管其中的2、3部分已经废除，但公共财政披露制度、政府道德办公室制度和外部收益行为管理制度一直延续至今，尤其是政府道德办公室每年更新的联邦道德法律汇编，更是美国公务员道德立法的权威法律性文件。同年，美国政府还颁布了《监察长法》，决定在联邦政府29个主要部门设立监察长办公室，专门负责行政监察工作，调查政府工作中的不廉洁和腐败行为以及效能问题。

1989年，美国政府对《政府道德法案》进行修订，颁布了《政府道德改革法》，扩大了官员离职后从业行为受限，同时还规定中下级官员也要申报个人及亲属的财产。这一年，布什政府的联邦道德法改革委员会建议用一套适用整个行政部门所有雇员的法规代替每个机构自己制定的行为标准。布什总统由此颁布一项行政法令，规定了行政部门雇员必须遵守的14条道德原则。1992年，联邦政府道德署出台了《行政部门雇员道德行为准则》（1993年开始实施），其中对礼品、利益冲突、滥用职权、兼职等作了详细规定。后来，该准则进行了几次修改，最新的一版于2016年8月25日起颁布生效[①]。

3. 加拿大

20世纪70年代早期，加拿大不断发生涉及政府官员的不符合伦理的事件，而且还有大量的关于美国和英国政府丑闻的媒体报道，这些均极大地增加了公众对制定公职人员道德行为准则的需求，对政客行为的担忧蔓延至对公职人员道德和行为的担忧。1973年12月18日加拿大颁布了《公务员利益冲突指南》，之后又公布了《公共服务职员行为标准》，除利益冲突外，该标准还对歧视和政治党派之争等道德伦理问题提供了指导。1985—

---

① 参见 https://www.og（e）gov/Web/og（e）nsf/0/076ABBBFC3B026A785257F14006929A2/$FILE/SOC%20as%20of%2081%20FR%2048687.pdf。

1992 年，反复出现的利益冲突问题促使布赖恩·马尔罗尼总理任职的政府出台了《公职人员利益冲突和离职规范》（于 1986 年 1 月生效）。

1996 年，当时的公共服务价值观和伦理副部长行动小组发表了著名的报告（通常被称为泰特报告，以已故主席 John Tait 命名）。该报告提出，公共服务变革"必须首先来自于：有意识地坚持和日常践行的价值观、深深扎根于我们政府制度的价值观、有助于在公共服务中对其目的和品格树立信心的价值观以及能帮助我们重新将公共服务看作一项高尚的事业的价值观"[①]。2003 年 9 月 1 日，加拿大政府颁布并开始实施《公共服务的价值观与道德准则》。该准则对泰特报告中呼吁作出价值观声明给予了响应，但是，该准则只适用于核心行政部门。2012 年，加拿大政府再次修改该准则，并且扩大了准则的适用范围，在所有公共部门中运用该准则。

4. 韩国

韩国政府把法治反腐作为重中之重，先后制定、修订了多部预防腐败的法律，形成了以《腐败防治法》为主体，包括《公职人员伦理法》《公益举报人保护法》《公共机关信息公开法》《公务员行动纲领》《防止不正当请托和利害冲突法》《金英兰法》等在内的预防腐败法律体系。韩国《公职人员伦理法》制定于 1981 年，后来几次修改该法，最新一版是在 2007 年颁布的。该法确立了公职人员的伦理观，强调财产登记与披露和礼品申报，此外还对退休公职人员就业施加限制。韩国《公共机关信息公开法》制定于 1996 年，是亚洲第一部信息公开法，其适用范围非常广泛，不仅适用于行政机关、立法机关、司法机关，还适用于政府持股超过 50% 的企业、机构，以及所有学校等。2003 年 2 月，韩国以总统令的形式颁布实施《公职人员廉正准则》，进一步规范公职人员的行为标准。该准则对公正履职、使用公共财产为个人谋利、使用与工作相关的信息进行交易、收受金钱和其他礼品、外出演讲、借款等特定行为进行了规定，可以说是补充了《公职人员伦理法》中没有规定的内容。这些基础的法律成为后来韩国法治防腐体系的重要支撑。

5. 日本

1988 年涉及股票内幕交易的利库路特丑闻发生后，当时的日本内阁

---

① Kenneth Kernaghan (2008), A Speical Calling: Values, Ethics, and Professional Public Service, derived from http://www.tbs-sct.g（c）ca/psm-fpfm/ve/code/scv-en（g）pdf.

发布了《关于执行官员纪律的决定》（1988年12月），指出政府官员应当避免招致公众怀疑的行为。但是，在90年代，日本又接二连三出现丑闻事件，公众对腐败的不满情绪日益高涨。1996年，副大臣委员会于1996年达成协议，要求各省厅自行制定与来自私营部门或其他公共部门的个人或机构进行联络的行为准则。1998年2月，桥本龙太郎首相建立了制定道德措施的委员会。委员会通过了1996年的举措，而《国家公务员伦理法》也最终于1999年8月13日颁布。该法制定了三个基本道德原则，并且规定了公共行政部门道德管理的组织框架，对官员上报收受礼品、持有股票和收入的程序作出了规定。该法还规定，必须制定道德规范，以代替各省厅的规范。2000年3月《国家公务员伦理规范》以政府指令的形式出台，4月1日开始实施。该规范制定了五个"道德行为"基本标准，规定也十分具体，但实际上集中在一个道德管理问题上，即公务人员是否可以接受个人或实体给予的好处（礼品、款待、利益等）。2005年，该规范又进行了修改，变化幅度不大，主要是增加了一些规定。

三 外国公职人员行为及道德准则中的常见原则与核心内容

外国公职人员行为及道德准则常常会包括下列三个方面的核心内容：个人道德原则（如诚实、正直等）、公共服务职业价值观（如保持中立、为公共利益服务等）以及对特定行为进行规范（如避免利益冲突、滥用职权等）。

各国都认为，相比社会中其他成员，公职人员必须遵守更高的行为道德标准。但是在不同国家的公职人员行为及道德准则中，强调的价值观/道德原则是不同的，后文将进行详细比较分析。2000年经合组织（OECD）经调查发现，OECD各国强调最多的8个公共价值观分别是：公正（24个国家）、合法（22个国家）、正直（18个国家）、透明（14个国家）、效率（14个国家）、公平（11个国家）、负责（11个国家）和正义（10个国家）。有研究[1]表明，在东欧一些国家公职人员的行为/道德

---

[1] ［荷］米歇尔·德·弗里斯、金判锡：《公共行政中的价值观与美德：比较研究视角》，熊缨、耿小平等译，中国人民大学出版社2014年版，第156页。

准则中，合法、公正、对国家/政府忠诚、为公共利益服务、诚实、正直等价值观出现的频率较高。另外有研究[①]在分析各国公职人员道德法和行为/道德准则的基础上，总结出 12 条常见的道德原则（见表 1）。

表 1　　　　　　　　　　常见的 12 条道德原则

原则 1：正直，在公共、职业和私人生活中，公职人员的行为应该能保持和增强公众对政府的信任和信心。公职人员应该表现出职业能力和个人行为的最高标准，充满活力和善意地高效履行其职责。

原则 2：忠诚，公职人员应该致力于维护宪法和法律，能够忠实地履行其职责。

原则 3：透明，即公职人员被赋权行使权力、分配资源。因此应尽可能公开他们做出的决定，并注意证明其行为具有正当理由。只能在更广泛的公众利益有明确要求的情况下，对信息进行保密。

原则 4：保密，即公职人员可以使用和披露属于公共知识和公众有权了解的信息。但是，在履行公共职责时，公职人员可以获取保密或属于私人性质的信息，这些信息则不能对外披露。

原则 5：诚实，即公共服务是一种公共信任；公众委托政府官员来代表他们。公众对政府的信任、信心和尊重取决于公职人员是否诚实，或是否被视为诚实。公职人员必须遵守他们所作出的承诺，真诚、不欺骗、不欺诈、不腐败。

原则 6：负责，公职人员对其决定和行动负责，最终对公众负责。他们必须做好准备说明他们的决定和行动，并接受对其公职的任何审查。

原则 7：为公共利益服务

公职人员做出的决定和行动必须是为公共利益服务，而不是出于他们的个人利益，包括其家庭、朋友或其他外部机构和团体的利益。公职不得用于私利。

原则 8：行使合法权利

公职人员被赋予权力和职权。这些权力和职权必须在其公职中合法行使。公职人员一定不能滥用其权力和职权。

原则 9：公正

公职人员应以公平公正的方式做出决定和采取行动。选择应该是在择优的基础上做出，提供的建议也应是不偏不倚。不得因人种、种族、国家、民族、性别、语言、宗教、政治意见或其他地位或任何其他无关的考虑而有所倾向。

---

① Stuart C. Gilman (2005), Ethics Codes and Codes of Conduct As Tools for Promoting an Ethical and Professional Public Service: Comparative Successes and Lessons, derived from https://www.oec (d) org/mena/governance/35521418.pdf.

续表

原则10：尊重法律
公职人员应该遵守法律，并服从适用于其履行公职的法规、指令以及有关部门的指示。
原则11：积极回应
公职人员应该及时倾听、回应利益相关方的需求，尊重并有礼貌地对待他们。
原则12：以身作则
公职人员应该通过以身作则、率先垂范来促进和支持这些原则，表现众所期望的榜样的最高标准。

外国公职人员行为及道德准则中最常见的行为要求和规范包括：收受礼物及馈赠限制、保守秘密、利益冲突与回避、不得滥用职权、离职后再就业限制，等等。

1. 收受礼品及馈赠限制

大多数国家都对索取和接受可能影响公职人员发挥职能和履行职责的任何礼物作出了规定，一般的原则是禁止索取或收受礼品，要求进行礼品申报。美国《行政部门雇员道德行为准则》规定，禁止雇员从被禁止的来源索取或收受礼物，禁止雇员因为其公务身份收受礼物；禁止雇员向上级赠送礼物；禁止雇员接受工资比自己少的雇员所送的礼物，等等。新西兰《廉正与行为标准》规定，公务员应拒绝会导致其承担责任或受到影响的礼品或贿赂。在任何情况下，礼物的接受只能通过走申报与注册的公开流程。《菲律宾公职人员行为准则及道德标准》规定，公职人员不得在任职期间或与受其部门职能管辖或存在任何往来的业务中，直接或间接地受赠或接受任何礼物、酬金、恩惠、款待、借贷或任何人的任何有价值的礼物。

2. 利益冲突及回避

大多数国家都要求公职人员不得不正当利用其职权和影响，以不正当地促进：其自身的利益和其家庭其他成员的个人利益。多数国家还要求，如果有可能出现利益冲突时，公职人员就必须申报：商务或商业利益，经济利益，以及为获得经济收益进行的活动。《菲律宾公职人员行为准则及道德标准》规定，公职人员在任何时刻都应避免对公众义务与其本身利益相冲突。当发生利益冲突时，公职人员应在从政就职之日起的30天内从私营企业辞职,以及/或者在就任之日起的 60 天内出售其在私营企业的持股或相关利益。《爱尔兰公务员标准及行为准则》规定,公务员不得在任何时候进行与之相关的任何外部业务活动,与各部门/办事处的利益冲突,不符合其官方立场,损害其作为公务员履行职责的能力等一系列活动。《新西兰行为准则精解指南》中要求,公职人员必须避免个人利益或关系与机构利益冲突的情况,当个人利益可能与职责冲突时,必须坦诚报告。

3. 保守秘密

大多数国家都要求公职人员确保保守机密性事项的专业秘密,并规定如果未能履行这一义务则应受到纪律制裁。《菲律宾公职人员行为准则及道德标准》规定,公职人员不得使用或泄露因其职务需要而正式告知的但并未对公众开放的保密或机密信息,已达到以下两者中的任一目的:(1)增进其自身利益,或者为某些人提供非法的便利;或者(2)损害公共利益。西班牙《政府工作人员及国家机关高级官员良好治理准则》中规定,在不损害有关公共利益信息传播的法律规定的情况下,高级官员应对其因为职责的原因而获知的数据和报告适用保密、缄默及谨慎原则。澳大利亚《公职人员道德与行为准则实施细则》则要求,公务员必须对任何部长或部长职员的来往信息和文件保密。克罗地亚《公务员道德准则》则规定,公务员不能利用任何关于所在单位的活动、操作或履职过程中接触到的保密信息。

4. 不得滥用职权

许多国家在道德行为准则中要求公职人员依法履行职责,合理利用公共资源、财产和信息,不得滥用职权谋取私利。美国《行政部门雇员道德行为准则》将"滥用职权"专门列为一章,对公职人员正确使用公务时间和权力,以及正确使用雇员因为其联邦雇员身份可接触到的信息和资源作出了规定。韩国《公职人员廉正准则》中规定,公务员不得利用自己的职务便利为自己或他人牟取不正当利益。无正当原因,公职人员不应该将公车、船只和飞机等公共财产私用或从中牟利。西班牙《政府工作人员及国家机关高级官员良好治理准则》中要求,高级官员应严格管理公共资源,并应避免可能危害公共职责的尊严的行为。

5. 外部兼职和离职后再就业限制

许多国家在道德行为准则中对公职人员在政府外兼职以及离开其公职

后再就业进行了规范,以确保公职人员不会因为其(原有的)职权和影响获得不当好处。美国《行政部门雇员道德行为准则》中对于雇员参加政府外的有偿或无偿的雇佣工作与活动都有所限制,在终止联邦雇用后打算再寻找工作的雇员也应遵守离职后的限制。《新西兰行为准则精解指南》中要求,公职人员承担兼职必须通过机构同意,避免任何可能的冲突,而且还应当报告其从事的国家服务之外的一切商业活动。《爱尔兰公务员标准及行为准则》规定,公务员拟从事任何外部就业或者创业相关的活动时应该向本部门的人力资源主管报告。任何公务员打算从事或参与(a)之外的他或她曾经有公务往来的或(b)的可能会通过他或她获取不正当竞争优势的任何外部业务,必须将自己的意图通知有关部门。另外,公职人员不得在退休后的12个月内持有与道德法案相违背的特定立场。《澳大利亚公职人员道德与行为准则实施细则》则规定,公职人员劳动合同中可包括公职人员在离开澳大利亚公职人员队伍一段时间后不得为某些雇主工作,或成立某些类型企业的限制条款。

四 外国公职人员行为及道德准则主要内容比较

由于各国政治体制、行政文化传统有所不同,公职人员管理体制也有所差别,因此,各国公职人员行为及道德准则在法律形式、内容结构、制定目的、规定的特定行为以及约束力和惩处措施等方面都有所不同。

(一) 法律形式不尽相同

对于公职人员行为及道德进行规范的形式大致可分为以下几种:

一是专门性法律规定。即通过专门法律对公职人员行为及道德进行规范。例如,日本在1999年出台了专门的《国家公务员伦理法》,其中制定了国家公务员必须遵守的三个基本道德原则,包括牢记国民公仆身份,时刻公正执行职务;时刻清楚公私有别,不可牟取私利;维护公众的信任,不得收受礼物等。韩国在1981年就出台了《公职人员伦理法》,后来该法几经修改,最新一版是2007年。该法强调公职人员应献身于公职,确保公务执行的公正性。该法还对公职人财产申报和公开、礼品申报、退出公职者再就业限制等进行了规范。

二是在公务员法等相关基础性法律中进行规定。即在公务员法等基础性法律中，明确提出公职人员应该遵守的道德原则和行为规范。例如：澳大利亚《1999年公务员法》的第三部分中明确列出了澳大利亚公务员价值观和公务员行为准则。其中，价值观共有15条，行为准则共有13条。法国于1983年7月13日通过了关于公务员权利和义务的第83—634号法律（勒波尔法），该法第四章"义务与职业道德"中则明确规定了对公务员道德和行为的要求，强调公务员应避免利益冲突和尽忠职守，不以公权牟取私利。法律中关于公务员职业道德的规定涉及以下几个方面：履行职责、处理利益冲突、财产声明以及从事营利性活动和兼职等。《德国联邦公务员法》中规定了公务员权利和义务，而这些义务要求实际上就是对公务员道德和行为的要求。这一法律关于公务员道德和行为的规定涉及以下几个方面：保持中立、履行职责、服从上级、遵守法律、宣誓义务、保守秘密、住房、着装、答复媒体以及接受报酬、礼物和其他利益等。

三是在专门的准则中进行规定。即针对公职人员出台专门的准则，对公职人员应该遵守的道德原则和行为规范进行规定，这种情况最为常见。有些国家是单独颁布道德准则或行为准则，例如，《波兰公务员道德准则》、克罗地亚《公务员道德准则》《意大利公务员行为准则》等。这类准则一般比较简短宽泛，只是规定了一些道德和行为原则，没有对特定行为（如离职后就业、收受礼物、利益冲突等）进行详细规范，也没有明确列出违反道德行为原则的惩处措施。但是，多数国家是将道德和行为准则结合起来，既在准则中提出了核心价值观和道德原则，也提出了比较详细的行为要求和规范。如：美国的《行政部门雇员道德行为准则》《加拿大公共部门价值观与道德准则》《爱尔兰公务员标准及行为准则》《菲律宾公职人员行为准则及道德标准》等。

（二）内容结构不尽相同

从结构上来看，近年来一些国家颁布的公职人员行为及道德准则的结构与法律法规十分相似，主要包括了以下一些内容：定义（目的和词语解释）；原则（一般包括7—14条原则）；问题（原则的实践应用）；相关权益；惩处措施（行政和法律惩处措施，公众意见）；与现行法律的联系（程序，负责监管的机构等）。

但是，各国公职人员行为及道德准则的内容构成不尽相同。当前，准则的内容构成主要有两大类。

一类是行为或道德准则只规定一套通用的原则或价值观，而不包括具体的实施要求、惩处措施等，如《波兰公务员道德准则》，内容和形式都比较简洁，只有5个部分，35条规定，使用了简洁的句式提出相应的道德原则，没有详细的行为要求，也没有涉及对利益冲突、收受礼物、兼职、信息披露等特定行为的详细规范。英国的《公务员守则》也比较简洁，包括三个部分：公务员价值观、行为标准以及权利和责任。西班牙《政府工作人员及国家机关高级官员良好治理准则》也比较简短宽泛，只是规定了一些道德和行为原则。这类准则里的规定都采用了较为简明的句式，没有针对一些特定行为（如利益冲突、收受礼物、离职后就业等）的详细规定，也没有详细规定针对违反规定的惩处措施、准则的管理执行机构以及实施措施等。

另一类是行为准则的内容构成类似于现有的道德或伦理法律，明确规定了公职人员的职责和违反规定的惩处措施，一般涵盖了法律要求、适用范围、信息披露、公职人员的承诺、个人行为、公共利益和个人利益等等。具体如美国的《行政部门雇员道德行为准则》，共分为九个部分，分别是总则、外部礼品、雇员间礼品、冲突的财务利益、履行职责的公正性、寻找其他工作、滥用职权、外部活动、相关的法定权限。每个部分的规定都比较详细，并且列出了不同情况的案例。《菲律宾公职人员行为准则及道德标准》内容和形式上也与道德或伦理法律相似，规定比较详细。准则共有17章，主要内容包括：公职人员行为规范、公职人员职责、激励与报酬制度、禁止的行为及事项、声明与披露、财产剥离、审查程序及符合程序、惩处，等等。

（三）制定准则的目的不尽相同

一般而言，制定行为或道德准则的目的是提倡道德行为和威慑不道德行为，形成一套评估公职人员行为的标准和书面基准；此外，还服务于公众，了解公众对政府的期望，利于政府采取措施提高行政服务质量和效率，更好地满足公众的期望。但是，不同国家制定公职人员行为和道德准则的目的也有所不同。

美国政府最初颁布《美国行政部门雇员道德行为准则》的目的之一就是用一套可以适用于整个行政部门所有雇员的标准取代各部门各自出台的行为标准。美国《行政部门雇员道德行为准则》中还提到，制定准则的目的在于使每个雇员都尊重并遵守所述道德行为的原则，并实施准则规定和补充机构法规所包含的准则，以确保每个公民能够完全信任联邦政府的廉洁。

克罗地亚《公务员道德准则》中提到，制定准则的目的是促进公务员履行公务时遵守相应的伦理、道德原则及价值观，以实现共同福利和公共利益，以及提高公众对公务员的信任感为目标。

加拿大制定《公共部门价值观与道德准则》的目的在于，通过要求公职人员遵循准则规定的价值观以及预期行为，促进公职人员加强公共部门的道德文化，并为公众对所有公共机构的信任做出贡献。

西班牙《政府工作人员及国家机关高级官员良好治理准则》的目的是为公民提供一套良好治理的准则。西班牙政府希望，这一准则可以确定并规定一些基本价值观，管理政府工作人员及其高级官员在应对公民需求和参与政治组织活动时的行为，并且在团结、自由和公正的框架内提供一份尊重、保护和鼓励所有个人愿望的坚实承诺。

日本《国家公务员伦理法》中指出，该法的目的是有助于维护与国家公务员职务相关的伦理道德，通过采取必要的措施，防止国家公务员在执行公务时，因不正当的行为招致国民对职务执行的公正性产生疑惑或者不信任感，确保国民对国家公务员的信赖。

韩国《公职人员伦理法》中指出，该法旨在加强公职人员作为人民公仆的道德建设，通过施行财产登记制度，披露登记财产，证明财产来源，公职人员和公职候选人的股票全权信托，以及订明约束公职人员利用职务之便购置财产的必要事项，要求对职务上收受的礼品进行申报，对退休公职人员就业施加限制，达到防范非法谋财，确保执行公务公正性的目的。

（四）倡导的核心价值观不尽相同

大多数国家会在公职人员的行为及道德准则列出要求公职人员具备的核心价值观或需要达到的道德行为标准。但是，这些准则所强调的核心价值观或核心原则不尽相同，而且这些核心价值观或核心原则表现形式也不尽相同。

《加拿大公共部门价值观与道德准则》中倡导了五大核心价值观：尊重民主、尊重人民、廉正、尽职管理和卓越。加拿大政府既采用核心词汇高度概括倡导的五大价值观，同时又对这些价值观进行了专门的阐释。尊重民主强调公职人员应维护加拿大议会民主及其制度；尊重人民指公职人员应尊重人的尊严以及每个人的价值；廉正，强调的是通过坚持最高道德标准，公职人员应保护和增强公众对联邦公共部门诚实、公平和公正的信心；尽职管理，强调公职人员应负责任地使用资源；卓越，即公职人员应表现出专业性的卓越。在这些价值观中，加拿大政府把"卓越"的要求放在突出的位置，也是在其他国家的道德行为准则中较为少见的。

英国《公务员守则》列出了四个公务员必须具有的核心价值观：正直、诚实、客观和公正，并对这四个价值观进行了阐释。守则指出，正直是指把公共服务的义务放在自身个人利益之上；诚实，即求真、开放；客观，即建议和决策立足于对证据的严谨分析；公正，即只根据情况的是非曲直行事，以同样的态度服务政见不同的政府。此外守则还强调了"政治中立"这一要求。

西班牙《政府工作人员及国家机关高级官员良好治理准则》中提出的核心价值观比较多，包括：客观、政治中立、负责、可信、公平、保密、致力于公共服务事业、透明、善行、朴素、亲和、高效、诚实及提升文化和周围环境品质及性别平等。但是守则并没有逐条给出定义和说明，只是围绕这些核心价值观提出了14条道德原则和11条良好行为原则。

《菲律宾公职人员行为准则及道德标准》提出的核心价值观也比较多，包括：维护公共利益、专业、公正及真诚、政治中立、服务公众、民族主义及爱国主义、拥护民主及简朴生活。该准则也对这些价值观进行了阐释，相比英、加等国准则中使用简洁的句式给出释义的形式，菲律宾这一准则中的释义较为详细，并且包含了一些行为要求。例如：在提出"服务公众"这一价值观时，该准则提出，"公职人员应尽力为公众提供及时、周到、足够的服务"。随后又规定，"除了法律另有规定或公共利益明确要求时，公职人员均应使用清楚易懂的语言将政策信息及办公程序告知于公众，确保在适当的时候政务信息、公众咨询和听证会的透明度，鼓励建言纳策，使政策、规则及程序简化及系统化，避免烦琐的程序，理解和重视全国社会经济发展状况，尤其是发展落后的农村及城市地区"。

大多数国家使用一些词语来描述其倡导的核心价值观，但是也有一些国家则采用了陈述句式来强调其倡导的道德行为标准。例如美国《行政部门雇员道德行为准则》在总则中是这样表述的："雇员应尽心履行他们的职责；雇员应该公正无私，不得给予任何私人团体或个人优惠待遇；雇员应忠实地履行作为公民的义务，包括所有正当的财务义务，特别是法律规定的义务，如向联邦、州和地纳税的义务；雇员应向所有美国人，不论其种族、肤色、宗教、性别、民族、年龄或是否残障，提供平等机会的所有法律法规。"

（五）规范的特定行为不尽相同

正如前文所述，大多数国家公职人员的道德或行为准则中会对一些特定行为进行规范，如避免利益冲突、滥用职权等。但是，具体而言，各国公职人员行为及道德准则中规范的特定行为也不尽相同。

有研究[1]认为，在美国等个人在公共部门和私人部门之间的双向流动较为频繁、"旋转门"现象普遍存在的国家，其准则中就十分强调对公职人员的外部活动、离职后再就业等问题的规范。例如，美国《行政部门雇员道德行为准则》中规范的特定行为包括：收受礼物、处理财务利益冲突、寻找其他工作、滥用职权、外部活动等。其中，规范"外部活动"的规定最多，共有9条；规范"寻找其他工作"的规定也比较多，共有7条。

在英国、澳大利亚等大多数公共服务被外包的国家，其准则中就十分强调与承包者的关系以及处理利益冲突等问题。例如，《澳大利亚公职人员道德与行为准则实施细则》共分为两个部分，分别是公职工作主要关系和公职人员职责。公职工作主要关系部分包括协助政府和国会的工作、公职人员与公众的关系，以及工作场所中的关系三个内容。而公职人员职责中也强调了对处理利益冲突的行为规范。在《意大利公务员行为准则》

---

[1] Alan Lawton (2004), Developing and Implementing Codes of Ethics, derived fromn (i) eu/upload/iblock/951/12_ (a) lawton. pdf.

中，则将"合同"列为重要的一个内容，规定公职人员在代表机构签署合同时应该遵守的行为规范。《爱尔兰公务员标准及行为准则》中，也将"为政府部门的购买销售制定合同"列为重要内容，给出了5条比较详细的规定。

还有一些国家，尤其是一些发展中国家，准则中则十分关注如何处理礼品、裙带关系、民族主义等问题。例如：《菲律宾公职人员行为准则及道德标准》中专门提到，"不得将办公资源非法分配或给予其无论是否具有血缘关系或姻亲关系的亲戚"。此外，该准则还特别将"民族主义及爱国主义"作为一个重要的行为标准，强调"公职人员在任何时候都应忠诚于菲律宾共和国和菲律宾人民，推广本地制造商品、资源和技术的使用，并提倡对国家和人民的赞赏和自豪"。日、韩都将进行财产登记和公开以及是否收受礼品、金钱等视为衡量公务员廉正与否的重要指标，在两个国家的公务员伦理法中，都针对这些问题制定了详细的规范要求。

（六）约束力及惩处措施不尽相同

国外一些国家的道德行为准则中，清楚地规定了违反准则所需承担的责任。但是也有一些国家的道德行为准则中没有类似的惩处规定，这是因为一些国家认为行为及道德准则旨在激励而非惩处公职人员，因而避免对具体的惩处措施做出明确的规定。

英国、加拿大等国的道德行为准则中，就没有详细规定违反守则的惩处措施，只强调准则是公职人员在公共部门就职必须遵循的条件，违背准则可能导致终止雇用关系。

美国《行政部门雇员道德行为准则》中规定的违反准则的惩处措施包括：纠正措施或纪律处分。纠正措施包括但不限于归还、改变委派任务、取消资格、剥夺权力、终止活动、弃权、设立一个合格的多样委托、全权委托或咨询。纪律处分指的是"惩戒性行为"，包括但不限于申斥、停职、降职、免职。

澳大利亚《1999年公务员法》中则规定，机构负责人如果发现其机构中的公务员违反了行为准则，可以依据有关程序对他/她做出以下处罚：终止雇用关系、降级使用、调整职责、降低工资、从工资中扣除罚金、批评。

《菲律宾公职人员行为准则及道德标准》中则规定，"任何公职人员，一旦违反本法，均应受到相关的处罚"。处罚根据违法程度的严重性，包括不超过一年工资的罚款、离职处分、判处5年以下监禁、5000比索以下的罚款、取消公职身份等。其中有些惩处措施较为严厉，如改准则规定，"违反本法第7、8或9章，当判处5年以下监禁或处以5000比索以下的罚款"。

韩国《公职人员伦理法》专门在第六章中对违反该法的情况，以及不同情况应采用的相应惩处措施作了比较详细的规定，这些措施包括解雇、罚款、有期徒刑，等等。例如，该法规定，"退休的公职人员受雇于营利性私营企业或联营组织，违反第17（1）条的规定，应当判处一年以下监禁，或1000万韩元以下罚金"。

五 外国公职人员行为及道德准则的实施措施比较

仅仅认同和强调道德行为和专业标准还远远不够实现公职人员行为及道德准则的目标。成功达到准则制定的效果和目标，关键还是准则条款实现的过程。准则的实施首先是需要一定的成本的，因为实施需要财务和实力资源的支持。准则的实施包括两个方面的内容：（1）有一个公正的负责执行准则的委员或者委员会；（2）个人对准则的理解和实施。如果仅靠个人的自觉性，可能出现准则不被理解和实施的情况，这样准则的目的就难以达到。因此，需要借用一定的外力、采取一定的措施，促进行为及道德准则的实施。各国根据自身的国情及外部形势，采取的实施措施也存在一定的差异。

（一）管理执行机构不尽相同

在美国，政府道德署负责制定行政部门雇员道德行为规范；审核和批准各行政部门制定的道德行为规范；定期审核监督联邦政府各部门道德项目的运行。各机构中的道德官员负责推动公职人员道德行为准则的实施。《行政部门雇员道德行为准则》规定，每一个机构都有一个指定的机构道德官员，代表该机构负责协调和管理机构的道德事务，其候补官员也有相同的职责。指定的道德官员有权将某些职责，包括提供道德咨询的职责，委托给一个或几个副道德官员。

在加拿大，公共部门机构的首席执行官负责促进道德行为准则的实施。根据《加拿大公共部门价值观与道德准则》，首席执行官有如下责任：在其组织内建立行为准则，并且全面负责在其组织内营造正面的道德和伦理文化。他们还负责确保员工清楚本准则和其组织内的行为准则规定的义务。他们还应确保员工可以在组织内得到关于道德问题，包括可能发生的利益冲突的适当建议。首席执行官还负责确保本准则、其组织的行为准则及其内部举报程序在其组织内得以有效的实施、定期的监督和评估。

菲律宾规定，公务员委员会的第一要务就是实施和执行行为准则法案。应当将违反行为准则的所有起诉案件转变成相关部门的适当行动。然而，委员会采取的相应行政行为和纪律措施应获得法律的批准。公务员委员会有权制定必要的规章制度来执行本法的规定，包括为政府提供免费自愿服务的人员制定的指导方针。

罗马尼亚的行为准则规定，设立一个新机构——道德委员会，专门负责协调、监督行为准则的实施。道德委员会作为咨询机构，隶属于国家行政机构。准则中有独立章节规定了委员会的权利、构成以及行使权利的规则。委员会负责监督行为及道德准则的实施，接受与违反准则有关的请愿和通知、调查案件，向公共当局和机构提出解决的建议，开展政策研究工作，并制定完善准则规范的建议，等等。

日本在人事院下设置了国家公务员伦理审查会，这是一个拥有较大权力和责任的独立机构。审查会在实施伦理法方面的责任主要包括：（1）向内阁提交关于《伦理法》的内容和修订方面的建议；（2）制定和修订针对违反道德原则或法规的员工的纪律行动标准；（3）调查涉嫌违反《伦理法》的案件，对违法者采取纪律行动，等等。根据《伦理法》，日本还要求各行政机构中都要任命1名伦理检察官。其主要职责是：就维护与职务有关的伦理等，进行必要的指导以及提供建议，同时根据审查会的指示，要建立和完善该行政机构的维护行政伦理的体制，以维护该行政机构与职员职务有关的伦理道德。

（二）教育培训机制不尽相同

在美国，政府道德署的职能之一就是教育公职人员正确认识行为准则。美国政府道德署每年都要对大约6000名道德官员和其他政府工作人员提供道德培训，再由这些道德官员对全国约300万名国家公职人员进行廉政教育和培训。教育和培训的方式包括运用媒体、网络、海报等。其中，公务员网上廉政教育一年不少于一次，以道德行为准则和法律法规为主要内容。政府道德署及时奖励那些在开展廉政教育和培训方面取得突出成绩、具有创新性和注重实践的机构。

在日本，伦理审查委员会为各省负责道德管理的公职人员（通常属于人事管理部门）组织培训。培训的内容通常是对《伦理法》和《伦理规范》进行详细解释和具体案例讨论，包括违反《伦理法》和《伦理规范》的真实案例。委员会还为各省的内部培训提供培训材料，向公职人员派发《国家公务员伦理手册》，解释与道德相关的规定。委员会还建立了一个大网站，为公共和私营部门编制并派发宣传册。另外，委员会还会举办"国家公务员道德周"活动，指导公职人员如何上报礼品，等等。

菲律宾政府则在《菲律宾公职人员行为准则及道德标准的实施细则》中明确要求要加强教育培训，以促使公职人员遵循良好的道德行为标准。实施细则规定，在政府所有的办公室及部门内开展培训及教育项目，提高公职人员履行职责的水平、专业性、卓越性、智慧性及技能。另外还规定，每个部门、办事处和机构的负责人有责任确保所属公职人员参加有价值的培训项目，同时参与到提高价值观的工作中去。细则还要求，要持续更新进修课程、研讨和/或工作小组，以促进公共服务崇高道德标准的形成和实施。

《爱尔兰公务员标准及行为准则》也规定，每个公务员必须得到一份该准则的副本，在进入公务员队伍之前，他们需要作出书面证明，表示他们已收到并阅读它。准则也将分发给所有现职的公务员并需要签署一份类似的声明。准则还规定，公务员应获得全面理解准则的机会。公务员上岗培训应包括对准则条款的学习。

(三) 监督调查机制不尽相同

在美国，政府道德署会定期或不定期审查、审核公职人员违反道德行为准则的情况。定期的大约4年一次，道德署派出审核员对各政府部门执行道德法规的情况进行审核，并向被审部门的道德委员会发出审核报告，如有问题就发出限期整改令。被限令整改的部门必须在60天内回复，道德署还将在审核报告发出6个月之后进行后续审核。如果发现道德方面的重大问题，可以随时派人审核。同时，美国的一些由私人发起的非营利民间组织也发挥了较大的对公职人员道德进行社会监督的作用，如设在芝加哥的"改进政府工作协会"就是其中最有代表性的机构。

在巴西，公共道德委员会负责监督道德准则在联邦政府高层行政管理中的应用情况，此外该委员会还有权判断公职人员或高层官员是否违反了行为准则。委员会可以对正式职员进行纪律调查和行政调查，并在调查基础上，建议将违反道德行为准则的公务员人员免职，在刑事检举之后由总审计局进行进一步调查。

克罗地亚《公务员道德准则》要求，中央政府负责公务员体系的机构应当监督该道德准则的运用。这些机构必须：监督公务员道德行为，并制定条例加以规范；参与准备公务员道德行为的训练计划；在道德行为方面，熟知国际标准，并不断改进道德标准，与国际接轨；接受来自公务员、政府雇员和市民关于公务员不道德行为的投诉；保留所有接受的投诉记录、检查投诉价值的过程与结果；1年一次，不晚于当年的1月底，准备一份关于投诉公务员不道德行为的报告，并且公布在网站上。

在日本，《国家公务员伦理法》规定了对涉嫌违反该法或伦理规范的情况下详细的程序和职责。根据规定，主要负责监督调查的是"任命的官员"（各省的大臣）。但是，伦理审查委员会也可以调查公职人员违反《伦理法》和《伦理规范》的情况。还可以通过包括媒体在内的各种信息来源获取和收集关于违反《伦理法》的信息。委员会负责审核信息，如果必要的话，委员会亲自或委托大臣就指控展开调查。

总而言之，从上述各国公职人员道德行为规范建设的经验看，通过法律的形式将国家公职人员必须遵守的道德操守作为立法规制的对象，明确规定国家公职人员从事公务活动的一整套道德行为标准，提出了正确处理个人利益和国家利益关系的基本原则,规定了对公职人员从政道德教育和监督的措施等,从而在有效预防或减少腐败现象方面发挥了良好的作用。

公职人员行为及道德规范建设仅靠自我道德建设、行为约束,是不现实的。需要通过法律形式赋予行为及道德国家强制力,通过外在强制力来提升我国公职人员行为及道德水平。我国建立完备公职人员道德法律体系的立法基础已比较成熟,调研能力、法学理论、立法技术都已具备。在我国推进反腐败法治建设的进程中,有必要研究并制定规范国家公职人员行为及道德的一套法律体系,将国家公职人员最基本的道德和行为要求上升到法律的层面进行规范。同时,在公职人员行为及道德体系法制化、制度化的基础上,进一步健全公职人员道德建设的管理和监督机制,建立健全惩治和预防腐败体系。

参考文献

Alan Lawton(2004),Developing and Implementing Codes of Ethics, derived fromn(i) eu/upload/iblock/951/12_ (a) lawton. pdf.

Kenneth Kernaghan(2008),A Speical Calling:Values, Ethics, and Professional Public Service, derived from http://www.tbs-sct. g (c) ca/psm-fpfm/ve/code/scv-en (g) pdf.

Stuart(C)Gilman(2005),ETHICS CODES AND CODES OF CONDUCT AS TOOLS FORPROMOTING AN ETHICAL AND PROFESSIONAL PUBLIC SERVICE:Comparative Successes and Lessons, derived from https://www. oec (d) org/mena/governance/35521418. pdf.

[荷]米歇尔·德·弗里斯、金判锡:《公共行政中的价值观与美德:比较研究视角》,熊缨、耿小平等译,中国人民大学出版社 2014 年版。

美国行政部门雇员道德行为准则（节选）

提要： 美国《行政部门雇员道德行为准则》是由美国政府道德署在1993年2月3日颁布开始实施的。后来，该准则进行了几次修改，最新的一版于2016年8月25日起颁布生效[①]。美国政府最初颁布《美国行政部门雇员道德行为准则》的目的之一就是用一套可适用于整个行政部门所有雇员的标准取代各部门各自出台的行为标准。为了规范100多家联邦机构上百万人的道德行为，该准则的内容十分详细。

美国《行政部门雇员道德行为准则》最大的一个特点就是虽然名为"准则"，但其内容、形式更类似于法律法规。该准则不仅形式上类似于现有的道德或伦理法律，而且规定的内容比大多数国家的道德行为准则都要详细，还列出了不同情况的案例，这也是其他国家道德行为准则中少见的。

该准则共分为9个部分，分别是总则、外部礼物、同事间互赠礼物、财务利益冲突、履行职责的公正性、寻找其他工作、滥用职权、政府外的活动、相关的法定权限。每个部分分别列出了2—9条规定，共有45条规定。规范的主要内容包括：（1）总体规定：提出了政府公务员的基本义务，并将其归纳成14项原则。（2）收受外部礼物：禁止公务员索取或收受违背规范的任何礼物或由于雇员的职位给予雇员的礼物。（3）同事间互赠礼物：

---

① 参见 https：//www.og（e）gov/Web/og（e）nsf/0/076ABBBFC3B026A785257F14006929A2/＄FILE/SOC％20as％20of％2081％20FR％2048687.pdf。

禁止雇员向上级赠送礼物，禁止雇员接受比自己收入少的雇员的礼物。(4) 财务利益冲突：在面对可能的利益冲突时，雇员应主动告知相关负责人，从而通过辞去此次工作任务或自行取消与工作任务冲突的利益来避免利益冲突。(5) 履行职责的公正性：雇员不应参与可能影响其公正性的任务。在参与一些公正性可能受到质疑的政府事务时，雇员应该提前获得特别授权。另外还限制雇员参与前雇主的某些事务。(6) 另寻他职：应避免参与涉及未来雇主利益的工作任务。(7) 滥用职权：雇员不得利用公职、非公开信息、政府财产以及工作时间牟取私利。(8) 政府外的活动：对于雇员参加政府外的有偿或无偿的雇佣工作与活动要有所限制。(9) 相关的法定权限：美国法典中关于雇员行为规范的相关法规，比如禁止政府雇员索取或接受贿赂、离职后再就业的限制等。

准则第一章里明确规定了联邦雇员必须遵守的 14 条原则，这些原则的核心思想就是"公共服务是一种公众信任"。因此，整个准则实际上就是围绕"联邦雇员必须公正行事，不得利用公权牟取私利"这一思想作出规定，特别强调履职公正性以及不得滥用职权等要求。此外，由于在美国个人在公共和私人部门之间的双向流动较为频繁，"旋转门"现象普遍存在，因此，准则还十分强调对公职人员的外部活动、离职后再就业等问题的规范。在该准则中，"外部活动"部分的规定最多，共有 9 条，分别是概述、冲突的外部工作和活动、外部工作和活动的提前批准、适用于某些由总统任命的官员和其他非职业性雇员的外部收入限制、作为专家证人、加入专业协会、教学、发言及写作、募款活动、正当的财务义务。"总则"和"寻找其他工作"部分的规定也比较多，都是 7 条。本书限于篇幅，节选了总则、履行职责的公正性、寻找其他工作、滥用职权这四个部分的内容。

美国《行政部门雇员道德行为准则》中还比较明确地规定了违反准则要受到惩处，惩处措施种类较多，这也是有别于其他国家类似准则的地方。其中，惩处措施包括：纠正措施或纪律处分。纠正措施包括但不限于归还、改变委派任务、取消资格、剥夺权力、终止活动、弃权、设立一个合格的多样委托、全权委托或咨询。纪律处分指的是"惩戒性行为"，包括但不限于申斥、停职、降职、免职。

第一章　总则

第一条　公共服务基本职责

1. 公共服务是一种公众的信任。每个雇员对美国政府和公民负责，把对宪法、法律和道德规范的忠诚置于个人利益之上。为了确保每个公民对联邦政府的恪尽职守抱有完全的信心，每个雇员都应该尊重并坚持本节所述道德行为的原则，同时执行本部分和补充机构法规包含的准则。

2. 总则。以下一般原则适用于每个雇员，也是制定本章准则的基础。如果出现超出本准则范围的情况，雇员应该适用本节所述基本原则以决定他们的行为是否恰当。

（1）公共服务是一种公众信任，它要求雇员把对宪法、法律和道德规范的忠诚置于个人利益之上。

（2）雇员不得有任何与忠于职守相冲突的财务利益。

（3）雇员不得利用非公开的政府信息从事财务交易，也不得允许不恰当地利用此类信息谋求任何个人利益。

（4）当个人或团体寻求雇员所在机构的官方行动，或与该机构有业务往来，或进行该机构管辖的活动，或者其利益可能受到雇员的作为和不作为的重大影响，除非经本部分第二章准许，雇员不得向其索取或接受任何礼物或有金钱价值的物品。

（5）雇员在履行公职时应努力尽责。

（6）雇员不得有意做出未经授权的任何承诺或许诺，使政府承担责任。

（7）雇员不得假公济私。

（8）雇员应该公正无私，不得给予任何私人团体或个人优惠待遇。

（9）雇员应该保护和保管好联邦财物，不得用于未经授权的活动。

（10）雇员不得从事与政府正式职责相冲突的外部工作或活动，包括寻求或洽谈工作。

（11）雇员应该就浪费、欺诈、滥用和腐败行为向有关部门检举揭发。

（12）雇员应该真诚履行作为公民的义务，包括所有正当的财务义务，特别是法律规定的义务，如向联邦、州和地方纳税。

（13）雇员应该遵守所有向所有美国人提供平等机会的法律法规，不论他们的种族、肤色、宗教、性别、民族血统、年龄或是否残障。

（14）雇员应当尽量避免任何行为，给人违背法律或本部分所述道德规范的印象。某种情况是否给人违背法律或道德规范的印象，应该由了解相关事实、有正常思维的人加以判断。

3. 相关法规。除本部分所述道德行为的准则外，还有其他禁止某些行为的关于利益冲突的法规。适用于所有雇员的刑事利益冲突法，《美国法典》第 18 卷 201、203、205、208 和 209，已经摘要纳入本部分的相关章节中，在判断行为是否恰当时必须加以考虑。第九章列举了有关工作人员行为的其他适用法规。雇员也要进一步注意，还有其他普遍适用的或针对其特定机构的法规和条例限制。因为认为每个雇员已得到通知，了解任何法规的规定，雇员不应该只阅读关于法规限制的描述或提要，而应该阅读法规本文，必要时应咨询该机构道德官员的意见。

第二条 定义

以下定义适用于本部分全文。这些定义所适用的章节中还有附加定义。为了本部分的目的：

1. 机构指《美国法典》第 5 卷 105 所定义的行政机构以及邮政局和邮政价格委员会。它并不包括审计总署或哥伦比亚特区政府。

2. 机构指定人指任何雇员，经机构法规、指令或其他的颁布授权，对另一个雇员做出决定、批准或采取本部分允许或要求的任何其他行动。机构可以将上述权力授予必要的多个机构指定人，从而保证及时并且负责任地做出决定、批准或采取行动。如果要求机构指定人对该机构主管的行为做出决定、批准或采取行动，该规定应视为需要机构主管咨询指定的机构道德官员后做出的决定、批准或行动。

3. 机构道德官员是指本章 2638.202（a）指定的机构道德官员或代理的指定机构道德官员，以及本章 2638.204 所指的任何副道德官员，受权协助指定的机构道德官员履行职责。

4. 机构项目或作业指机构根据法律、行政令或法规执行或履行的任何项目或职责。

5. 纠正措施包括任何补救过去违反或防止继续违反本部分规定的任何必要行动，包括归还、改变委派任务、取消资格、剥夺权力、终止活动、弃权、设立一个合格的多样委托或全权委托或咨询。

6. 指定的机构道德官员是指本章2638.201指定的官员。

7. 纪律处分包括那些在人事管理法规和执行《美国法典》第5卷的命令或适用于第5卷之外雇员的相似规定中所指的惩戒性行为，包括但不限于申斥、停权、降级、免职。在涉及军事官员时，可包括《军事司法统一法规》中的类似条款。

8. 雇员指机构的任何官员或雇员，包括特别政府雇员。它包括官员但不包括服役的穿制服的服务人员。根据《美国法典》第5卷3371及以下各章，它包括州政府、地方政府或受机构派遣的雇员。为本部分第二章和第三章以外的目的，雇员不包括总统或副总统。雇员的身份并不受带薪或假期的影响或就特别政府雇员来说，其雇员身份不受个人在当天未履行官员职责的影响。

9. 机构主管是指，如一个机构有一个以上主管，该机构的主席或类似人员。

10. 他，既指男性也指女性。

11. 个人指自然人、有限公司及其所属子公司、公司、协会、商行、合伙关系、社团、合股公司或任何其他的组织或机构，包括任何官员、雇员或上述个人或实体的代理人。为本部分的目的，如果一个有限公司拥有子公司超过50%的有投票权的证券，则认为它控制了该子公司。这个名词适用于一切商业企业、非营利组织以及外国政府、州政府和地方政府，包括哥伦比亚特区政府。该名词并不包括联邦政府的机构或其他实体或正式代表该机构或实体行事的官员和雇员。

12. 特别政府雇员指《美国法典》第18卷202（a）规定的行政部门的官员或雇员。特别政府雇员是被聘用、委派、任命或雇用来履行临时职务的人，可以是专职或非专职，可以领取或不领取报酬，在任何连续的365天中工作不超过130天。

13. 补充机构法规指依照第 2635.105 节颁布的法规。

第三节 穿制服服务人员的适用性

除本节规定外，本部分的其他条款均不适用于服役的穿制服的服务人员。对服役的穿制服的服务人员有管辖权的每一个机构应当颁布规章，规定服役的穿制服的服务人员所应遵守的道德行为义务。这些规章应当符合修订的 1989 年 4 月 12 日的第 12674 号行政令。对于违反规章情况，这些规章可以规定符合法律、法规的惩戒方法，包括《军事统一法规》中规定的惩戒方式。

第四节 受派遣雇员的适用性

1. 派遣到其他机构。除本节 4 另有规定外，被派遣的雇员，包括穿制服的官员被雇用他的机构指派到另外一个机构超过 30 天，应当遵守受派遣机构的补充规章，而不是遵守原雇用机构的补充规章。

2. 派遣到立法或司法部门。被派遣的雇员，包括被派遣的穿制服的官员，从雇用他的机构派到立法或司法部门超过 30 天，应当遵守他被派遣的立法或司法部门的道德准则。在派遣或指派期间，雇员除本节或本节 4 规定外，无须遵守本部分的其他条款以及雇用他的机构的任何补充规章，但是应该遵守《美国法典》第 18 卷有关禁止利益冲突的规定。

3. 派遣到非联邦的实体。除非根据本条给予书面豁免，派遣到非联邦实体的雇员继续遵守本部分规定以及雇用他的机构的任何补充机构规定。雇员根据法律授权被派遣到国际组织或州政府或地方政府超过 6 个月，受派遣机构的道德官员可以给予书面豁免，无须遵守本部分第二章的规定，只要他认为受派遣的实体已经采取了书面的关于索取和接受礼物的道德准则，在派遣期间对该雇员适用，并符合派遣的目的。

4. 特别机构法规的适用性。虽有本节 1 和 2 的规定，如果雇员因其在机构工作的雇员身份必须遵守该机构限制其活动或财产的法规，则该雇员应继续遵守执行该法规的雇用机构的任何补充机构规定。

第五节 补充机构规定

除本部分的规定外，雇员应遵守雇用他的机构根据本节发布的任何补充机构规定。

1. 希望补充本部分的机构应制定关于本部分所载规定的补充机构规定，提交政府道德署同意，予以联合颁布。机构根据其项目和作业认为对于实现本部分目的来说是必要和适当的补充机构规定应该是：

（1）对本部分规定的补充。

（2）本部分的实质性条款附加的内容。

2. 经政府道德署同意并联合签署后，机构应将补充机构规定送交《联邦日志》出版，并由机构付费编纂入《联邦法规汇典》第 5 卷。只有在政府道德署同意和联合签署并在《联邦日志》出版后，本节发布的补充机构规定才能生效。

3. 本节适用于根据本部分发布的任何补充机构规定及其修正。

本节不适用于：

（1）目的只是在解释本部分或补充机构规定中准则的手册或其他出版物。

（2）具有以下目的的指令或其他颁布：

（a）根据本部分或补充机构规定的要求和许可，授权机构指定人做出任何决定或批准，或采取任何其他行动。

（b）建立如下的机构内部程序：制成文件，或依照本部分或补充机构规定的要求和许可处理任何决定、批准或采取任何其他的行动，或保留此种文件。

（3）机构在本部分范围外有权发布规定或指令，例如机构接受礼物法令的执行规定，保护非公共信息的规定，或建立政府车辆使用准则的规定。如果上述规定或指令列入依照第 11222 号行政命令发布的机构行为准则规定中，并且政府道德署同意不需要作为补充机构规定的一部分发布，则上述规定或指令可以与补充机构规定分开发布。

（4）州政府、地方政府或其他组织的雇员根据《美国法典》第 5 卷 3371 及以下的规定奉派到某机构工作，除遵守本部分的规定外，应遵守根据本节制定的补充机构规定明文提出的任何要求。

第六节　纪律处分和纠正措施

1. 除了 2635.107 的规定外，任何违反本部分或补充机构规定的行为均可按照适用的政府规章或机构程序采取适当的纠正或纪律措施。此种行动可以作为法律规定的任何行动或惩罚的补充。

2. 雇用机构有责任就个别案件启动适当的纪律处分和纠正措施。但是，依照本章第 2638 部分的程序，政府道德署署长可以下令采取纠正行动或建议纪律处分。

3. 任何违反本部分或补充机构规定的行为并不在实质上或程序上给予任何人可依法强制执行的任何权利或权益，用来控告美国、其机构、其官员或雇员，或任何其他人。因此，比如某个人声称一个雇员没有遵守不论种族、肤色、宗教、性别、民族血统、年龄或残疾而提供公平机会的法律和规章，该人必须遵循适用的法律和法规程序，包括公平就业机会委员会的法律和法规。

第七节 道德咨询

1. 按照本章 2638.201 和 2638.202（a）的规定，每一个机构都有一个指定的机构道德官员，代表该机构负责协调和管理机构的道德事务，其候补官员也有相同的职责。按照本章 2638.204 的规定，指定的机构道德官员有权将某些职责，包括就本部分的适用提供道德咨询的职责，委托给一个或几个副道德官员。

2. 雇员如对本部分或任何补充机构规定是否适用于某种情况有疑问，他应咨询机构道德官员的意见。雇员忠实地信赖机构道德官员的意见做出的行为，只要在咨询时披露全部相关情况，不得因其违反本部分或补充机构规定而采取纪律处分。雇员的行为如果违反了刑法，对机构道德官员意见的依赖并不能保证雇员不被依刑事法起诉。但是，忠实地信赖机构道德官员的意见这一因素可能会被司法部在选择起诉哪一案件时加以考虑。雇员对机构道德官员所做的披露不受代理人—委托人特权的保护。按照《美国法典》第 28 卷 535 的规定，机构道德官员应将他获得的有关违反《美国法典》第 18 卷刑法的任何信息提出报告。

第五章 履行职责的公正性

第一节 概述

1. 本章包括两条规定，旨在保证雇员采取适当的步骤，避免让人觉得履行职责不够公正。按照 2635.502，除非他获得预先的授权，雇员不应该参加涉及他认识的特定当事人、并且他知道可能影响其家庭成员的财务利益的特定事务，或者他知道与他有隐蔽关系的人是当事人或当事人的代表，如果雇员确定有正常思维的人在了解相关事实后将质疑他在该活动中的公正性。雇员如果担心其他情况将对他的公正性提出疑问，应当使用2635.502规定的程序决定他是否应当参加特定的活动。

2. 根据2635.503的规定，雇员在进入政府之前从前雇主收到特殊的离职金或其他收入，在没有豁免的情形下，需有两年的时间回避参加前雇主是当事人或当事人代表的特定事务。

注：当雇员的公职影响雇员自己的财务利益或某些人例如雇员的配偶或未成年子女的财务利益时，就会产生公正性问题。刑法［《美国法典》第18卷208（c）］禁止雇员以官员的身份亲自并实质性地参加他知道他本人、他的配偶、一般合伙人或未成年子女具有财务利益的特定事务，如果该特定事务将对该利益产生直接的、可预期的影响。法定的禁止也适用于雇员参加某种特定事务，在该活动中他知道雇员作为高级职员、董事、受托人、一般合伙人或员工的组织，或雇员就未来的雇用关系正在洽谈或已有安排的组织，具有财务利益。如果雇员参加特定的活动将影响上述任一财务利益，本部分第四章和第五章规定的准则将适用，并且只有2635.402（d）和2635.605（c）所述的法定豁免或免除才能使雇员参加该特定事务。2635.502（d）的授权程序不可以用来授权雇员参加任何上述活动。如果雇员符合所有的豁免条件，给予法定豁免就等于确定，雇员参与对政府产生的利益超过了有正常思维的人可能质疑机构运行的公正性的担心。同样，当雇员符合适用第2640部分第二章所述的任一豁免条件的先决条件时，也就等于确定，雇员参与对政府产生的利益超过了有正常思维的人可能质疑机构运行的公正性的担心。

第二节　个人和业务的关系

1. 雇员关于引起质疑的考虑。如果雇员知道特定事务涉及特定当事人，可能直接地、可预期地影响其家庭成员的财务利益，或者知道与他有隐蔽关系的人是当事人或代表当事人，如果雇员确定了解相关事实的有正常思维的人将质疑他在活动中的公正性，则雇员不应该参加该活动，除非他已经告诉机构指定人引起质疑的问题并且按本节（d）的要求从机构指定人处获得授权。

（1）在考虑上述关系是否将引起有正常思维的人怀疑其公正性时，雇员可以寻求他的上司、机构道德官员或机构指定人的帮助。

（2）雇员如果担心本节所述的那些情况以外的情况会引起对他的公

正性质疑，他应当使用本节所述的程序来确定他是否应该参加特定的活动。

2. 定义。为了本节的目的：

（1）雇员和下列人员有隐蔽关系：

（a）除2635.603（c）所述的未来的雇主以外，雇员与他具有或寻找业务、合同或其他财务关系的人，而该关系涉及常规以外的消费者交易。

注：正在寻求2635.603定义的雇用关系的雇员应当遵守本部分第六章的规定，而不是本节的规定。

（b）雇员的家庭成员，雇员与之有亲密的个人关系的亲属。

（c）雇员知道，雇员的配偶、父母或有未成年子女，正在担任或寻求为某人工作，包括高级职员、董事、受托人、一般合伙人、代理人、律师、顾问、承包人或雇员。

（d）在上一年内雇员曾担任其高级职员、董事、受托人、一般合伙人、代理人、律师、顾问、承包人或雇员的人。

（e）雇员积极参与的组织［不包括《美国法典》第26卷527（e）中所述的政党］。积极参与是指以如下身份参与活动：比如作为组织的管理者，或类似于委员会或分委员会的主席或发言人，或参与指导组织的活动。在其他的情形下，对促进组织的特定事务付出很多时间，包括募集资金的协调工作，也是积极参与的表现。仅仅是缴费或捐款或寻求索取现金支持并不算是积极地参与。

注：本条的任何内容不得被解释为建议雇员由于政治、宗教或道德观点不应参加某活动。

（2）直接和可预期的影响见2635.402（a）（1）的定义。

（3）涉及特定当事人的特定事务见本章2637.102（a）（7）的定义。

案例1：总务管理局某雇员出价购买由当地开发商拥有的一家饭店。同时总务管理局也向该开发商提出要求租赁办公场地，开发商作了答复。在此情形下，该雇员应作出如下正确结论，即如果她参加对评估开发商或其竞争者的租赁建议报告，一个有正常思维的人很可能对她的公正性表示疑问。

案例2：劳工部某雇员正在就起草职业安全和健康的法律提供技术协助，该项立法将影响有5个或5个以上人员的雇主。他的妻子是某大公司的行政助理，而如果上述建议的法律颁布的话，该公司将支付额外的费用。因为该法律是不涉及特定当事人的特定事务，雇员可以继续为立法工作，而不需要考虑他的妻子在受影响的公司工作会引起有关他的公正性的怀疑。

案例3：国防后勤局某雇员负责测试由某空军承包商生产的航空电子设备，他刚知道他妻子的妹妹已经开始在上述承包商的母公司担任工程师。虽然母公司是一个企业集团，但雇员可以合理地得出结论，在这种情况下，如果他继续履行他的测试和评估责任，一个有正常思维的人不太可能对他的公正性产生怀疑。

案例4：某工程师因为要接受在联邦航空管理局任职（该职位负责采购），所以刚刚辞去从某电子产品公司的副总裁职务。虽然雇员在辞职时没有获得特殊的离职金，并且已经切断了与该公司的所有财务关系。在这种情况下，她可以正确地推定：如果她参加航空管理局合同的管理，而她原来的公司是首批分包商，那么她原来在该公司作为高级职员的工作将很可能引起一个有正常思维的人对她的公正性表示怀疑。

案例5：美国国家税务局某雇员是某私人组织的成员，该私人组织的目的是重建维多利亚时代的一个火车站，由她来主持每年的募款活动。在此种情形下，雇员可以正确地作出如下结论，如果她要参与国家税务局对该组织免税身份的确定，她在该组织的积极参与将可能引起一个有正常思维的人对她的公正性表示怀疑。

3. 机构指定人的确定。如果机构指定人获悉，特定事务中雇员的家庭成员的财务利益涉及特定当事人，或由于特定事务中与雇员有隐蔽关系的人的角色，可能引发质疑问题，机构指定人可以作出独立的决定，一个知道相关事实、有正常思维的人是否可能质疑雇员的公正性。通常情况下，机构指定人会根据雇员依照本节a提供的信息作出决定。但是，在任何时间，包括在雇员按本节e取消他自己参加活动的资格后，机构指定人可以主动地作出决定，或就雇员的监督者或任何负责委派雇员的其他人的请求作出决定。

（1）如果机构指定人确定，雇员的公正性很可能受到质疑，他应当按本节d的规定确定，雇员是否应当被授权参加活动。当机构指定人确定雇员不得被授权参加活动，雇员将按照本节e的规定回避参加上述活动。

（2）如果机构指定人确定，雇员的公正性不可能受到质疑，他可建议雇员，包括按本节 a 得出相反结论的雇员，参加活动是合适的。

4. 机构指定人的授权。如果雇员参与特定事务涉及的特定当事人不违反《美国法典》第 18 卷 208 的规定，但可能引起一个有正常思维的人的怀疑其公正性，机构指定人可以依据有关情况作出决定，授权雇员参与活动，因为雇员参与产生的政府利益超过了一个有正常思维的人可能对机构活动的公正性提出疑问的担心。可能被考虑的因素包括：

（1）所涉及关系的性质。

（2）事件的解决将会对关系涉及人员的财务利益产生的影响。

（3）在活动中雇员角色的性质和重要性，包括雇员在事件中的自由裁量权的范围。

（4）活动的敏感性。

（5）将活动重新委派给另一个雇员的难度。

（6）对雇员职责的调整会减少或消除一个有正常思维的人对雇员公正性提出疑问的可能性。

机构指定人的授权应当在机构指定人依据自由裁量权或经雇员的请求以书面的方式作出。如果雇员已经获得授权参与涉及特定当事人的特定事务，此后不得以机构指定人已经考虑过的同样情况引起质疑为理由，回避参加该活动。

案例 1：财政部的人事副主任和法律顾问办公室的一名律师在某房地产公司是一般合伙人关系。副主任在被委派参加某职位的挑选小组时告诉他的上司人事主任，他和合伙人的关系，而且合伙人已经就该职位提出申请。合伙人如果被挑选中，薪金将大幅增加。机构指定人不能按本节的规定授权该副主任参加该小组，因为按照《美国法典》第 18 卷 208a 刑法的规定，禁止该副主任参加影响他的一般合伙人的财务利益的特定事务。见 Se（c）2635.402。

案例 2：证券交易委员会的某新雇员被委派去调查经纪人事务所的内幕交易，该雇员刚刚在该事务所工作过。因为调查的敏感性，机构指定人可能不能得出结论，雇员参加调查产生的政府利益比一个有正常思维的人会质疑调查的公正性的担心更重要，即使雇员已经切断了与该公司的所有财务关系。但是，考虑到所有相关情况，机构指定人可以确定，雇员对经纪人事务的常规文件作出裁决是符合政府利益的。

案例3：某国家税务局的雇员参与长期及复杂的税务审计。她的儿子告诉她，他刚被某公司录取，而该公司税务正在接受审计。因为审计实质上已接近完成，而该雇员是唯一的最熟知该审计的人，机构指定人不妨在考虑到所有相关因素后确定，让该雇员完成审计符合政府的利益，该审计要接受额外的评审。

5. 回避。除非雇员依照本节（d）的授权参加活动，如果雇员或机构指定人依照本节（a）或（c）已经得出结论，雇员的家庭成员的财务利益或因为与雇员有隐蔽关系的人的角色，可能引起一个有正常思维的人对他的公正性提出疑问，则雇员不得参加涉及特定当事人的特定事务。回避就是不参加该活动。

（1）告知。如果雇员了解到有必要回避委派他参加的涉及特定当事人的特定事务，应当通知负责委派他的人。自我委派的雇员应当采取任何必要措施，保证他不参加他应回避的活动。有关雇员回避的适当的口头或书面通知可以由雇员向同事或向监督者提出，从而保证雇员不参与他应回避的涉及特定当事人的特定事务。

（2）备案。雇员不需要提出书面的回避声明，除非他按本章第2634部分的规定，提出符合政府道德署的道德协议的书面证据，或经机构道德官员或负责委派的人的要求提出书面的回避声明。但是雇员可以选择通过向上司或其他合适的官员提出书面通知而登记备案。

6. 相关的考虑。雇员的诚实和正直的名声不是按本节作出决定时要考虑的相关因素。

第三节 从前雇主获得特殊报酬

1. 回避要求。除非按本节3的规定，如果雇员在进政府之前从前雇主处获得了一笔额外报酬，则该雇员应当在两年内回避涉及前雇主是当事人或当事人代表的特定事务。回避的两年期限从获得特别报酬之日起开始计算。

案例1：在他的确认听证后，并且在他法定宣誓前一个月，某部助理部长的候选人从他的雇主处获得了一笔额外报酬。在他宣誓后一年零十一个月中，该助理部长不可以参加涉及其前雇主是当事人的任何特定事务。

案例2：某雇员在进入内务部任职前，从她的前雇主——一位煤矿老板——处获得了一笔额外报酬。在此后的两年，她不得参加有关要求她的前雇主归还某煤矿的决定，因为她的前雇主是该活动的当事人。但是她可以帮助起草影响所有煤矿经营的收回立法，因为该立法并不涉及任何具体的当事人。

2. 定义。为了本节的目的，下列定义适用于：

（1）特殊报酬指任何项目，包括价值超过10000美元的现金或投资利益，该报酬：

（a）是在前雇主得知该雇员正被考虑或已经接受了政府职位后才确定的。

（b）不是依照前雇主既定的薪金、合伙人关系或福利制度。如果薪金、合伙人关系或福利制度已经包括在细则、合同或其他书面形式中，或如果对其他没有加入联邦机构的人有相类似的报酬的先例，则该薪金、合伙人关系或福利制度将被视为既定的制度。

案例1：某小公司的副总裁被提名为大使。为了肯定他对公司的贡献，在他任职确认后，董事会投票决定除了公司细则规定的一般的离职金外，再给他50000美元。一般的离职金不是一项特殊报酬。而没有任何依据的50000美元则是一项特殊报酬，因为公司没有向其他的离职人员作出过类似的支付。

（2）前雇主包括雇员作为高级职员、董事、受托人、一般合伙人、代理人、律师、顾问、承包商或雇员而服务的任何人。

3. 回避的豁免。如果支付的数额不足以引起一个有正常思维的人对雇员参加涉及前雇主是当事人或代表当事人的活动的公正性提出疑问，则本节中回避的要求可以豁免。豁免应当以书面方式，并且只能由机构负责人作出。如果获得报酬的人是机构的负责人，则由总统或他的指定人作出。豁免授权可以由机构负责人委托给任何个人，该个人依照《美国法典》第18卷208a被授权向收到特殊报酬的人给予豁免。

第六章　寻找其他工作

第一节　概述

本章包括的回避要求，适用于正在寻找工作的雇员，寻找对象的财务利益将直接地和可预期地受到雇员亲自和实质性地参与特定事务的影响。特别是，本章论及《美国法典》第18卷208（c）的要求，即雇员应当回避参加某特定活定，如果该活动对"雇员就未来的雇用正在洽谈或已经作出安排"的人的财务利益有直接和可预测的影响。见本章2635.402和2640.10。除了本法定的要求以外，本章论述缺乏公正性问题，即如果雇员在寻找工作时并没有实际进行雇用谈判，要求雇员回避参加影响未来的雇主的财务利益活动。

第二节 适用性和有关考虑

为了保证不违反《美国法典》第18卷208a的规定或（《联邦法规汇典》）第2635.101a的道德行为原则，正在寻找工作或就未来的工作已有安排的雇员应当遵守2635.604和2635.606的可适用的回避要求，如果雇员将亲自和实质性地参加特定事务会直接地和可预期地影响未来的雇主或就未来的工作与其作出安排的人的财务利益。遵守本章的规定也保证了雇员不违反本部分第四章和第五章的规定。

注：雇员正在寻找工作的雇主的财务利益并不直接或预期受到该雇员亲自或实质参与特定事务的影响时，则该雇员无须履行本章所规定的义务。但是雇员可能要遵守对雇用合同或商谈提出要求的其他法令，比如《美国法典》第41卷423（c），适用于某些涉及采购事宜的机构官员。

1. 有关的雇用限制

（1）联邦雇员的外部兼职。受联邦雇用同时又打算在外部兼职的雇员，必须遵守本部分第七章和第八章适用于外部活动的限制。因为外部雇用活动，他也必须遵守本部分第四章和第五章中适用的回避制度。

（2）离职后的限制。在终止联邦雇用后打算再寻找工作的雇员应当咨询机构道德官员，了解可适用的有关离职后的限制。关于整个政府范围的离职法令（《美国法典》第18卷207）的执行规定包含在本章2637和2641部分中。雇员要注意，他们可能要遵守其他对于离职后从承包人获得报酬的法律禁令，如《美国法典》第41卷423（d）的规定。

2. 面试旅行和娱乐。如果未来的雇主是2635.203（d）定义的被禁止的来源，他向雇员提供报销差旅费，或提供其他合理的、和雇员商谈相关的方便，则雇员可以按2635.204（e）（3）的规定接受上述方便。

第三节 定义

为了本章的目的：

1. 雇用指任何形式的非联邦雇用或涉及由雇员提供个人服务的业务关系，不管在联邦雇用时兼职或在联邦雇用后担任。它包括但不仅仅限于作为政府官员、主管、雇员、代理人、律师、顾问、承包人、一般合伙人或受托人的个人服务。

案例1：印第安人事务局的一位雇员已经宣布打算退休。印第安部落的代表就一项可能和部落签订的咨询合同与该雇员进行了接触。部落希望商谈的独立的合同关系就是本章所述的雇用。

案例2：卫生和公众服务部的雇员受邀和非营利公司的管理者商谈他担任公司董事会董事的可能性。不管是否有报酬，担任董事会的董事就构成了本章所述的雇用。

2. 雇员一旦开始寻找本节（1）所述的工作，就是正在寻找工作，一直到他不再寻找本节（2）所述的工作。

（1）雇员已经开始寻找工作，如果他直接地或间接地：

（a）和任何人就雇用进行洽谈。如《美国法典》第18卷208（a）所述，洽谈一词指和另一个人、其代表人或中间人彼此讨论或交流，希望达成协议，可能被该人雇用。该词不限于讨论在特定职位雇用的具体条件。

（b）与任何人、其代理人或中间人就有可能的被该人雇用主动进行交流。但是，如果交流是下列情况，则雇员并没有开始寻找工作：仅仅是要求一张工作申请表；或其目的是向某人提交简历或其他雇用建议，该人由于是属于某个行业或其他独立行业的一部分，会受到该雇员是否履行职责的影响。但如果雇员收到回复，表示愿意讨论雇用问题，则认为雇员已开始寻找工作；或

（c）任何人或其代理人或中间人主动就雇用的可能性与雇员交流，雇员做出了回应，并未表示拒绝。

（2）在下述情况下，雇员不再寻找工作：

（a）雇员或未来的雇主拒绝雇用的可能性，所有关于可能的工作的讨论已经终止。

（b）雇员发出简历或雇用建议后两个月没有回音，只要雇员没有从

未来雇主处收到对雇用讨论表示兴趣的回音。

（3）为本定义之目的，将讨论推迟至可预期的未来的回复不算是对主动提出的雇用建议、提议或简历的拒绝，也不算是对未来雇用可能的拒绝。

案例1：医疗照顾财务局某雇员受到州卫生部的官员对她的工作的表扬，并且告诉她如果她有兴趣离开联邦部门的话，可以跟他打电话。该雇员向州官员解释说她在医疗照顾财务局的工作非常愉快，对其他工作不感兴趣。她感谢他对她工作的表扬，并且补充说如果她决定离开联邦政府她会记住他的邀请。雇员已经拒绝了对方主动提出的工作建议，并没有开始寻找工作。

案例2：如果在前述案例中的雇员回答说，她不能讨论未来的雇用，因为她正在工作的项目影响到州医疗照顾的资金，但是等项目完成后，她愿意讨论到该州工作的事。因为雇员仅仅将雇用讨论推迟至预期的未来，所以她已经开始寻找该州卫生部雇用。

案例3：国防合同审计署某雇员正在审计陆军的某承包商的管理费用账目。在承包商的总部，承包商会计部门的负责人告诉雇员，他的部门正在考虑雇用另一个会计，并且询问雇员是否有兴趣离开国防合同审计署。国防合同审计署的雇员说他希望知道工作的内容。他们讨论了会计部门空缺职位的职责及该国防合同审计署雇员的资格。他们没有讨论薪金。会计部门负责人解释说，他还没有得到填补该特定职位的授权，一旦获得另外聘用员工的批准，他就会告诉雇员。雇员和承包商官员已经就雇用的可能进行洽谈。雇员已经开始寻找到陆军的承包商工作。

案例4：职业安全和保健管理局某雇员负责帮助拟订适用于纺织工业的安全准则。他已经将他的简历邮寄给25个纺织品制造商。他还没有开始寻找到任何25个制造商的工作。如果他获得任何一个简历接受者的回复，表明有兴趣讨论雇用问题，从他收到回复时起雇员已经开始寻找到该回复者工作。

案例5：联邦存款保险公司的某特别政府雇员供职于审查适用于所有成员银行的规则的顾问委员会。她主动邮寄申请给成员银行，提出她可以担任合同顾问。她要一直到获得回音表示有兴趣讨论她的雇用建议时，才算已经开始寻找工作。一封仅仅是表示收到建议的信函并不表示有意与雇员讨论。

案例6：美国地质调查局雇用的某地质学家作为团队成员一直在准备政府对六家石油公司起诉的案件。该地质学家将她的简历发给在起诉中被指名为被告的一家石油公司。地质学家已经开始寻找被石油公司雇用的机会，并且从简历邮寄的当日起两个月内，她一直在寻找雇用机会。但是，如果她撤回申请或在两个月内被通知其简历已经被拒绝，则从她撤回简历或接到拒绝通知的当日起，她不再寻找在石油公司的雇用机会。

（c）未来的雇主指雇员正在寻找被其雇用的任何人。如果代理人或其他中间人进行寻找工作的接触，则未来的雇主一词包括：

（1）使用代理人或其他中间人寻找和雇员建立雇用关系的人，如果代理人告诉雇员未来雇主的身份。

（2）雇员的代理人或其他中间人为了寻求建立雇用关系而联络的人，如果代理人告诉雇员未来雇主的身份。

案例1：联邦航空管理局某雇员总体负责三个州的机场安全检查。她已经聘请某猎头公司帮助她寻找另一份工作。猎头公司刚刚向联邦航空管理局的雇员报告，该公司已经将她的简历给了她所辖范围的两个机场管理局，并且进行了非常有希望的商谈。即使雇员没有亲自与任何一个管理局进行雇用讨论，每一个管理局都是她未来的雇主。既然她了解管理局的身份并且已经把简历交给了管理局，她就已经开始找工作了。

3. 直接的和可预期的影响、特定的活动、亲自的和实质性的含义，见2635.604（1）、（3）和（4）的规定。

第四节 正在寻找工作时的回避

1. 回避的义务。除非雇员经2635.605授权参加，否则雇员不应亲自地和实质性地参加如下特定的活动：雇员知道依据2635.603定义，该活动对他正在向其寻找工作的未来雇主的财务利益有直接的和可预期的影响。不参加特定的活动就是回避。

2. 通知。雇员如果知道有必要回避已被委派的特定事务时，他应当通知负责委派他的人。负责委派他自己的雇员应对当采取必要的步骤保证他不参加应回避的活动。合适的口头或书面的雇员回避通知应当由雇员向同事或者上司提出，以保证雇员不参与他应回避的活动。

3. 备案。雇员不需要提出回避的书面声明，除非他按本章第2634部分的要求提出符合政府道德署签订的道德协议的书面证据，或按机构道德官员或负责委派的人的请求提出书面的回避声明。但是，雇员可以选择向上司或其他合适的官员提出书面通知，登记备案。

案例1：退伍军人事务部某雇员正在参加实验室支持服务的合同审计。在他向退伍军人事务部合同下作为分包商的实验室发出简历前，雇员应当回避参加该审计活动。因为如果没有上司的批准，他不能退出合同审计，所以他应当将他的意图告诉上司，从而对其工作安排作出合适调整。

案例2：食物药品管理局某雇员接到某医药公司就可能的雇用写来的信。该雇员正在测试该公司寻求食物药品管理局批准的药品。在没有作出拒绝前，雇员应当回避参与进一步的测试。如果他有权请求他的同事承担他的测试责任，则他可以将工作转移给该同事而进行回避。但是为了保证他的同事们不再询问他有关测试的建议，或以其他方式让他参与，他有必要告诉同事们他已回避参加。

案例3：某管理机构的法律顾问希望就担任某被管理公司律师的可能工作进行讨论。直接影响被管理公司的财务利益的事项正留待顾问办公室解决，但是法律顾问不会被派去处理这些事项，因为对上述特定事务的签字权已经授权给一位助理法律顾问。因为法律顾问负责分配法律顾问办公室的工作，事实上他只要不卷入影响被管理公司的事项就达到了回避的目的。但是，别人可能会认为法律顾问会参与法律顾问办公室管辖的一切事务，聪明的做法是他向该管理机构的负责人提交一份书面的回避声明，同时回避的书面通知告诉他的下属，或他可以由机构道德官员或负责人特别要求提出一份书面回避声明。

案例4：某科学家由国家科学基金会雇用为特别政府雇员，她工作的小组负责审核有关臭氧层破坏的研究基金的补助金申请。她正在和某大学就担任教员的可能进行讨论，该大学几年前获得了国家科学基金会的资助对碳氟化合物进行研究，但是目前没有提出基金申请。只要该大学没有向审核小组呈递新的申请，雇员就没有必要采取行动进行回避。

4. 机构确定的实质性冲突。如果机构确定，雇员寻求被特定的人雇用的行动要求他回避某些事务，而该事务对雇员的履行职务至关重要，以至于雇员的履职能力将受到重大阻挠，机构可以允许雇员在寻找工作期间休年假或无薪休假，或可以采取其他合适的行政措施。

第五节 寻找工作时的豁免或授权允许参加

1. 豁免。如果按照 2635.603（1）的定义，某雇员进行的讨论属于《美国法典》第 18 卷 208 的雇用洽谈，雇员只有在获得依照《美国法典》第 18 卷 208（1）或（3）给予的书面豁免后，才可以亲自地、实质性地参加对未来的雇主的财务利益有直接和可预期影响的特定事务。这种豁免见 2635.402，也可见本章第 2640 部分的第三章。对某些雇员来说，在《美国法典》第 18 卷 208（2）中的法定免责条款也可以适用（详见第 2640 部分第二章）。

案例 1：农业部某雇员已和柑橘种植者就可能的雇用进行了两次电话商谈。他们已经讨论了雇员种植柑橘者特定职位的资格，但还没有讨论薪金或其他具体的雇用条件。雇员正在洽谈《美国法典》第 18 卷 208 和 2635.603 所述的雇用。如果没有按照《美国法典》第 18 卷 208（1）给予的书面豁免，对于竞争者投诉声称种植者运送柑橘已经违反了有关配额一事，她不可以对该投诉采取任何官方的行动。

2. 机构指定人的授权。如果某雇员正在寻找第三节 2a 或 c 所述的工作，又亲自并实质性地参加了对未来雇主的财务利益有直接和可预期影响的特定事务，一个有正常思维的人很可能对她的公正性提出质疑。该雇员只有在机构指定人按照 2635.502（d）的准则授权他参加后，才可以参加上述活动。

案例 1：在过去的一个月中，教育部门某雇员将她的简历寄给了一所大学。她正在寻找按照第三节 2a 的定义被大学雇用的机会，即使她没有收到答复。未经机构指定人按照第 2635.502d 的特别授权，她不可以参加审核大学递交的补助金申请。

第六节 基于未来工作的安排或洽谈后其他安排的回避

1. 雇用或有关雇用的安排。除非依照《美国法典》第 18 卷 208（1）或（3）的授权给予书面豁免，或依照《美国法典》第 18 卷 208（2）的授权给予法定免责，雇员应当回避亲自地和实质地参加对雇用他的雇主或对其未来雇用做出安排的人的财务利益有直接和可预期影响的特定事务。上述豁免或免责详见 2635.402。亦可见第 2640 部分的第二章和第三章。

案例 1：某军官接受了国防承包商提供的工作，在他从军队退役六个月后开始工作。当他仍在政府工作期间，军官不得参加该特定国防承包商的合同管理，除非他已按《美国法典》第18章208（1）获得了书面的豁免。

案例2：某会计刚刚被货币监理署录取，任用期限为两年。她的私人雇主是一家大公司，认为上述工作会提高她的技能，同意给她两年无薪假期，期满后她同意回到公司工作。该会计在担任货币监理署雇员的两年期间，她有一个和公司的未来雇用安排，因此她必须回避对该公司的财务利益有直接和可预期影响的特定事务。

2. 提供工作被拒绝或没有提供。在有些案例里，机构指定人可以确定，在前面的条款中没有述及的雇员曾经找过但是不再寻找工作，这类雇员按照2635.502的规定，应该在雇用洽谈结束后一段时间进行回避。任何上述确定应考虑到所有相关因素，包括2635.502所列的因素，还要考虑到担心一个有正常思维的人可能质疑机构决策过程的公正性与雇员参加特定事务产生的政府利益孰轻孰重。

案例1：证券交易委员会某雇员，她正在寻找在某律师事务所的雇用机会，被解除对某经纪人和经销商调查的责任，因为该律师事务所在该事项中代表经纪人和经销商。律师事务所并没有提供给她要找的合伙人职位。即使她不再寻找在律师事务所的雇用机会，根据机构指定人的确定，即考虑到一个有正常思维的人可能对她能否公正地处理事项产生怀疑，因为从雇用洽谈的历史来看，她在事务中可能行为不公正，这一点比由她参加产生的政府利益更重要，因此她应继续回避参加调查。

第七章　滥用职权

第一节　概述

本章包括正确使用公务时间和权力的规定，以及正确使用雇员因为其联邦雇员身份可接触到的信息和资源的规定。本章所述准则有关于：

（a）为私人利益使用公职。

（b）使用非公共信息。

（c）使用政府财产。

（d）使用公务时间。

第二节 为私人利益使用公职

雇员不得在下列情况中使用公职：为了私人利益，为了赞同任何产品、服务或企业，或为了朋友、亲属的私人利益，为了与雇员的非政府官员身份有关的个人，包括雇员担任高级职员或会员的非营利组织，或雇员具有或寻求工作或业务关系的人。本节中1—4的禁止适用本总原则，但是并不是唯一的或限制本节的适用。

1. 以利益引诱或强迫。雇员不得使用或允许使用与其政府公职有关的职位、头衔或任何权力，意图强迫或引诱他人（包括下属）向雇员本人、朋友、亲属，或与雇员的非政府官员身份有关的个人提供任何利益、财物或其他。

案例1：为了追究亲戚作为消费者对某家庭用具的投诉，证券交易委员会某雇员打电话给制造商的法律顾问，在讨论问题的过程中，声称他在证券交易委员会工作并负责审查公司的文档。雇员提到他的公务权力，企图施加影响而使其亲属受益，从而违反了不得以权谋私的禁令。

案例2：商务部的雇员的朋友请求他帮助弄明白为什么他朋友的公司的出口许可证还没有被商务部的另一个办公室批准。在商务部的工作会议上，该雇员正式询问对特定许可证为何审批延期，并且要求特定的许可证要迅速完成。该官员使用她的公职意图有利于他的朋友，并且作为他朋友的代理人而督促商务部发出出口许可证，这也已经违反了《美国法典》第18卷205。

2. 政府批准的印象。除本部分另有规定外，雇员不得使用或允许其与公职有关的职位、头衔和职权以如下方式使用，即该方式可被合理地解释为他的机构或政府批准或赞同了他的个人行为或其他人的行为。当以个人的身份教学、演讲或写作时，他仅可能依据2635.807（b）允许的方式提及他的官衔或职位。他可以使用他的官衔签署推荐信，但仅在下列情况下：基于对某人了解所写的雇用推荐信和品行参考信，因为在联邦雇用的过程中与该人有交往，了解其能力和品行，或推荐该人被联邦雇用。

案例1：财政部某雇员被请求为前下属写一封推荐信，他可以使用官方的信笺写推荐信并且可以使用他的官衔签署。但如果推荐信是为了他没有在政府共事过的私人朋友，雇员不得使用官方的信笺或使用他的官衔签署推荐信，除非是推荐给联邦雇用。在他的私人朋友写推荐信时，合适的做法是雇员在信中提及他的官职。

3. 赞同。雇员不得使用或允许使用其政府官职、头衔，以及任何与其公职有关的权力赞同任何产品、服务或企业，除非：

（1）为了促进法定授权促销产品、服务或企业。

（2）为了把机构的要求或准则的文件登记在案，或在有助于完成机构任务的表彰业绩项目中肯定成绩。

案例1：消费者产品安全委员会的负责人不能在电视广告上出现，说她赞同由他的前雇主生产的电器用具，并且说消费者产品安全委员会认为对于居住使用是安全的。

案例2：商务部涉外商务服务的官员经美国电信公司的请求与西班牙政府代表会面。西班牙政府正在采购电信服务和设备。公司正在和五个欧洲的公司一起投标，商务部的法定任务包括协助美国公司的出口活动。作为他的官职的一部分，涉外商务官员可以和西班牙官员会面，并且解释从美国公司采购的益处。

案例3：环保局局长可以给石油公司签署一封信函，表示公司的炼油工艺符合联邦空气质量标准，即使他知道该公司经常在电视广告中展示此类信件，并将公司描绘成"未来一代的环境受托人"。

案例4：某助理检察长不可以在书的封面上使用他的官衔或提及他的政府职位，以赞同他所敬慕的作者所写的有组织犯罪的小说。他也不可以在报纸的书评栏目上这样做。

4. 对私人利益有影响的公职履行。为了保证履行公职不会造成以权谋私或给予优惠待遇的印象，如果职员的公职会影响朋友、亲属，或与其非政府官员身份相关的人的财务利益，他应遵守2635.502中的一切适用的要求。

5. 称谓和头衔的使用。在个人活动中，本节不禁止使用通常的称呼中使用的一般称谓，如"尊敬的"，或军事的、大使的官阶来称呼雇员。

第三节　使用非公共信息

1. 禁止。雇员不得使用非公共的信息从事财务交易，也不允许不适当地将非公共信息用于其私人利益或其他人的私人利益，无论是通过咨询或推荐的方式，或通过明知未经授权的披露的方式。

2. 非公共信息的定义。为了本节的目的，非公共信息是雇员因为联邦雇用而获得的信息，他知道或者理应知道这些信息还没有向一般公众公开。它包括他知道或理应知道的如下信息：

（1）按照《美国法典》第 5 卷 552 规定通常免于披露的信息，或受法令、行政令或法规保护不得披露的信息。

（2）由机构指定为机密的信息。

（3）实际上还没有向一般公众传播的信息，以及经请求但尚未授权向大众公开的信息。

案例 1：某海军雇员在履职过程中知道一家小公司将会获得一份电器测试设备的海军合同。她不可以采取任何行动去购买公司或其供应商的股票，并且她不可以建议朋友或亲属购买，一直到该项合同公开为止。上述行为会违反联邦证券法规和本节之规定。

案例 2：总务管理局的一位雇员参与评估一项建筑合同提案。他的朋友受雇于另一家同样对该项目投标的公司。该雇员不能向他的朋友透露另一竞争性提案的内容。在给予合同之前，投标或提案的信息是非公共信息，特别受《美国法典》第 41 卷 423 保护。

案例 3：某雇员是采购来源选择小组的成员，被派去评估几个公司提交的关于陆军要求采购备用部件的提案。作为评估小组的成员，雇员获得了有关 Alpha 公司（竞争公司之一）生产方式的专有信息。他不可以使用该信息协助 Beta 公司起草提案以争取海军零部件合同。《联邦法规汇典》第 48 卷第 3、14、15 部分中的联邦采购法限制披露有关采购的信息和其他的合同信息，这些信息受《美国法典》第 18 卷 1905 和第 41 卷 423 的保护。

案例 4：美国核管理委员会某雇员不小心在答复信息自由法的请求时将一份不准披露的文件和一组文件一同披露了。不管该文件是否是不适当地使用，雇员的披露行为并没有违反本节的规定，因为它不是为了私人利益明知未经授权而作出的披露。

案例 5：陆军工程兵团某雇员积极参与某个组织的活动，该组织的目的是保护环境。除非经机构程序允许，该雇员不可以向该组织或某报记者提供有关建造某个水坝的长期计划的非公共信息。

第四节 使用政府财产

1. 准则。雇员有义务保护和保全政府的财产，不得为未经授权之目的而使用或允许使用上述财产。

2. 定义。为了本节的目的：

（1）政府财产包括政府出资购买的、具有所有权、租赁权或其他财产权益或其他无形利益的任何形式的不动产或动产，包括承包商人员的服务。本词汇包括办公用品、电话和其他通信设备和服务、政府邮件、自动化数据处理能力、打印和复印设备、政府档案以及政府车辆。

（2）经授权的用途是指政府财产可以提供给公众成员使用的用途或法律和法规授权的用途。

案例1：根据《联邦法规汇典》第41卷101—35.201关于总务管理局的规定，雇员可以打个人长途电话，并用她的个人电话卡付费。

案例2：商品期货交易委员会某雇员办公室的计算机使他可以获得为投资者提供信息的商业服务，他不可以将该项服务用于个人投资研究。

案例3：按照本主题第251部分人事管理局的规定，司法部的某律师可以被允许使用她办公室的文字处理机和机构影像复印设备，以准备由某专业协会主办的会议演讲的文稿。她本人是该专业协会的成员。

第五节 使用公务时间

1. 使用雇员自己的时间。除非获得法律或法规授权为其他目的使用公务时间，雇员应当诚实地使用公务时间来履行公职。不在休假制度里的雇员，包括依据《美国法典》第5卷6301（2）而豁免的总统任命的官员，都有义务诚实地并花合理的时间来履行公职。

案例1：社会保障管理局某雇员是雇员工会的成员，她可以使用公务时间代表工会从事某些代表性活动。按照《美国法典》第5卷7131的规定，这是正当地使用公务时间，即使不涉及履行她作为残疾人申请审核者的职责。

案例2：退伍军人事务部某药剂师是某专业协会的成员。他被准许获得事假，去参加该专业协会主办的滥用药品研讨会并发言。虽然按照联邦人事手册第630章，机构批准的、因事由请假不需占用他的年假，但该请假时间也不是公务时间。

2. 使用下属的时间。雇员不得鼓励、指示、强制或要求下属使用公务时间去进行任何非执行公务的活动或非依法授权的活动。

案例1：住房和城市发展部某雇员不可以要求他的秘书在工作时间为他的私人信件打字。不仅如此，指示或强制下属在非工作时间为信件打字构成为了私人利益不合适地使用公职，违反了2635.702（c）的规定。如果该安排是完全自愿的，并且支付了合适的报酬，秘书可以在家里用她自己的时间来打字。但是，如果报酬太低，该安排就涉嫌向上级送礼，违反本部分第三章的规定。

英国公务员守则

(2015年3月16日更新)

提要： 1996年，英国政府首次制定《公务员守则》，其后几次对守则进行修改。2010年，英国政府出台《2010年宪法改革和治理法案》，里面对公务员、公务员委员会和公务员行为准则做出法律规定。根据这些规定，英国《公务员守则》再次修改，于2015年3月16日颁行。该守则比较简洁，包括三个部分：公务员价值观、行为标准以及权利和责任。守则中列出了4个公务员应该具有的核心价值观：正直、诚实、客观和公正。此外还强调了"政治中立"这一要求。守则明确要求公务员能履行职责、奉献并致力于公共事业、践行其核心价值观。

守则有一个与大多数国家类似准则不同的特点，即使用了大量第二人称"你"字，建立起一种与公务员面对面做出要求的情境，使整个守则文本更具有劝导性和交互性。

守则另外一个比较突出的特点是在每个核心价值观下，都分别同时列出要求公务员必须达到的行为标准以及不允许公务员具有的行为要求。例如，在"正直"这一核心价值观下，列出了6条必须遵守的行为标准，3条不允许公务员具有的行为要求，在"诚实"这一核心价值观下，列出了2条必循遵守的行为标准以及2条不允许具有的行为要求。这种在每个核心价值观下同时列出"应该型"标准和"不能型"标准的模式，在其他国家的准则中是较少出现的。

该守则还有一个特点是，没有强调违反守则的惩处措施，只是强调该守则是公务员与其雇主合同关系的一部分，违反守则有可能导致公务员解除公职。英国政府要求各个部门和机构在招募条件以及对候选者的选拔中体现公务员守则，所有新入职公务员签订合同时都需签署一份书面声明，以说明他们已读过并已理解公务员守则。

英国政府强调各有关部门有责任维护该准则，确保准则得以实施，并要求这些部门推广该守则，促进公务员遵守有关道德原则和行为规范。英国公务员委员会会定期对该守则在各有关部门的实施情况进行审查，主要是审查这些部门是否在制定战略、人事招聘、培训、管理、评估等环节遵守并推行该准则倡导的核心价值观。迄今为止，已在2009、2011年和2013年进行了三次审查，调查各部门推广公务员守则的情况以及接受举办案件的数量和处理情况，并发布了审查报告。审查报告中则主要是总结一些部门的良好做法以及对一些不足之处的建议。公务员委员会还建议在"公务员奖"中设置"内阁秘书奖"，以颁给那些在工作中突出体现公务员核心价值观及践行行为规范的个人与组织。另外，英国公务员委员会于2008年4月在伦敦、2009年3月在盖茨黑德以及2009年7月在曼彻斯特举办的公共服务现场会议上发起了关于公务员行为规范的讨论。英国公务员委员会的网站上还为需要举报的公务员提供了一系列途径，包括网址、电话、信件、电子邮件等。2009年11月，英国公务员委员会在其网站上对公务员举报的渠道、方式以及流程等提供了详细的指导。

一　公务员价值观

公务员管理的法规以《2010年宪法改革和治理法案》第一部分为基础。

公务员队伍是英国政府中完整且至关重要的一部分[①]。他们支撑着政

[①] 苏格兰和威士政府的公务员及其机构有各自的守则。北爱尔兰公务员系统和外交部门也执行类似的守则。英格兰、苏格兰和威尔士非部委部门的公务员也适用本守则。

策制定并实施政策，提供公共服务。公务员对部长负责①，而部长对议会负责②。

公务员在公开、平等、竞争、择优基础上受到委任，希望他们能履行职责、奉献并致力于公共事业及其核心价值观：正直、诚实、客观和公正。在本守则中：

正直，即把公共服务的义务放在自身个人利益之上。

诚实，即求真、开放。

客观，即建议和决策立足于对证据的严谨分析。

公正，即只根据情况的是非曲直行事，以同样的态度服务政见不同的政府。

这些核心价值观支撑着良好政府的实现，确保在所有公共事务活动中达到最高的可能标准。这又反过来帮助公务员能够获得或保有部长、议会、公众及其客户的尊重。

这一守则③为所有公务员设定了行为标准。这些都基于立法中设定的核心价值观。各个部门可能在这些核心价值观基础上会有各自的使命和价值表述，包括同事间相处的行为标准。

二　行为标准

（一）正直

你必须：

1. 履行你承担的职责和义务。

2. 始终保持专业的行事方式④，赢得并保持所有与你打交道的人的

---

① 一些公务员对其组织的一把手负责。这在雇用条款和条件中明确。

② 负责向部长提供建议的公务员应该意识到议会的宪法重要性以及支配议会与政府间关系的惯例。

③ 部长以及特别顾问在与公务员关系中承担的责任，在他们的行为准则中列明。对于特别顾问，除了承认其特殊地位、有客观公正的要求，也执行本守则。

④ 包括考虑特定专业所要遵守的道德标准。

信任①。

3. 履行你应承担的受托付的义务（确保恰当和有效地使用公共资金和其他资源）。

4. 尽你最大努力公平、高效、迅速、有效地对待公众及其事务。

5. 确保你与媒体的任何接触都要有部长授权②。

6. 保持官方记录准确，在法律框架内尽可能地将信息公开。

7. 遵守法律，坚持依法行政。

你不可：

1. 滥用职权。例如在履行公职过程中获取信息满足个人利益或他人利益。

2. 从其他任何人处接受礼物、招待或接受其他好处，可能有理由被认为此行为会包含个人判断或立场。

3. 未经授权披露官方信息（这一责任在离开公务员队伍后仍然适用）。

（二）诚实

你必须：

1. 如实陈述事实和有关问题，并及时纠正错误。

2. 只有授权为了公共目的才能使用公共资源。

你不可：

1. 欺骗或故意误导部长、议会或其他人。

2. 受到他人或为谋取私利等不当压力的影响。

（三）客观

你必须：

1. 据实提供信息和建议，包括向部长提供建议，准确地表达意见和事实。

---

① 包括特别地考虑到为英国政府服务的公务员与授权机构间的合作和相互尊重的重要性。

② 有些情形中也会应用信息披露立法（1998公共利益披露法案）。"公务员指南导引"以及"公务员管理准则"提供了更多信息。

2. 就事情的是非曲直进行决策。

3. 充分考虑专家和专业人士意见。

你不可：

1. 在提供建议或做出决策时忽略难以考证的事实或相关注意事项。

2. 在决策制定后以拒绝采取或弃用相应行动的方式阻挠政策执行。

（四）公正

你应当：

以公平、正义、公正的方式履行责任，体现公务员公平性和多样性的承诺。

你不可：

无正当理由地偏爱或歧视特定的个人或利益。

（五）政治中立

你必须：

无论哪个政治派别执政，以政治中立的方式且遵守本守则要求尽最大能力服务于政府[①]，不考虑自身的政治信仰。

以值得部长信任的方式行事，同时确保与未来需要服务的政府部门建立同样的关系。

服从对你政治活动的所有限制性要求。

你不可：

出于政党政治考虑行事，或将公共资源用于党派政治目的。

让个人政治观点决定任何你提供的建议或采取的行动。

三　权利和责任

你所在部门有责任让你清楚本守则及其价值。如果你认为你被要求以与本守则相冲突的方式行事，所有部门必须考虑你的关切，并确保你不会因提出此问题而受到惩罚。

[①] 一些公务员对其组织的一把手负责。这在雇用条款和条件中明确。

如有相关顾虑，你应当向你的直接领导或管理链条上的其他人汇报。不管你因何种理由发现这有困难，你应该向所在部门任命的负责就本守则向员工提供建议的官员提出。

如果你意识到他人的行为违反了本守则，应当向你的直接领导或管理链上的其他人汇报；或者，你可能希望寻求指定官员的建议。你应当向警察或其他合适的监管机构举报犯罪或违法活动的证据。本守则不涉及人力资源管理问题。

如果你在前面所说几种情形的相关程序中遇到问题[①]，并且没有收到你认为合理的反馈，你可以向公务员委员会报告[②]。公务员委员会也会考虑直接接受投诉。地址是：

伦敦马卫道1号G8公务员委员会

电话：020 7271 0831

邮箱：info@cs（c）gov.uk

如果上面的程序仍没有解决问题，并且你认为无法依令行事，你将不得不辞去公职。

本守则是你与雇主间合同关系的一部分。守则规定了你在公共和国家生活中作为公务员应该遵守的行为上的高标准。你应该以遵守这些价值为荣。

[①] 有些情形中也会应用信息披露立法（1998公共利益披露法案）。"公务员指南导引"以及"公务员管理准则"提供了更多信息。

[②] 公务员委员会的"投诉导引"提供更多信息。可在公务员委员会网站查阅。

法国公务员职业道德规定（节选）

提要： 法国政府没有颁布单独的公务员道德准则或行为准则，关于公务员道德和行为的要求可以在1983年7月13日法国通过的关于公务员权利和义务的第83—634号法律（勒波尔法）中找到。这一法律提及的核心价值观包括：尊严、公正、诚信、廉洁和公正。法律中关于公务员职业道德的规定涉及以下几个方面：履行职责、处理利益冲突、财产声明以及从事营利性活动和兼职等。

可以看出，法国政府对公务员的道德行为要求强调的是避免利益冲突和尽忠职守，不以公权谋取私利。法律规定了公务员面临利益冲突应该采取的处理方式，以及应该提交利益声明和财产声明的情况以及有关程序。该法律还规定，公务员需全身心投入所任命的工作中，禁止以公职的名义从事任何形式的营利性活动。

该法规定，由公共生活透明委员会负责审查公务员是否处于利益冲突的情况，由公职人员职业道德委员会负责监督公务员在履职过程中是否遵守职业道德相关守则。法律还规定了违反规定的惩处措施，主要包括：纪律处分、罚款、扣除退休金、解除公职、剥夺公民权利、有期徒刑等。相比一些国家道德行为法律或准则中强制力较小的惩处措施，法国法律中规定的有些惩处措施是比较严厉的，例如：如果公务员忘记对财产或利益的重大部分进行申报或对财产进行虚假评估，该公务员将被处以3年有期徒刑以及45000欧元的罚款。

第四章 义务和职业道德

25.1 公务员必须以尊严、公正、诚信和廉洁的操守履行职务。在履行职务时，公务员必须保持中立。

公务员在履行职务期间必须遵守政教分离原则。因此，在履行职务期间，公务员禁止表达其宗教思想。

公务员需平等对待所有人，并尊重他人及其思想自由。

任何部门主管需要监督其下属部门对上述原则的履行情况。根据员工代表的意见，任何部门主管可以确定适用于其下属职员的职业道德规则，并将上述规则应用于部门任务中。

25.2 在已发生或有可能发生的情况下，公务员必须立即阻止或预防利益冲突的发生。

依据本法律，任何公共利益和个人利益之间的，且影响公务员独立、公正和客观行使其职能的干扰情况构成利益冲突。

因此，当公务员处于利益冲突中时，方案如下：

1. 若公务员受上级管辖，则需将该情况告知上级；其上级主动或在接到通知后，如有必要，需将文件处理和决策制定的任务交由其他人完成。

2. 公务员禁止使用其收到的集体签名。

3. 若公务员属于合议庭成员，则禁止其出席合议庭，如有必要，禁止其参与磋商。

4. 若公务员涉及司法管辖工作，则需按其司法权限寻找职务代理人。

5. 若公务员本身为职权转归人，则由其他受托人代理职务，该公务员不得给予受托人任何指示。

25.3 若某职位为国务委员会法令下列明的职位，且注明其职位等级和职位性质，则在对该公务员进行任命前，该公务员需向任命当局呈交一份全面、准确和真诚的利益声明。

完成上述第一点第一段所述职位的任命后，任命当局需将该公务员递交的利益声明移交至该公务员新职位所隶属的主管当局。

当主管当局发现该公务员处于利益冲突的情况下，根据第二十五条第二部分第一点的规定，该主管当局需采取必要的措施终止利益冲突或命令该公务员在其规定的时间内终止利益冲突。

若主管当局无法确认该公务员是否存在利益冲突的情况，该主管当局将递交当事人的利益声明至公共生活透明委员会。

25.4 公务员在履行经济或财政方面的职责时，根据其权责性质和职位等级的要求，必须在接受任命后的两个月内采取措施，保证在其任期内且在其无审查权的情况下，金融工具得到监管。

该公务员需向公共生活透明委员会对所采取的措施进行解释说明。

第一点规定下所形成的文件不会随附进公务员档案，也不会向第三方披露。

本条款的适用条件由国务委员会在听取公共生活透明委员会的意见后确定。

公共生活透明委员会，自收到利益声明之日起的两个月内，根据第二十五条第二部分第一点的规定，判断该公务员是否存在利益冲突情况。

若公共生活透明委员会确认该公务员存在利益冲突情况，则其将向该公务员的主管当局出具一份意见材料。该主管当局需采取必要的措施终止利益冲突或命令该公务员在其规定的时间内终止利益冲突。

在其他情况下，公共生活透明委员会告知主管当局和当事公务员目前该情况无须任何观察。

利益声明不涉及当事人的政治、工会、宗教或哲学观点及活动，履行公职期间所表达出来的观点或活动除外。利益声明随附公务员档案，并且遵守保密规定，只有拥有相关权限的人员方可查阅该资料。

在履行职责期间，任何利益上的重大改变，公务员需在两个月内重新递交相同格式的利益声明。

根据公共生活透明委员会的建议，由国务委员会确定利益声明的模板、内容、递交方式、更新方式、保存方式、查询方式，以及未获得该职位的其他候选人的利益声明的销毁方式。

25.5 若某职位为国务委员会法令下列明的职位，且注明其职位等级和职位性质，则被任命的公务员需在任命后的两个月内，向公共生活透明委员会呈交一份全面、准确和真诚的财产声明，说明其资产总额；如有必要，还需对夫妻共同财产和个人财产进行说明。这些财产在申报日无需缴纳资产转移税。

在卸职后两个月内，受上述第一点所约束的公务员需向公共生活透明委员会主席重新递交一份财产声明。新的财产声明中将包括公务员任期内的薪酬总额，如有需要，还需说明自任期开始夫妻所获得的共同财产以及与上一份声明相比，任期内造成财产组成发生变化的重大事件。公务员可在每一份财产声明中添加备注。

当该公务员根据第一点的规定在任职前六个月内已递交了财产声明，则无须再次提交第一点规定的财产声明。而对于第二点第一部分规定的财产声明，公务员只需说明任期内薪酬总额和该条第二句所提及的造成财产组成发生变化的重大事件。

公共生活透明委员会自收到财产声明的六个月内，对当事人的财产变化情况进行判定。判定的依据来源于该公务员在接受任命后递交的财产声明与卸职两个月内递交的财产声明之间的对比。

若财产变化情况无需进行观察或被证实有理可依，公共生活透明委员会将告知该当事人。

财产声明不会随附进公务员档案，也不会向第三方披露。在履行职责期间，任何财产上的重大改变，公务员需在两个月内重新递交相同格式的财产声明。根据公共生活透明委员会的建议，由国务委员会确定财产声明的模板、内容、递交方式、更新方式以及保存方式。

为其确保对财产声明的审查，公共生活透明委员会可要求受第一点约束的公务员对其财产声明进行必要的解释。当声明不完整或者当当事人未按公共生活透明委员会的要求进行解释时，公共生活透明委员会可向当事人下达命令，要求其将声明补充完整或在命令下达一个月内递交相关解释说明。

公共生活透明委员会可要求受第一点约束的公务员按照税法通则第170—175 A 条的规定，如有必要，按照税法通则第885W 条的规定对其财产声明进行通报。

若认为有必要，公共生活透明委员会可要求受第一点约束的公务员的拥有单独财产的配偶、签署同居协议的同居人或伴侣，按照第五点第一句的规定进行财产申报。若上述人员未按照第五点的相关规定在两个月内进行财产申报，则公共生活透明委员会有权要求税务部门在三十日内移交上述人员的财产申报记录复印件。

公共生活透明委员会可要求税务部门行使税收程序法第一部分第二篇第二章第一段所规定的披露权，以便公共生活透明委员会可以收集完成财产申报审查所需的必要信息。上述信息需在发出申请后的六十日内移交给公共生活透明委员会。

出于同样的目的，公共生活透明委员会可要求税务部门启动国际行政援助程序。

对于公共生活透明委员会的成员及报告人，若其目的是根据本条的规定开展确认和审查工作，则税务部门官员可解除保密义务。

25.6 对于受第二十五条第三部分第一点和第四点、第二十五条第四部分第一点、第二十五条第五部分第一点和第三点约束的公务员，若其未递交第二十五条第三部分第四点、第二十五条第五部分第一点和第三点要求的声明；未能对根据第二十五条第四部分第一点所采取的措施的合理性进行说明；忘记对财产或利益的重大部分进行申报或对财产进行虚假评估，该公务员将被处以3年有期徒刑以及45000欧元的罚款。

除此之外，若触犯刑法第131—26条及第131—26—1条的规定，该公务员将被剥夺公民权利；触犯刑法第131—27条的规定，该公务员将不可再担任公职。

对于受第二十五条第五部分第一点约束的公务员，若未按照第二十五条第五部分第四点的规定，服从公共生活透明委员会的命令，或向公共生活透明委员会披露其工作所需的有用信息，则该公务员将被处以1年有期徒刑以及15000欧元的罚款。

无论以何种方式公开或披露声明的全部或部分内容、第二十五条第三部分和第五部分所有条款中所提及的信息或观察内容，则将按照刑法第226—1条的规定进行处罚。

25.7 公务员需全身心投入所任命的工作中。公务员禁止以公职的名义从事任何形式的营利性活动，本条第二点至第五点所规定的内容除外。

公务员禁止：

（1）创办或接管在企业注册处注册登记的单个或多个企业，以及社会保障法第（L）133—6—8条规定的行业目录下的企业或政府隶属企业；或在此类公司进行全职工作或履行全职职务。

（2）进入营业性机构或企业的管理层。

（3）在国外法庭或国际法庭对涉及公职人员的诉讼提供咨询、专家建议或提起诉讼，除非此举对非竞争部门的公职人员有益。

（4）在其所属部门管辖的企业或所属部门相关的企业中，以直接或中间人的方式间接获得或享有损害其独立性的利益。

（5）在承担一个永久性全职工作的基础上，兼任一个或多个永久性全职职务。

以下情况下可以公职之名从事营利性私营活动：

（1）当营利性企业或机构领导人是公法的援助对象或是公法的合同制雇员，可以在应聘后从事一年的私营活动，该期限可延期一次；

（2）当公务员或合约员工的合同符合劳动法，且根据2000年4月12日颁布的涉及公民在与当局关系中所享权利的第2000—321号法律第34条及第35条的规定，上述人员可以从事一份非全职的永久性工作，只要其工作时间不超过法定或法规工作时间的70%。

当事人需要得到隶属主管当局的准许声明方可任职。

隶属主管当局可根据全职公务员的申请，批准其从事兼职工作，以创办或接管企业，或者开展营利性私营活动。

只有在证实该兼职工作的必要性，以及鉴于工作协调的可能性，公务员才可获准继续以半个工作日的兼职方式工作。兼职工作时长最大期限为自创办或接管企业之日起两年内，该期限可以延期一年。

以兼职方式创办或接管某个企业三年过后，方可获得新的兼职工作许可，再次创办或接管某个企业。

本条第三点第二段和第三段所涉及的许可申请，必须经过本法律第二十五条第八部分中提及的委员会的审查，且必须符合该条第二点、第五点和第六点的条件。

经过隶属当局主管的许可，公务员可以从事营利性或非营利性副业活动，服务对象可为公益性或私营个人或组织，只要该副业活动与其本职工作相兼容且不影响本职工作的开展。虽然有违本条第一点第一小点的规定，但上述活动可以在社会保障法第（L）133—6—8条规定的规章制度下开展。

根据教育法第（L）952—1条的规定，公务员可以受聘成为助理教师。

根据知识产权法第（L）112—1、（L）112—2 及（L）112—3 条的规定，在遵守公职人员版权法相关条款和本法律第二十六条相关规定的前提下，公务员可以自由地进行精神作品的创作。

教育机构的教职员工、技术和科技人员以及艺术从业者可以根据职业的性质从事自由职业。

在不涉及纪律处分的前提下，违反本条的规定将被处罚上缴未经许可经营活动所得收入，该处罚通过扣除工资的方式进行。

由国务委员会确定本条款的使用条件，主要是第四点所涉及的副业活动清单。

25.8 设置一个由总理主管的公职人员职业道德委员会，以监督公职人员在履职过程中是否遵守职业道德相关守则。该委员会负责：

（1）当管理部门提出申请，则该委员会将针对第六条第三部分，第二十五条、第二十五条第三部分、第二十五条第七部分、第二十五条第九部分以及第二十八条第二部分等条款实施的草案，在草案通过前给出相关意见。

（2）针对上述条款的实施给出相关建议。

（3）若管理部门提出申请，则该委员会负责针对上述条款实施的个别情况给出建议；根据委员会做出的规定，本条第一点第 1、2 小点中涉及的意见与建议，以及在必要情况下，管理部门的回复都需公开。

对于公务员在第二十五条第七部分第三点的基础上开展的接管或创办企业项目，该委员会负责审查该项目与公务员公职之间的兼容性。

对于暂时终止或永久性终止公职的公务员，由其所在行业或所在部门的主管当局提前向职业道德委员会提出申请，核实该公务员在私营企业或私营机构开展的有薪酬或无薪酬的经营性活动、自由活动与其在该活动开展三年前所担任的公职之间是否有兼容关系。

针对第三点第一段所述，任何符合私法，且在竞争行业开展经营活动的企业或机构被当做私营企业对待。

若公务员或管理部门未递交提前申请，职业道德委员会主席可在公务员受聘或接管、创办私营企业后三个月内向职业道德委员会提出申请。

该委员会将判断公务员已经开展的或将要开展的获得是否可能损害或

危及公职正常的运转、独立性以及中立性，是否会否认本法律第二十五条提及的职业道德准则，以及当事人是否属于触犯刑法第432—13条规定的情况。

为方便其审查工作，职业道德委员会可要求公务员本人，或公务员所隶属部门或行业主管部门，或公务员曾任职过的部门或行业主管部门递交任何必要的解释说明或资料。

为完成其审查工作，职业道德委员会可向公职人员或私人收集必要信息。该委员会可听取任何对其有帮助的人的意见或向其咨询。

为完成各自的任务，职业道德委员会和公共生活透明委员会可以交换包括职业秘密在内的必要信息，对于2013年10月11日第2013—907号法律第11条第一项第4、7、8分项提及的与公共生活透明委员会相关的人员，职业道德委员会可以根据本条第三点的规定，告知公共生活透明委员会其意见。

如有必要，将由公务员隶属主管当局或以往任职所隶属的主管当局告知职业道德委员会该公务员相关情况，即该公务员在履职期间以及在三年前任期中已证实的与利益冲突情况相关的事实，以及根据本法律第六条第三部分第1项可作为证词的事实。

当职业道德委员会根据本条第二点或第三点的规定接受了申请，则其需要在收到申请后的两个月内，出具相关意见：

（1）兼容性意见。

（2）有保留的兼容性意见，若依据本条第二点的规定出具意见，则保留意见期限为两年；若依据本条第三点的规定出具意见，则保留意见期限为卸职后三年。

（3）不兼容性意见。

若当事人打算从事的活动与其目前或过往的公职兼容，则职业道德委员会的主席，可以以职业道德委员会的名义，出具一份兼容性意见或者一份有保留的兼容性意见。职业道德委员会的主席，同样可以以职业道德委员会的名义，出具一份无权处理意见、不予受理意见或无须处理的意见。

第五点第二项和第三项的意见书可对管理部门进行约束，且适用于相关官员。

公务员所隶属行业或部门的当局主管在收到意见书之后的一个月内，

有权请求职业道德委员会进行二次审议。在此情况下，职业道德委员会需在收到请求之后的一个月内，再次出具一份新的意见书。

若公务员违反第五点第二项和第三项所述意见书中的规定，则将面临纪律处分。

若已退休的公务员违反了第五点第二项和第三项所述意见书中的规定，则在其卸职后的三年内，退休金最多可扣除20%。

当签订了劳动合同的公职人员违反了第五点第二项和第三项所述意见书中的规定，则自收到通知书之日起，劳动合同关系解除，且无须提前通知该公职人员，也无须支付合同违约金。

公职人员职业道德委员会的主席由国务委员担任，或由代理国务委员担任。

职业道德委员会还包括：

（1）一位审计法院顾问或审计法院代理顾问。

（2）一位司法机关的法官或者司法机关代理法官。

（3）三位具备资质的知名人士，其中一位必须曾在私营企业任职；或者三名具备资质的知名人士的代理人，条件同上。

除了第七点第一项至第三项所提及的人员，委员会还包括：

（a）当委员会向国家公职人员行使其职权时，则委员会还包括两名中央级行政主管或者两名中央级代理行政主管。

（b）当委员会向地方公职人员行使其职权时，则委员会还包括一位地方当局或任职公立机构民选官员协会的代表，以及一位地方当局现任或前任总务官员或上述人员的代理人。

（c）当委员会向医务公职人员行使其职权时，则委员会还包括一名公共卫生领域的具备相关资质的知名人士，以及一位社会事务监察长或一位医院前任院长或上述人员的代理人。

（d）当委员会按照研究法第（L）531—1至（L）531—16条的规定行使其职权时，则委员会还包括两名科研领域或研究开发领域的具备相关资质的知名人士或上述人员的代理人。

委员会男女人数均等。

根据实际情况，当事人所在部门、公立机构的人事主管或行业主管，当事人所在地方机关的任命当局，当事人所在医疗机构、社会机构或养老机构的负责人或上述人员相应的代理人可以列席公职人员职业道德委员会会议，但无投票权。

职业道德委员会会议的成员通过法令进行任命，任期为三年，可连任一次。

职业道德委员会的组织规则、运行规则及适用的议事规则由国务委员会颁布的法令确定。

德国联邦公务员法（节选）

提要：德国政府没有颁布单独的公务员道德准则或行为准则，关于公务员道德和行为的要求可以在《德国联邦公务员法》中关于公务员权利和义务的规定中找到。该法于1953年颁布实施，历经无数次修改完善。该法没有使用一系列核心词语来概括其倡导的核心价值观，而是采用了法律中常见的句式来规范公务员的义务，而这些义务要求实际上就是对公务员的道德行为要求。

这一法律关于公务员道德和行为的规定涉及以下几个方面：保持中立、履行职责、服从上级、遵守法律、宣誓义务、保守秘密、住房、着装、答复媒体以及接受报酬、礼物和其他利益、从事兼职等。其中，该法强调"公务员必须保持中立和公正，履行公职时始终考虑大众的利益，维护自由民主制度"是公务员必须遵守的"基本义务"。此外，准则中关于诸如宣誓义务、着装、住房等方面的要求在其他国家的道德行为准则中是较为少见的。该法要求每一位新加入公务员队伍的公民都要举行宣誓仪式，保证认真履行职责。该法还要求公务员奉公守法，廉洁自律，特别强调的是所有公务员不得接受来自任何方面、任何形式的馈赠和捐献。

该法还规定，"公务员有意地违反其所承担的义务的，属于渎职"，"对渎职行为的追究依据《联邦公务员惩戒法》进行"。而德国《联邦公务员惩戒法》中针对公务员的惩戒措施有五种：警告、罚款、降低薪金、降级、接触公务员关系；针对退休公务员的有两种：降低退休金和剥夺退休金。

第六章　公务员关系中的法律地位

第一节　一般的义务与权利

第六十条　基本义务

1. 公务员为全体人民服务，不为政党服务。他们中立且公正地完成自己的任务，在履行公职时始终考虑大众的利益。公务员必须通过自己的行为证明赞同并维护基本法意义上的自由民主的基本制度。

2. 在政治活动中，公务员应当保持不同于大众的地位和职责。

第六十一条　任务的完成、行为

1. 公务员必须全身心地投入工作。公务员必须无私地完成委托给自己的任务。公务员于公务内外的行为必须与其职业得到的尊重和信任相符。

2. 公务员有义务参加旨在维持或者提高其知识和能力的职业培训措施。

第六十二条　服从义务

1. 公务员必须向其上级提供建议和予以支持。负有执行公务命令的义务，并遵守公务方面的一般准则。如果根据特别的法律规定公务员可以不遵守命令且只服从法律的，不适用此规定。

2. 在机构调整情况下公务员必须服从主管部门安排。

第六十三条　对合法性负责

1. 公务员对自己公务行为的合法性承担完全的个人责任。

2. 对公务命令的合法性表示怀疑的，公务员必须立即报告其直接上级。如果命令被维持，但对其合法性依然表示怀疑的，公务员应当报告上级的上级。如果命令得到确认的，公务员必须执行，且不再承担个人责任。如果委托的行为侵害人的尊严或者有刑事违法性或者程序违法性，且可能科处公务员刑罚或程序罚的，不适用此规定。经要求，确认必须以书面形式进行。

3. 上级要求立即执行命令，因为犹豫即有危险，且上级的上级不能及时作出决定的，相应适用本条第二款第三句至第五句的规定。

第六十四条　宣誓义务、宣誓方式

1. 公务员进行如下就职宣誓："我宣誓，遵守德意志联邦共和国《基本法》和所有在德意志联邦共和国有效的法律，认真负责地履行我的职责，恳求上帝助我。"

2. 宣誓时也可以不出现"恳求上帝助我"。

3. 如果公务员基于信仰或者良心原因拒绝规定的誓词的，可以用"我庄严承诺"或者其他保证代替"我宣誓"。

4. 在本法第七条第三款规定的允许该条第一款第一项规定的例外情况下，可以免于宣誓。如果法律未作其他规定，公务员则应当保证，认真负责地履行自己的职责。

第六十五条　职务行为的免除

1. 针对公务员自己或者其家庭成员的职务行为，其应当停止履行。为了自己或者家庭成员的利益，公务员享有因家庭法律关系在刑事诉讼中拒绝做证的权利。

2. 有限公务员不得滥用职权的法律规定不受影响。

第六十六条　禁止执行公务

最高主管机关或者由其指定的机关可以基于紧迫的公务原因禁止公务员执行公务。如果在三个月内没有针对公务员进行惩戒诉讼程序或者其他撤销任命或者结束公务员关系的程序，禁止令取消。

第六十七条　保密义务

1. 公务员应对其知道的或者在履行公务期间知道的公务事务守口如瓶。在主管部门以外及公务员关系结束后，同样适用该规定。

2. 下列情形不适用本条第一款的规定

（1）公务交往中知道的信息；

（2）被告知的公开的或者根据其重要性无须保密的事实，或者

（3）有事实根据证明存在刑法典第三百三十二条至第三百三十七条规定的贪腐犯罪嫌疑。而向最高主管机关、刑事追诉机关或者最高主管机关指定的机关告发。

此外，告发预谋的犯罪和维护自由民主的基本秩序的法定义务，不受本条第一款的影响。

3. 未经许可，就本条第一款规定的事务，公务员既不得在法庭内也不得在法庭外做证或者发表声明。许可由上级批准，如果公务员关系结束

的，由最后一个上级批准。构成申明对象的事件发生在前主管部门处的，只能在得到该前主管部门的同意后予以批准。

4. 即使在公务员关系结束后，经上级或者最后一个上级要求，公务员必须上缴官方文件、工作计划、进展一览表以及关于公务事件的各种记载，包括复制品，本规定同样适用于公务员的家属和继承人。

第六十八条　拒绝同意作证

1. 如果证词将对联邦或者州的利益造成不利，或者严重危及国家任务的完成，或者使国家任务的完成明显变得困难的，始可拒绝同意作为证人做证。

2. 公务员是法院诉讼的当事人或者被告人，或者他们到庭有助于实现其权益，在具备本条第一款规定的前提条件时，只有从公务上考虑不可避免地要求拒绝的，始可拒绝同意作为证人做证。拒绝作为证人做证的，公务员的上级应当给予其公务上允许的保护。

3. 拒绝同意做证的。由最高主管机关决定。最高主管机关也可以将此权限委托给其他机关。

第六十九条　进行鉴定

如果同意鉴定可能对公务利益造成不利的，可拒绝同意进行鉴定。相应适用第六十八条第三款的规定。

第七十条　答复媒体

机关负责人决定由谁答复媒体。

第七十一条　禁止接受报酬、礼物和其他利益

1. 公务员不得利用职务之便为自己或者他人索要、让其允诺或者接受报酬、礼物或者其他利益。公务员关系已经结束的，亦同。例外情况须经最高机关或者次最高机关同意。同意的权限也可以委托给其他机关。

2. 违反本条第一款的禁止规定之人，经要求，必须将基于违反义务行为所获得之物上交其上级，但在刑事诉讼中被命令没收，或者以其他方式被收归国有的除外。交出要求的范围相应适用《民法典》关于不当得利的返还的规定。本款第一句规定的上交义务还包括向上级提供所获得之物的种类、数量和下落的信息。

第七十二条　住所的选择

1. 公务员住所的选择以不影响其正常履行公务为原则。

2. 如果公务关系需要，上级可以指令公务员在距离工作地一定范围内选择住所，或者搬入机关宿舍。

第七十三条　逗留义务

当特殊公务关系紧急需要时，可命令公务员于业余时间仅在工作地附近逗留。

第七十四条　制服

联邦总统或者由其指定的部门颁布关于公务员履行公务时通常的或者必要的制服的规定。

第七十五条　损害赔偿义务

1. 公务员有意或者重大过失地违反其负有的义务，当向主管部门赔偿由此造成的损失。如果损失是由两个或者两个以上的公务员共同造成的，承担连带责任。

2. 如果主管部门向第三人承担了损害赔偿责任，主管部门赔偿的时刻视为《民法典》时效规定定义上的知悉的时刻。主管部门对第三人享有的损害赔偿请求权被承认的时刻，或者主管部门对第三人享有的损害赔偿请求权被确认具有法律效力的时刻，均用于《民法典》时效规定意义上的知悉的时刻。

3. 公务员向主管部门进行了赔偿。且主管部门享有对第三人的损害赔偿请求权的，损害赔偿请求权转移至公务员。

第七十六条　对第三人的损害赔偿请求权

如果公务员、有权领取养老金者或者其亲属的身体受到伤害或者被杀害，其由于身体伤害或者被杀害，针对第三人享有的法定的损害赔偿请求权转移至主管部门，但以主管部门在身体伤害情况下依然留用公务员，或以主管部门因身体伤害或死亡负有清偿义务为条件请求权的转移以不得对受伤者或者其后人造成不利为原则。

第七十七条　未履行义务

1. 公务员有意地违反其所承担的义务的，属于渎职。在职务之外，根据具体的情况，只有严重影响了对其职务应有的信任或者严重影响了公务员制度的，违反义务的行为始可被认为是渎职。

2. 对于公务员已经退休以及以前的领取赡养费的公务员，具备下列情形之一的，视为渎职：

（1）实施违反《基本法》意义上的自由民主的基本秩序的行为的，

（2）参与旨在影响联邦德国的存在或安全的行为的，

（3）违反保密义务、告发义务，违反在公务员关系结束后的禁止事项，或者违反禁止接受报酬、礼物和其他利益的规定的，或者

（4）违反第四十六条第一款或第二款、第五十七条的规定，有意地不接受进入公务员关系的新的任命的。

3. 对渎职行为的追究依据《联邦公务员惩戒法》进行。

西班牙政府工作人员及国家行政机关高级官员良好治理准则

提要： 西班牙政府在 2005 年 2 月 18 日批准通过了《政府工作人员及国家机关高级官员良好治理准则》。制定本准则的目的是为公民提供一套良好治理的准则，这一准则可以确定并规定一些基本价值观，管理政府工作人员及其高级官员在应对公民需求和参与政治组织活动时的行为，并且在团结、自由和公正的框架内提供一份尊重、保护和鼓励所有个人愿望的坚实承诺。

西班牙《政府工作人员及国家机关高级官员良好治理准则》中分为基本原则、道德原则、良好行为原则、遵守本《良好治理准则》四个部分。第一条的基本原则首先要求政府工作人员及国家行政机关高级官员要依法履职，然后列出了一系列必须遵守的核心价值观，包括客观、政治、中立、负责、可信、公平、保密等。这些核心价值观数量较多，但是第一条中并没有逐条给出定义和说明。后文则围绕这些核心价值观列出了一些道德行为原则，提出了 14 条道德原则和 11 条良好行为原则。

整个准则比较简短宽泛，只是规定了一些道德和行为原则，没有对特定行为（如离职后就业、收受礼物、利益冲突等）进行详细规范，也没有明确列出违反道德行为原则的惩处措施。准则中规定公共行政部每年提交一份关于准则执行情况的报告，内阁会在审阅后采取相应措施，但具体是何种措施则并没有列明。

第一条 基本原则

政府工作人员及国家行政机关的高级官员应依据宪法及法律体系内的

其他法律履职，遵守本规范中确立的下列道德及良好行为准则：客观、政治中立、负责、可信、公平、保密、致力于公共服务事业、透明、善行、朴素、亲和、高效、诚实及提升文化和周围环境品质及性别平等。

第二条　道德原则

1. 高级官员应促进人权和公民自由，并应避免任何可能导致种族、性别、宗教、意见或任何其他个人或社会条件或境遇歧视的行为。

2. 决策应始终力求满足公民的整体利益，并应基于关注共同利益的客观考虑作出，无论是否存在任何其他意味着基于个人、家庭、公司、客户的立场的因素或任何可能与该准则相冲突的其他因素。

3. 高级官员应避免任何可能导致与其公共职责相冲突的私人活动或利益。如果高级官员参与决策的事项中，同时存在其公共职责利益及其自身或其家庭的个人利益或与第三方的共同利益，则应视为存在利益冲突。

4. 高级官员应尽力推动对性别平等的尊重，并应排除可能有害于这种平等的障碍。

5. 高级官员应在其进行的财务交易、资产义务或法律活动中和其他公民一样遵守相同的条件和要求。

6. 高级官员不应试图接受法人或私人公司提供的任何可能蕴含特权或不公平优势的任何优先待遇或境况。

7. 高级官员不应无故运用任何影响力促进或解决行政程序，不得招致有利于该高级官员或其家人或社会环境的特权或损害第三方的利益。

8. 高级官员应依据高效、经济的原则行事，并应始终努力满足公共利益，并符合组织目标。

9. 高级官员应避免进行任何可能损害国家行政机关服务公共利益的目标的业务及财务活动。

10. 高级官员的公共活动应透明并对公民开放，法律规定的例外情况除外。

11. 高级官员应始终对其自身及其所领导的机构的决定和行为负责，其决定和行为不得违反法律规定。

12. 高级官员应向其上级对自身行为负责，且不得在没有客观理由的情况下指示其下级进行上述行为。

13. 高级官员应依据善意和尽责于公共服务的原则履职，且不仅应避免不符合上述原则的行为，也应避免其他人进行任何可能侵害履职中立性的行为。

14. 在不损害有关公共利益信息传播的法律规定的情况下，高级官员应对其因为职责的原因而获知的数据和报告适用保密、缄默及谨慎原则。

第三条　良好行为原则

1. 高级官员行事时应秉持全心全意的奉献精神。

2. 担任政党执行机构的职位无论如何都不应偏离或有害于对自身职责的履行。

3. 高级官员应保证公民有权获知授权给此类高级官员的公共服务的运行情况，特定法规施加的限制除外。

4. 高级官员应小心履行其服务以确保其履职属于公务人员行为的良好典范。这种典范品质还应先于遵守法律义务及普通公民的义务。

5. 高级官员应严格管理公共资源，并应避免可能危害公共职责的尊严的行为。

6. 在不损害《刑法典》的情况下，任何超出正常或社会习俗或礼仪形式的礼品、恩惠或有利服务，或可能决定履职情况的借款及其他经济利益均应被拒绝接受。

如果礼品具有重大意义且属于机构性质，则应依据2003年11月3日颁布的有关公共行政资产的第33号法案纳入国家资产。

7. 在履职过程中，高级官员应对所有公民公开其履职情况，并应谨慎应对公民的所有信件、请求及声索。

8. 政府工作人员及其他高级官员的官方称谓应为先生/女士，后接相关职务、职位或官阶名称。在国外官方任务中，高级官员应获得针对相关国家机构所在国家的法规规定的待遇。

9. 高级官员应避免不当利用国家行政机关为便于其履行职责而交由其处理的商品及服务。

10. 高级官员的行为应尊重保护文化背景、语言多样性及保护和改善环境的宗旨。

11. 高级官员应确保相关文件得以妥善保存，以便移交继任的高级官员。

第四条 遵守本《良好治理准则》

1. 每年，内阁均会审阅由公共行政部提交的一份有关可能不符合道德及良好行为准则的行为报告，以分析该情况下可能运用的规程和措施，并提议其认为对于确保国家行政管理局及公共机构决策客观性而言适当的措施。

2. 如果确实违反了本准则的原则，则内阁应采取相关措施。

加拿大公共部门价值观与道德准则

提要：《加拿大公共部门价值观与道德准则》于2012年4月2日正式实施。早在2003年，加拿大政府也颁布了一版《加拿大公共部门价值观与道德准则》，但在当时该准则只适用于核心行政部门。目前这个准则扩大了适用范围，适用于加拿大整个公共部门。该准则分为正文和附录两大部分，正文包括7个方面的内容：联邦公职人员的角色、部长的角色、目的、价值观陈述、预期行为、应用和解决途径。该准则中提出，其制订的目的是概括公职人员在与其专业职责相关的活动中应该具备的价值观和预期行为。通过遵循这些价值观以及预期行为，公职人员加强公共部门的道德文化，并为公众对所有公共机构的信任做出贡献。准则中倡导了五大核心价值观：尊重民主、尊重人民、廉正、尽职管理和卓越。

《加拿大公共部门价值观与道德准则》也是比较简短的，但是也有一些比较特别的特点。第一，不同于其他国家的道德行为准则直接将价值观放在第一个部分的做法，该准则在第一、二部分内容中较为详细地阐述了联邦公职人员和部长的角色和作用，强调"联邦公职人员应秉持公共的信任"，也强调了部长们维护这种公共信任的责任。

第二，采用核心词汇概括倡导的五大价值观，同时又对这些价值观进行了专门的阐释。例如，对于"廉正"这一价值观的阐释是，"廉正是良好治理和民主的基石。通过坚持最高道德标准，公职人员应保护和增强公众对联邦公共部门诚实、公平和公正的信心"。对于"尽职管理"的阐释是，"联邦公职人员被赋予长期或短期负责任地使用和照管公共资源的职责"。此外，在众多价值观中，加拿大选择把"卓越"的要求放在突出的位置，也是在其他国家的道德行为准则中较为少见的。这也说明加拿大政府希望公职人员表现出专业性的卓越，提供高效优质的公共服务。

第三，专门列出一个附录对各层级有关负责人和机构维护和实施准则的职责进行了详细规定，提高了准则的可操作性。根据这一规定，公职人员具有"特殊责任"，必须成为践行公共部门价值观的典范。公共部门机构的首席执行官、高级举报官员、财政委员会秘书处——加拿大首席人力资源官办公室以及公共服务委员会也有明确的责任维护和确保准则得以实施。

第四，加拿大与英国一样，没有详细规定违反守则的惩处措施，只强调准则是公职人员在公共部门就职必须遵循的条件，违背准则可能导致终止雇佣关系。

1. 联邦公职人员的角色

在民选政府的指导下，按照法律要求，联邦公职人员在服务加拿大人民、社区以及公共利益中起着根本性的作用。作为专业人员，其工作对加拿大的福祉以及加拿大民主制度是否有力而持久至关重要，联邦公职人员应秉持公共的信任。

加拿大宪法以及责任政府的原则为联邦公共部门的角色、职责和价值观提供了基础[①]。部长级职责的制宪会议规定了部长、国会议员、公职人员[②]和公众之间的适当关系。一个专业的、无党派的联邦公共部门对于我们的民主制度不可或缺。

2. 部长的角色

部长们也有责任保护公众对公共领域组织廉正性的信任和信心，并维

[①] 本准则旨在根据《宪法法案》的规定和责任政府的基本原则，明确在加拿大议会民主制度下，公职人员的角色和对他们的期望，即部长们行使国家权力，也相应地对议会负责。

[②] 《公职人员举报保护法》（PSDPA）对"公职人员"的定义是公共部门（包括核心的公共行政部门、国家企业和独立机构）雇用的所有人，皇家警察和首席执行官（包括副部长和首席执行官员）都包括在《公职人员举报保护法》（PSDPA）和本准则对公职人员的定义中。

护专业的、无党派联邦公共部门的传统和实践。此外，部长们还在支持公职人员提出专业而坦率的建议方面起着重要作用[①]。

3. 目的

本准则概括了公职人员在与其专业职责相关的活动中应该具备的价值观和预期行为。通过遵循这些价值观以及预期行为，公职人员加强公共部门的道德文化，并为公众对所有公共机构的信任做出贡献。

本准则由财政部根据《公职人员举报保护法》（PSDPA）第五部分的有关要求制定。制定过程中咨询了有关公职人员、公共部门机构以及谈判代表。本准则需与各组织的行为准则一起阅读。

4. 价值观陈述

这些价值观是指导公职人员所有行为的指南。它们不能被认为是相互孤立的，因为它们往往有所重叠。本准则以及各组织的行为准则是公职人员指南的重要来源。各组织应采取措施将这些价值观融入其决定、行动、政策、流程以及体系中。同样，公职人员也能期望其组织对待他们时也遵循这些价值观。

（1）尊重民主

加拿大的议会民主及其制度是服务公共利益的基础。公职人员应认识到民选官员对议会负责，也最终对加拿大人民负责，一个无党派的公共部门对我们的民主制度至关重要。

（2）尊重人民

以尊重、尊严和公平对待所有人对我们与加拿大公众之间的关系非常重要，也有利于营造安全、健康的工作环境提高敬业度、公开性和透明性。我们人民及其想法的多样性是我们创新的源泉。

（3）廉正

廉正是良好治理和民主的基石。通过坚持最高道德标准，公职人员应保护和增强公众对联邦公共部门诚实、公平和公正的信心。

（4）尽职管理

联邦公职人员被赋予长期或短期负责任地使用和照管公共资源的

---

① 本段文字体现了在《责任政府：给部长和州长们的指南》《利益冲突法》《游说法》和《公职人员举报保护法》（PSDPA）中列出的职责和责任。

职责。

（5）卓越

卓越地设计、实施公共部门政策、项目和服务有利于加拿大公共生活的方方面面。敬业、合作、有效的团队工作和专业发展对于高绩效的组织都很重要。

5. 预期行为

联邦公职人员应遵循公共部门的价值观以及下列预期行为。

（1）尊重民主

公职人员应维护加拿大议会民主及其制度：

1.1 尊重法治，依照法律、政策及指令以无党派、公正的方式履行职责。

1.2 忠诚地执行其领导的法律决定，支持部长对议会和加拿大人民负责。

1.3 为决策制定者提供所有信息，根据他们的需要进行分析并提出建议，始终努力做到公开、坦诚及公正。

（2）尊重人民

公职人员应尊重人的尊严以及每个人的价值：

2.1 尊重、公平地对待每个人。

2.2 将多元化工作团队中的独特个性和团队力量结合起来，重视其多元化及优势。

2.3 帮助建设并维持安全、健康的工作环境，使其没有骚扰和歧视。

2.4 本着公开、诚实和透明的精神共同工作，鼓励敬业、合作及以尊重的态度进行沟通。

（3）廉正

3.1 在任何时候都廉正行事，并经得住公众最仔细的审查，这是一种可能不仅仅是简单地在法律框架下行事的义务。

3.2 永远不使用其官方角色为自己谋取不当利益，或者是使其他人处于优势或不利地位。

3.3 采取所有可行措施防止并解决在其官方职责和其私人事务之间的任何实际的、表面的或潜在的利益冲突，维护公共利益。

3.4 以一种维持其雇主信任的方式行事。

（4）尽职管理

公职人员应负责任地使用资源：

4.1 有效、高效地使用其管理的公共资金、财产和资源。

4.2 考虑其行为对人民和环境的当前和长远的影响。

4.3 恰当地获取、保存并分享知识和信息。

（5）卓越

公职人员应表现出专业性的卓越：

5.1 提供公平、及时、高效和有效的服务，尊重加拿大的官方语言。

5.2 不断提高他们提供的政策、计划和服务的质量。

5.3 营造一个鼓励团队合作、学习和创新的工作环境。

6. 应用

接受这些价值观并坚持上述预期行为是每个公职人员，不论其层级或职位，在联邦公共部门的就职条件。违反这些价值观或行为将有可能受到纪律处罚，甚至包括终止雇用关系。

《公职人员举报保护法》（PSDPA）将"公共部门"定义为：(a) 在《财政管理法》附录 I 中列出的各部，以及在该法附录（I）1 到 V 列出的联邦公共行政的其他部门；(b) 在该法附录 I 中列出的国家企业以及其他公共机构。但是"公共部门"不包括加拿大军队、加拿大国家安全情报局或加拿大通信安全局，对于这些部门，法案有不同的要求。

《公共部门价值观与道德准则》从 2012 年 4 月 2 日起生效。

7. 解决途径

预期行为并不能解决公职人员日常工作中可能出现的每个道德问题。当道德问题出现时，鼓励公职人员同他们的直接主管讨论和解决这些问题。他们也能在其组织内从其他适当的途径寻求建议和支持。

各个层级的公职人员都要以公平、尊重的方式解决问题，并且应考虑如对话或调解等非正式程序。

正如《公职人员举报保护法》（PSDPA）第 12、13 条规定的那样，如果公职人员有表明有人严重违反了此准则的信息，他们可以秘密地，不惧报复地，将此事报告其直接主管、高级举报官员或者是公共部门廉正专员。

高级举报官员有责任支持主管们达到《公职人员举报保护法》（PSD-

PA）的要求。他们应帮助营造一个公开不当行为的正面的环境，并且处理本组织中雇员对不当行为的举报。关于高级举报官员的职责权限的有关信息可以在附录中找到。

公众如有理由相信某公职人员没有遵守此准则，也可以将此事报告给该组织被指派来处理这些问题的专员或者是公共部门廉正专员，举报严重违反此准则的行为。

附录
职责与义务
公职人员

公职人员应该遵守此准则，其行为举止也应符合公共部门的价值观。此外，公职人员必须遵守其组织行为准则中对预期行为的规定。如果公职人员不遵守这些价值观和预期行为，他或她可能会受到行政或纪律处罚，甚至包括终止雇用关系。

身为管理者的公职人员处于有影响、有权威的位置，这给了他们特殊责任，成为践行公共部门价值观的典范。

首席执行官[①]

公共部门机构的首席执行官具有《公职人员举报保护法》规定的专门责任：包括在其组织内建立行为准则，并且全面负责在其组织内营造正面的道德和伦理文化。他们将确保员工清楚本准则和其组织内的行为准则规定的义务。他们还应确保员工可以在组织内得到关于道德问题，包括可能发生的利益冲突的适当建议。

首席执行官应确保本准则、其组织的行为准则和其内部举报程序在其组织内得以有效地实施、定期地监督和评估。国家企业的首席执行官可以依赖其董事会支持这一职责。

首席执行官还应负责确保其组织提供的项目和服务没有党派立场。

首席执行官受本准则和《利益冲突法》的约束。

[①] "首席执行官"指的是公共领域任何一个部门的副职负责人或首席执行官员，或者是在公共部门任何具有相似职位的人（《公职人员举报保护法》，2005）。

高级举报官员

高级举报官员应帮助营造一个公开不当行为的正面的环境，并且处理本组织中公职人员对不当行为的举报。高级官员应负责支持首席执行官达到《公职人员举报保护法》的要求。

根据《公职人员举报保护法》规定的内部举报程序，高级官员在其组织中职责和权力包括以下几个方面。

1. 为公职人员提供组织内部举报程序的信息、建议和指南，包括进行举报，对举报进行调查，以及处理向上级的举报。

2. 接受举报并进行记录，对举报进行审查，以确定是否有充分理由根据《公职人员举报保护法》采取进一步行动。

3. 对举报调查进行管理，包括确定是否根据《公职人员举报保护法》处理举报，开展调查或停止调查。

4. 如果举报或举报调查涉及其他联邦公共部门机构，与其他的高级官员协调处理举报。

5. 在适当情况下，告知进行书面举报的举报人审查和（或）调查结果，以及对举报采取的行动状况。

6. 直接向其首席执行官报告调查发现，以及任何可能引起不当行为的制度性问题，并提出改正建议。

财政委员会秘书处——加拿大首席人力资源官办公室

首席人力资源官办公室支持《公职人员举报保护法》第四部分规定的财政委员会主席的相关职责，负责推动公共部门的道德实践。首席人力资源官办公室将与所有相关的伙伴组织一起工作，实施并促进此准则，为首席执行官提供建议，并指派部门官员对准则进行解释。

首席人力资源官可以发布此准则的指令、标准以及指南。

首席人力资源官办公室将监督此准则在组织内的实施，评估上述目标是否达到。

公共服务委员会

公共服务委员会负责进行人员编制的调查和审计，确保公共服务编制制度的廉政性，确保一些与政治活动相关的规定符合《公共服务职员法》，保持公共服务的无党派性。

爱尔兰公务员标准及行为准则

提要：《爱尔兰公务员标准及行为准则》是在2004年由爱尔兰财政部起草并实施，由公共办公室标准委员会在2008年修改后颁布。该准则分为两大部分：概要和公务员的要求标准。概要中明确规定了公务员必须履行的三个方面的职责，后文是对公务员履行这些职责的行为标准要求。

根据该准则，公务员必须履行的职责包括：遵守法律，认真履职，行为保持公正、主动和尊重，保持高水平廉洁，用诚信、公正和正直约束自己，不滥用职权，避免利益冲突，等等。

准则对于公务员的要求标准包括以下三个方面：加强公共服务提供的标准（如公正、政治中立、尊重法律等）、工作行为要求（如出勤和绩效、与公众打交道、与同事的关系等）以及廉正的标准（包括利益冲突、招待、收受礼物、离职或退休后接受外部的邀请和参与顾问工作等）。

该准则有以下几个比较特别的地方。一是与大多数国家把准则的实施要求放在文末不同，该准则的开篇（概要中）就规定了准则的实施要求，突出强调了每个公务员都应该拿到一份准则，而且还应通过学习和培训加深理解。二是准则对特定事项的规范较为细致，其中有许多是在其他国家的道德行为准则中少见的，例如：对"代表外部机构工作的报酬""为政府部门的购买销售制定合同""刑事犯罪的报告"等事项的规范是相比较为少见的。三是与英国的《公务员守则》类似，该准则也没有详细规定惩处措施，只是规定"违反该准则将构成公务员聘用违约，可能导致纪律处分"。四是在准则的后面，附上了一个主要规定的摘要，这16条摘要实际上是对准则的高度概括，不仅简明扼要，也易于理解和掌握。用附录中的摘要总结准则中详细的规定和要求，也是该准则有别于其他国家道德行为准则的独特之处。

第一章　公务员标准及行为准则——概要

1. 公务员应该为自己高标准的行为而自豪，具体表现在他们为公众服务多年和使他们能够执行公共服务的任务上。公务员行为准则是公职人员应如何工作总体内容中的重要成分。它规定了公职人员在履行职责时所需的标准。这些基于高水平个人绩效和责任的行为和价值标准将支持高质量的公共服务。

2. 公务员必须履行以下职责：（a）认真负责，诚信公正地为国家以及国家的其他机构和公众服务；总是在法律的范围内行事；高效、勤奋并且礼貌的履行职责。（b）在工作中遵守以下行为：解决问题时富有同情心，公正并且主动；对同行人员保持尊重。（c）保持高水平廉洁；用诚信、公正和正直约束自己；从不试图滥用职权，尤其是永不使用政治影响力来干涉与自己有关的官职决定；遵守有关的收受礼物和招待提供规定；避免利益冲突。

3. 准则的应用

3.1 准则的条款适用于所有公务员（包括常设和非常设的公务员），无论全职或者临时雇用（如临时或者兼职）。它们也适用于因各种特殊形式离职的公职人员包括职业中断，除非他们出现在仅限工作人员才能出现的地方。官方保密要求适用于任何曾是公职人员的人，尽管已经在准则颁布之前退休或辞职的公职人员不适用该准则：政府新闻秘书，副政府新闻秘书，政府新闻秘书助理，所有部长和一般私人办公室人员，临时担任欠缺职位以及与之相关的任期有限的部长或检察长（例如个人助理、特别顾问、部长办公室和平民司机的国务部长的私人秘书）。

3.2 该准则长期适用于所有受聘的公务员。每个公务员也必须得到一份副本，在进入公务员队伍之前，他们需要作出书面证明，表示他们已收到并阅读它。准则也将分发给所有现职的公务员并需要签署一份类似的声明。公务员应获得全面理解准则的机会。公务员上岗培训应包括对准则条款的学习。违反该准则将构成公务员聘用违约，可能导致纪律处分。

第二章 公务员的要求标准

公务员履行公职时所要求的详细标准载于该准则的一部分。这篇准则还对那些已经退休或辞职的公务员做了详细特别的要求。加强公共服务提供的标准如下。

4. 公正

公务员在执行公务时：（a）必须切实服务于正式选举产生的政府、国家以及其他公共部门；（b）必须提供意见及公正的执行政策，尤其是，意识到保持独立性的必要是对任何未来部门或者政府信心的需要；（c）不应该因个人，家庭或其他类似的关系表示出偏袒。

5. 政治中立

5.1 为确保公众对公务员政治中立的信任，传统上公务员参与政治活动会被施加限制。这一节重申了现有的限制。

5.2（a）公务员不得寻求提名或参选到议会两院或欧洲议会中。此限制适用于所有类别的公务员。办事员级以上公务员不能代表地方参与选举；（b）在工艺和国家工业等相关行业工作的公务员可以自由的参与政治或地方选举。但对于参众两院或欧洲议会的选举仍有限制。（c）公务员和非工业文书职位系人员的薪金最大值等于或低于文书主任的最大值可以到其部门或办公室申请，在公务员准则的规定下参与政治。受聘在特定部门工作的公务员，管理层有权拒绝其申请。在申请被拒绝的情况下，各部门/办事处应审查其移动到较不敏感的区域的可能性。（d）办事员及以上的所有公务员都彻底禁止从事任何形式的政治活动。

5.3 上述（d）类公务员不得参与政治上的公开辩论（例如信写到报纸、电视或广播节目），除非这是作为履行公务的一部分。这并非意在改变现行做法。在事先获得部门/办公室许可的情况下，上述（c）类公务员可以从事公开辩论。这些规定并不排除公务人员根据条例或本部门授权发布的公共事务材料。

5.4 在5.1和5.2段的规定并不适用于政府的新闻秘书，副政府新闻秘书，政府助理新闻秘书，所有部长和总检察长私人办公室的工作人员持有临时无编制的职位,其任期与相关的部长/总检察长(如个人助理,特别顾问,在部长和国务部长平民司机的办公室私人秘书)等相同。

6. 尊重法律

6.1 公务员的工作是在法律的框架下进行的,遵守这些法律是公务员特别的责任;永远不会采取他们知道或怀疑的行动方式是非法的,不正当的,不道德或没有法律权威的;按照章程的意图善意的行使法律授予的权力。

6.2 公务员对必须采取的特定行动产生怀疑时应将自己的疑惑反映给上级,上级的责任是在必要时按照法律的要求就该问题发出指示。

7. 信息披露

7.1 所有的公务员都应该确保他们以乐观和开放的方式处理从市民处获得的问题。根据1997—2003年颁布的信息自由法案(FOI Acts),市民有权获得由政府部门和其他公共机构所掌握由FOI规定的信息。公职人员应特别注意,让自己了解FOI程序在其本部门中的应用。

7.2 应对市民的私人事务,有关公司或机构已提交或合理假设的正式业务条件的商业事务信息注意特别保护。FOI承认保护此类信息防止从正常范围的第三方访问的重要性。凡格外敏感个人信息、商业机密或正在考虑对公众公开的机密敏感信息,FOI行为施加了若干保障措施,确保有关人员的权利得到充分尊重。

7.3 1963年的官方保密法仍然要求所有的包括已经退休或离职的公务员避免不当泄露在公务工作过程中获得的信息。例如,根据FOI,当一个人没有向公众披露信息的责任,却未经授权披露了信息是不恰当的。

8. 与公众打交道

8.1 公务员应:确保有同情心,高效及时地处理与公众有关的事务;总是将自己的名字告知与他们打交道的公众,除非被赋予了特别的权力,例如:基于安全理由;确保以尊重的方式处理有关的公共事务。

8.2 公务员应该:应确保他们的着装标准,与他们的工作环境相符;对公众和他们的随行人员表现出充分的考虑和尊重。

9. 刑事犯罪

一名被控犯了刑事罪行或者被指控犯有刑事罪行除以缓刑的公务员(当缓刑法第一类适用时,当所犯的罪行被一起提起诉讼时法院决定不继续定罪，当第二类适用时，法院对罪犯的处罚是通过判处缓刑而不是监禁）必须将自己的真实情况告知自己的单位。因为在某些情况下，这可能会影响他的官方立场。各个单位应根据自己本单位的实际情况来自由处理。按照保护法案 1988 年和 2003 年的信息保护法案，所有这些信息将通过各部/办公室严格保密，除非这些信息正在由相关人员进行处理。

10. 绩效考核和出勤对公务员来讲是必需的：按照工作要求进行工作，而不是无故缺勤；遵守病假条例条款；在任何时候，以符合自己公职人员要求行事来维护公众的信心，例如克制自己的不当行为；确保在内外部所有的通信中，包括电子形式的宣传材料和文件使用非歧视性语言；不在工作时间从事任何与自己本职工作无关的外部业务（请参阅下文第 14 和 18 条在正常工作时间之外有关的业务活动）。

11. 关于国家资源

11.1 公务员应努力确保对财政资金适当、高效的使用。

11.2 公务员被要求：适当并合理的使用公共资金和部门财产而不是浪费，或者将其利用到未经批准的目的上；未经适当授权的单位不承担任何责任；确保差旅费、生活费等不必要的开支由自己或负责人承担。

12. 与同事的关系

公务员应该在工作中对他们的同事保持必要尊重，包括他们的价值观和信仰。公务员应确保他们对待同事的态度在工作场所是合适的。在法律的基础上，公务员不得歧视同事的性别、种族、性取向、流动性社区、残疾、年龄、婚姻状况、家庭状况和宗教信仰。

13. 公务员禁止：利用自己的职权为自己、家庭、企业或者其他关系的人牟利；设法影响关于自己官职的决定，除非通过既定的程序（例如，谈判或申诉程序）或通过秘书长或有关领导的批准。尤其是，公务员不得利用其政治影响力，影响官方职务的任免。正常的调解、仲裁要和其他业务问题分开，公务员不得直接或间接地寻求对他们有利的个人优惠。任何违反这些规则公务员均会受到纪律处分。

14. 利益冲突

14.1 公务员不得在任何时候进行与之相关的任何外部业务活动，与各部门/办事处的利益冲突，不符合其官方立场，损害其作为公务员履行职责的能力等一系列活动。出于这个原因，公务员拟从事任何外部就业或者创业相关的活动时应该向本部门的人力资源主管报告。全职的公务员，他们的职责是专业性质的（如医生、工程师、建筑师、兽医、律师等）不得从事任何私人执业。任何情况下，从事特定职业或业务的规范性均可受到合理的质疑，此时相关公务人员必须将其转交给部门主管处理。

14.2 公务员禁止寻求使用知识获取，或者作为执行公务的结果使自己受益。在他或她的公务职责过程中，接触到任何影响他或她有兴趣的商业经营，必须立即向部门主管报告该兴趣的性质和程度。除非被分派处理此事的部门主管认为没必要。

14.3 一个经历财务困境的公务员，可能会妥协，或是被其他人合理地看到妥协，他或她履行其职责（如通过破产、无力偿债或对任何人、金融机构或其他机构有重大责任的人）必须向秘书长或主管机关报告。任何此类信息应当被部门严格保密的，部门和有关人员将提供一些可能的帮助（例如通过员工援助服务）来解决他们的困难。

14.4 一名公务员不允许代表一个外部团体或组织，无论是作为个人代表或作为成员，他或她的部门对相关事宜负有责任，除非事先征得了部门领导的同意。

15. 利益冲突的披露

15.1 在1995年、2001年的公共机构法案（道德法案）明确规定了担任指定职位的公务员的法定义务。根据本法的规定这些义务是附加，适用于任何一般的公务员。应该指出的是所有公务员都必须遵守这个规定，如关于接受礼物的规定，这些都比相应的法规更为严格。

15.2 因伦理法案的特殊目的而设置的职位都包含在1996年公共机构的伦理规定中［1996年第57号 S.（I）］。［NB。公共伦理办公室（公共机构指定的职位）条例2004［S.（I）第2004698］撤销1996年 S.（I）第57号决议，由财政部长于2004年11月3日签署并生效于2005年1月1日。总之，主要公职人员及以上都受到伦理法案规定的影响。伦理法案也适用于一系列的高级职位（例如处理与合同或商业敏感区域的职位），被部长亲自任命的个人顾问，和部长任期内临时任命的长期工作人员。人事人员必须告知在特设人员承担自己岗位上的责任。

15.3 公务员应提供一份"公职人员的指引，以协助他们协助遵守1995年和2001年由公共机构委员会公布的公共场所道德规范标准的规定"。

16. 收受礼物

16.1 公务员不应该从第三方收受任何可能使得他们妥协或影响他们判断的好处。最重要的问题是，公务员的行为会受到怀疑，而不会引起任何实际或潜在的利益冲突，而与商业和其他利益的交易应该接受可能的审查。

16.2 公务员收受的礼品和受到的接待水平都有最高标准的限制，下列一般准则提供了一个框架，在这个框架内，一些领域可以做出决策或制定当地规则。公务员必须遵守这些规定或从这些指令中派生的地方规则。各部门/办事处在收受礼物的时候遵守这些规定或者他们当地派生出的规定。这些地方的规定应符合本条所载的一般准则。就本条款而言，"礼品"一词包含任何利益（根据本准则第18条所规定的报酬），而非收取费用，或以低于其商业价值的价格收取。

由该办公室的秘书长或负责人决定，官员可以接受并保持适度价值的礼品（如日记、钢笔等）的任何规则。更昂贵价值的礼品应该拒绝，如果拒绝会导致犯罪，应由移交有关他或她的部门/办公室处理；

凭借他或她的官方机构与捐助者或他或她的部门与供体的商业往来关系给公务员的礼物，不是价值适度的礼物等，必须被视为部/办公室有关的财产。然而，在飞行常客计划的福利可以被公务员个人保留，因为公务员旅行是对个人和家庭生活的破坏；收受礼物时应特别注意站在捐助者个人或者商业利益一方考虑他们与有关部门/办事处的关系。

礼物支票，现金以及任何可能换取现金的礼物均不能收受。

公务员不得直接或间接地收受礼品。

公务员不得与任何通过其官方职责寻求赞助或支持俱乐部、慈善组织、协会、工会或其他组织的企业接触。对于非常小的赞助，各部门/办事处负责人在本条适用的情况下酌情决定。

公务员不应接受特殊设施或与他们有公事往来的供应商提供的购买折扣。

16.3 需要注意的是，1889—2001年的预防腐败法，1995年被修订为公共部门道德伦理法，送礼或收礼都是腐败，这两种新行为都是刑事罪行，会被判处监禁或罚款。该法案规定，公务员从持有者或寻找获得政府部门/办公室的合同一方收受的金钱、礼物或者其他关照即被证实为腐败，除非反证。

17. 招待

17.1 不可能制定所有情况下明确的接受款待规则。最重要的问题是，正在履行职务的公务员的所有操作都是不容怀疑和不产生实际或潜在利益冲突的，而他们的商业或其他利益往来都应该接受密切的审查。一般来说，公务员不应该被放在一个不能接受任何商业性质礼仪招待的位置。然而，在他们与外部组织或人员的接触中，每一个照顾者必须由公务员来确保他接受的款待并不影响，也不能被怀疑影响他们正在履行的公务。

17.2 下面的一般指南提供了一个框架，在框架内，可以制定本区域或本地方的规则。部门/办事处可将这些规则用于招待规定，或以准则为模板制定当地规则。

（a）所有提供的商业利益，有或可能与公务员的部门/办公室有合同关系的，必须由公务员向他或她的部门负责人报告。

（b）通常没有人会反对接受什么样的招待会被认为是平常的热情好客，例如，一顿商务午餐。出于这个目的，什么被认为是常规的招待取决于一些因素，例如招待的价值，提供的频率和一般情况下招待的提供是否是互惠的（例如，一家公司是向所有客户提供还是针对特定或潜在的客户提供）。某些类型的招待（例如涉及国外旅行和周末假日）不应该被视为常规，应该向上级报告。主管部门/办公室应就是否是例行的热情好客问题向本部门的工作人员做出建议。

（c）公务员不应该接受超过上文范围的款待，除非接受这样的款待可以被清楚地证明是部门的兴趣，并已经获得部门主管的批准。

18. 代表外部机构工作的报酬

18.1 有时公务员被要求执行他们收到付款或代表其他利益部门的任务，而不是本部门的任务。虽然在许多情况下，这种做法没有任何问题。但在某些情况下会有困难，例如，任务的执行是否是公务员责任的一部分或是否在工作时间进行。

18.2 所有部门应都确保他们有适当的标准，已清楚地向所有工作人员列明并公开。标准应确保一致、适当和明确地应用到跨部门代表其他组织执行任务当中去。下列准则为该领域和当地规则的制定提供了一个框架。

（a）因为他或她的公务员职位，邀请一名公务员代表一个外部机构进行工作，他或她应事先通知他或她的人事主管，并可能不寻求保留付款（在适当的旅行和生活费用以外）或其他福利，这类活动是公务员的职责所在。凡付款，应交给人事主管，并将其交给部门/办事处的账户。实物中的任何好处都应该返还到部门中。

（b）一个公务员可以接受一个适度的支付或福利，如果任务是和工作相关的，而不是他或她官方职责的一部分并且在非正常工作时间进行。

（c）关于任务是否是公务员法定义务的一部分通常可以参照有关的工作方案来确定。如果有疑问，公务员应要求他或她的上司确定这项任务是否是正式职责的组成部分。

（d）公职人员接受没有付款或其他补偿的情况下出现的小礼物是被认可的。

（e）公务员对接受付款或机构以外的补偿有疑问的，应根据上文所述的准则，向上司提出确定的事项。如果公务员对上司的决定不满意，他或她可以向人事主管或秘书长提出上诉。

19. 为政府部门的购买或销售制定合同

19.1 公务员不应该因为自己或任何合伙的公司或者他或她有参与在他或她的私人身份或其他个人或组织产品或服务（而不是就业）的供应需求向政府部门或办事处寻求合同。

19.2 任何部门、办公室都应该就产品和服务的供应（而不是雇用）与公务员或任何伙伴关系的公司或有公务员以私人身份参与的公共服务签订合同。

19.3 公务员或有伙伴关系或有公职人员以私人名义参与其中的公司禁止购买和出售，除非（a）交易发生在普通的业务过程中（例如，购买政府机构的出版物或储蓄券）；（b）交易发生之前必须得到部门/办公室的批准，当公职人员提供服务时要与部门/办公室达成一致。

19.4 一名公务员达成任何承诺，或持有任何外部利益或参与任何外部业务，或可能影响、国家合同或购买或出售国有资产必须立即将性质和程度，他或她的兴趣向秘书长或办公室主任汇报。

19.5 公务员不得以私人身份谈判或仲裁任何关乎政府的合同，或购买或出售的商品。他们感兴趣的是作为当事人还是作为公司负责的股东在审议该事项。

20. 离职或退休后接受外部的邀请和参与顾问工作

20.1 下列规定旨在促进公务员充分意识到公职人员接受公共服务以外利益的潜在冲突文化。获取适当的权力是很重要的（见20.4），为了避免对潜在利益冲突的任何怀疑，一个公职人员的建议和决定将会被特定公司或组织的未来就业期望所影响。

20.2 任何公务员打算从事或参与（a）之外的他或她曾经有公务往来的或（b）的可能会通过他或她获取不正当竞争优势的任何外部业务，必须将自己的意图通知有关部门。另外，公职人员不得在退休后的12个月内持有与道德法案相违背的特定立场。

- 接受公共部门以外雇主的雇用。
- 未经部门的允许，参与在性质和范围上可能导致利益冲突的特别咨询项目，如20.4所述。即使12个月的限制期限已经过去，或者因为其他的原因在外部就职前不需要部门审批，公职人员也必须继续遵守在1997年和2003年修正自由信息行为条款的1963年国家保密法案的规定。这些规则也适用于在道德法案（例如，由部长亲自任命的特别顾问）下任命的下属官员，虽然在他们退休或解聘之前不是正式的岗位，但是在这六个月之前的任何阶段他们曾经在岗位上工作了一段时间。在这种情况下，规定将从公职人员担任职位的最后一天算起。

20.3 一般情况下，各部门应该关注接受外聘机构聘用或已经离职的公职人员。

20.4 20.2条规定的任何打算从事外部业务或与外部业务相关联的公职人员必须或者担任特定职位（道德条款规定下）必须遵从以下程序：

（a）秘书及以下的公务员在退休或离职之前必须向在任的秘书长或办公室主任提出申请；

（b）秘书以上的公务员必须向任命委员会提出申请。

20.5 申请必须由不存在明显利益相关的恰当的主管部门所批准。申请的审批可以会有附加条件也可能无条件。

20.6 秘书长或办公室主任的审批会有附加条件，其他相关的公职人员可能会转到外部的任命委员会决定。

20.7 秘书长，办公室主任或财政部长有权对不遵守被规定的事件采取适当措施。

21. 外部任命委员会

21.1 该委员会由财政部长组成，包括秘书长，公共服务和发展部长，在财政部，政府秘书长和三名其他未曾担任过公职人员的成员组成，其中一人会担任主席。委员会会不定期对申请的评估和对委员会申诉的细节进行公示。

21.2 委员会主任将会每年通过财政部长向政府报告委员会的工作，有时他或她也会提交关于委员会职能的其他报告。

准则主要的附录摘要：

（1）公务员必须公正的履行其职责。

（2）公职人员禁止参加欧洲议会和一般议会的选举。但是，协会及国家工业相关职系公务员可以自由从事政治活动和参加地方选举。

（3）公务员必须受到法律的约束。

（4）1997—2003年自由信息法案规定，公民有权获得由政府或者其他国家机关掌握的信息。但是，1963年的国家保密法案规定公职人员要避免泄露自己在工作过程中获得的信息。

（5）公务员必须高标准的为公众服务。

（6）曾有过刑事犯罪或者被判处缓刑时，公职人员必须向人事部门报告这一事实。

（7）公务员在工作中必须按照病假条例出勤。

（8）公务员必须珍惜国家资源，确保适当、高效的使用国家资源。

（9）公务员应对他们的同事保持尊重，包括他们的信仰和价值观。

（10）公务员禁止利用官职为自己或商业的联系牟利。公职人员也禁止利用自己的官职来影响有关既定事项程序的决策。

（11）公务员不得从事外部业务或者与自身部门有利益相关的活动。

（12）公务员因道德法案的规定担任指定职位有一定的法定义务来披露利益。这些义务是附加于本准则之外的。

（13）公务员不应从可能会影响他们完整判断的第三方收取任何好处。各部门被要求使用包含收受礼物条例的准则或制定当地的源于本条例的规定。

（14）同样的原则适用于任何接待服务。准则中包含总体框架的指导方针，每一条都必须确保（a）任何接待不受影响，或被视为影响，任何代表外部机构工作的公职人员履行职务（第17条）和（a）有明确合适的标准。

（15）公务员不得与政府部门或机构签订提供货物或服务的供应合同，无论是为自己的利益，或为任何公司的利益，他们都有可能以私人身份参与。

（16）未经外部委员会或者秘书长或办公室主任的批准，公务员不得在辞职或离职的12个月内接受有利益和观念的冲突的任命或其他特定咨询机构的邀请。另外，担任道德法案规定的特定职位的公务员在接受外部的任命前必须在12个月内获得外部任命委员会的同意或秘书长或办公室主任的同意。

澳大利亚《1999年公务员法》（节选）

提要：澳大利亚《1999年公务员法》①的第三部分中明确列出了澳大利亚公务员价值观和公务员行为准则。此外，澳大利亚公务员委员会还配套出台了《澳大利亚公职人员道德与行为准则实施细则》《澳大利亚公务员公职人员价值观与职业原则》和《澳大利亚公务员委员会主席指令》等规定和文件。

在澳大利亚《1999年公务员法》②的第三部分中，价值观共有15条，行为准则共有13条。这些价值观包括：政治上保持中立，以公正及专业的方式履行其职责；公正、高效、周到地为澳大利亚人民服务，对公众多元化的需求及时作出响应；公务员模范遵守最高层次的道德标准；等等。行为准则包括：任职期间必须行事诚实、廉洁正直；任职期间必须行事谨慎、勤劳肯干；任职期间必须尊重、礼貌地对待他人，不得骚扰他人；任职期间必须遵守所有澳大利亚现行法律，等等。

澳大利亚《1999年公务员法》中关于价值观和公务员行为准则部分有一些与众不同的地方。一是在价值观的陈述中，没有采用核心词汇概括的方式，而是采用了陈述的方式。更为特别的是，这些陈述全部采用了现在时态的陈述式语句，没有采用"应当"（should）等词表示其标准和要求，可以说是更加强调澳大利亚公务员队伍目前就具备这些特点。二是在行为准则部分，

---

① 译者注：澳大利亚《1999年公务员法》在2008年3月进行了修改。本书节选内容来自：https：//www.legislation.gov.au/Details/C2009C00324。

② 同上。

全部用了"必须"(must)一词表示强调,说明这些是强制性规定,是无条件义务性法律规范。

对于违反应该遵循的行为准则,该法也规定了一些惩处措施,包括终止雇用关系,降级使用,调整职责,降低工资,从工资中扣除罚金以及批评等六种惩处方式。

第十条 澳大利亚公务员价值观

1. 澳大利亚公务员是非政治性的,以公正及专业的方式履行其职责。
2. 澳大利亚公务员的选用遵循择优原则。
3. 澳大利亚公务员为公众提供没有歧视的工作场所,并且承认、充分利用澳大利亚社会的多样性。
4. 澳大利亚公务员模范遵守最高层次的道德标准。
5. 在部长对政府、国会及澳大利亚公众负责的框架下,澳大利亚公务员公开地对其行为负责。
6. 澳大利亚公务员为政府提供坦率、诚实、全面、准确和及时的建议,实施政府的政策和计划。
7. 澳大利亚公务员公正、高效、周到地为澳大利亚人民服务,对公众多元化的需求及时作出响应。
8. 澳大利亚公务员具有最高质量的领导力。
9. 澳大利亚公务员建立了这样的工作关系:重视沟通、协商、合作以及来自员工关于影响其工作场所相关问题的意见。
10. 澳大利亚公务员提供公平、灵活、安全以及有益的工作场所。
11. 澳大利亚公务员致力于取得业绩并且管理绩效。
12. 澳大利亚公务员提倡平等就业。
13. 澳大利亚公务员为全社会所有有资格的人员提供申请成为公务员的合理机会。
14. 澳大利亚公务员是一种以职业为基础的服务,致力于提高澳大利亚民主政治体制的有效性和凝聚力。
15. 澳大利亚公务员为关于公务员的决定提供公平的审查机制。

第十三条 澳大利亚公务员行为准则

1. 任职期间必须行事诚实、廉洁正直。

2. 任职期间必须行事谨慎、勤劳肯干。

3. 任职期间必须尊重、礼貌地对待他人，不得骚扰他人。

4. 任职期间必须遵守所有澳大利亚现行法律。在这里，澳大利亚法律指的是：

（a）任何法令（包括本法令），或根据该法令颁布的任何法律文件。

（b）任何州或地区的法律，包括根据该法令颁布的任何法律文件。

5. 必须遵守工作单位里有权发布指令的人发布的任何具有合法、合理的指令。

6. 必须对与部长或部长的工作人员的往来保持适当的保密性。

7. 必须公开，并采取合理措施避免任何与澳大利亚公共服务工作有关的（真实的或明显的）利益冲突。

8. 必须以适当的方式使用联邦资源。

9. 不得就与公共服务工作有关的官方目的信息需求提供虚假或误导的信息。

10. 不得不当使用：

（a）内部信息。

（b）该公务员的职责、地位、权力或权威以为自己或其他任何人获取，或试图获取利益或好处。

11. 其行为必须始终维护澳大利亚公务员的价值观和廉正性，以及澳大利亚公务员的良好声誉。

12. 在海外就职时，其行为必须始终维护澳大利亚的声誉。

13. 必须遵守法律规定的其他行为要求。

第十五条 违反行为准则

1. 机构负责人如果发现其机构中的公务员违反了行为准则，可以对他/她做出以下处罚（根据第3条规定的程序）：

（a）终止雇用关系。

（b）降级使用。

（c）调整职责。

（d）降低工资。

（e）从工资中扣除罚金。

（f）批评。

2. 法规中可明确规定对第 1 条中机构负责人实施处罚权力的限制。

3. 机构负责人必须建立确定机构中的公务员是否违反行为准则的程序。该程序：

（a）必须与公共服务专员指南中的基本程序要求保持一致。

（b）必须具有公平性。

（c）可以根据公务员类别的不同而有所不同。

4. 公共服务专员必须根据上述第 3 条颁布书面的指南。

5. 机构负责人必须采取合理措施确保机构中每个公务员已经阅读第 3 条规定的、写明有关程序的文件。

澳大利亚公职人员道德与行为准则实施细则（节选）

提要：2003 年，澳大利亚公务员委员会首次出台了《澳大利亚公职人员道德与行为准则实施细则》。后来，该准则几经修改，最新的一版由澳大利亚公务员委员会于 2013 年 6 月 18 日正式颁布。除实施细则外，澳大利亚公务员委员会还配套颁布了《澳大利亚公务员公职人员价值观与职业原则》和《澳大利亚公务员委员会主席指令》。《澳大利亚公务员公职人员价值观与职业原则》强调在任何情况下，包括因公出差和因公培训期间，公职人员行事应诚实、廉正、热心与勤勉。在非工作场所与非工作时间，公职人员也应恪尽职守。即便在公职人员离职后，仍然可以开展对其可疑不端行为的调查。《澳大利亚公务员委员会主席指令》每年更新一次。最新版《澳大利亚公务员委员会主席指令》于 2016 年 12 月 1 日更新，旨在"去官僚化，使机构主管在实行《澳大利亚公务员法》过程中有更大程度的灵活性；提高机构招聘管理效率；以及去除指导性文件中已有详细规定的内容，进一步简化内容"。[①] 最新版指令有以下几方面的主要变化，包括机构间优秀公职人员候选人清单共享、增加灵活性，将临时雇佣人员年限提高为三年、更宽松的本土招录措施、更宽松的残疾人士招录措施、减免公告、简化绩效管理要求等。

《澳大利亚公职人员道德与行为准则实施细则》共分为两大

---

① 2016 年《澳大利亚公务员委员会主席指令》，http：//www.apsc.gov.au/publications-and-media/circulars-and-advices/2016/circular20161。

部分，共九个章节。第一部分为公职工作主要关系，第二部分为公职人员职责。公职工作主要关系有三节内容，分别围绕公职人员协助政府和国会的工作、公职人员与公众的关系以及工作场所中的关系展开论述。公职人员职责包括六节，分别是信息管理、联邦资源的使用、处理利益冲突、海外工作、作为公民的公职人员和可疑不端行为的报告。本文限于篇幅原因，节选了公职工作主要关系的三节内容。

"协助政府和国会的工作"指出公职人员应与政府及行政机构建立良好的工作关系，共同建立高效政府。本节进一步阐释了澳大利亚政府架构及澳大利亚公职人员的作用，明确政府对选举中的澳大利亚人民负责，各个部长对其分管业务的总体管理负责，并且本着对国会负责的态度行使部长权力，以及公职人员对各个部长负责，并且通过各个部长对国会负责。另外还对公职人员与外部审查机构共事、参与政治活动、解释政府政策、选举期行为、投入政府宣传和信息宣传活动等行为作出具体规定。

"公职人员与公众的关系"重点提出应尊重公众、为公众提供高效亲民服务、实现与公众的有效沟通、获得公众信任。对信息披露、着装规范、处理投诉、应对难相处人士等方面提供了具体指导。

第三节"工作场所中的关系"提出应培养工作场所中的关系，提高组织绩效和个人福祉。此外还增加了附加职责、不可接受的行为及常见疑问等内容。其中附加职责包括对合法和合理指令的遵守、与工作相关的审慎和勤勉的要求，以及对雇主忠实和忠诚的义务。不可接受的行为则包括工作场所骚扰、以不尊重他人和不礼貌的方式行事，以及互联网和电邮使用中的不当行为。常见疑问概括了关于针对澳大利亚公务员委员会职业道德顾问服务提出事项的指南，包括对非工作时间行为的界定、工作场所安全注意事项、有关滥用酒精或其他药物的说明、促进多样性要求等。澳大利亚公务员委员会网站上就"工作场所的关系"列有补充内容，包括工作场所谈判政策（2015）、补贴订阅服务、奖励现代化等内容。

有关惩处方面的内容，澳大利亚公务员委员会就部分公职人员不当行为应列入绩效管理范畴还是算作违反《澳大利亚公职人员道德与行为准则》提供了指导。此外，《澳大利亚公职人员道德与行为准则实施细则》没有明确列出惩处措施。准则的目的并非在于惩处，而是为了保护公众、树立良好的澳大利亚公职人员行为准则，以及维护澳大利亚公职人员的声誉。

第一节　协助政府和国会的工作

1.1　综述

1. 澳大利亚各公务员机构、部门和办公室之间保持良好关系是建立高效政府的关键。

2. 1999年出台的澳大利亚公务员法中规定的澳大利亚公务员道德准则有助于澳大利亚公务员与政府及行政机构建立良好的工作关系。

3. 道德准则中的每一条都至关重要。但也有可能出现不同道德准则之间相互冲突的特定情况。例如，为部长及其顾问快速提供意见是正确的，但按照规定程序行事也是正确的。在这种情况下，章程、指南或政策中可能没有规定"正确"的做法，需要公务员进行合理判断。

4. 本节主要内容包括澳大利亚公务员道德准则如何适用于与部长及其顾问，以及与国会共同工作的过程。本节还将涉及公务员参与政府宣传活动时的行为指南。

1.2　澳大利亚公务员道德准则

1. 澳大利亚公务员法规定了澳大利亚公务员道德准则。《2013年澳大利亚公务员委员会主席指令》(《指令》) 规定了这些道德准则的范围和适用情况。政府部门领导和公务员必须遵守这一指令。以下选取了指令中与职责涉及与政府和国会直接合作的公务员最相关的内容，并与公务员道德准则相对应。

忠于职守

2. 忠于职守这一准则规定了澳大利亚公务员应以专业、客观、创新、高效的方式工作，并且相互协作，为澳大利亚社会和政府创造佳绩。

3. 关于本准则的《指令》要求公务员鼓励创新思维，并支持创新解决方案。公务员应对优秀想法持开放态度，超越传统界限思考，并挑战传统业务方法。

4. 公务员应致力于打造成就文化，并形成一支团结一致的公务员队伍，服务澳大利亚政府和社会。他们应有能力识别和管理潜在风险领域，在考虑资源和时间限制的情况下，从以下几个方面配合各个部长的工作：

（a）熟悉政府政策。

（b）了解相关问题和方案。

（c）了解政府工作目标及政府运行环境。

职业道德

5. 道德准则规定了澳大利亚公务员应是值得信赖、始终行事正直的。

6. 澳大利亚公务员必须遵守：

（a）澳大利亚所有相关法律。

（b）相应行业标准。

（c）《澳大利亚公务员行为准则》（以下简称《准则》）。

7. 《准则》的规定之一就是澳大利亚公务员必须对任何部长或部长职员的来往信息和文件保密。

8. 澳大利亚公务员应以最高道德准则为标准，以身作则并推动这些标准的实行，恪守承诺，勇于面对困难。澳大利亚公务员应以全局的观点考虑政府在制订和实施政策计划时的问题和关切。

9. 协助政府工作时，为了捍卫这种道德准则，澳大利亚公务员应以正确的方式，即严格意义上和法律上正确的方式行事。根据不同情况，"正确决策"或"正确行为"很可能要求公务员考虑相关法律或政策的意图。在实践中，这意味着澳大利亚公务员需要了解法律或政策制定的理由。公务员的级别越高级，对他们具有这种了解的期望就越大。

尊重

10. 尊重这一准则规定澳大利亚公务员应尊重所有人，包括其权利和遗产。

11. 澳大利亚公务员必须尊重所有人，并认识到所有人都是有价值的。还应做到相互协作，对政策制订、实施、计划管理和监管方面的想法持开放态度。

12. 一般情况下，澳大利亚公务员可以接触相关利益攸关方，包括受到决策影响的人士，并在开发新方法时适当考虑他们的观点。

13. 澳大利亚公务员应与部长及其职员保持相互尊重和建设性的关系，当各方都欣赏他们各自的角色和职能界限时即是最好的达到这一状态。

可靠

14. 可靠这一准则规定在法律规定下及部长责任制框架内，澳大利亚公务员工作公开，并且需要对澳大利亚社会公众负责。

15. 澳大利亚公务员应就授予权力的行使对各个部长负责，并且通过各个部长对国会负责。澳大利亚公务员应能证明其行为和决策是在合理考虑的情况下做出的，并且做到以高效、有效、节约和道德的方式使用资源。

16. 澳大利亚公务员应理解澳大利亚宪政和法律制度中的问责关系。应协助各个部长，履行他们对国会和公众负责的义务，特别是通过良好的行为表现来履行他们作为公务员的可靠义务。

17. 澳大利亚公务员应按照1983年颁布的澳大利亚联邦档案法的规定及符合独立审查的标准，对重要决策或行为进行记录。良好的记录可以使其他人了解决策或行动的理由，并可以为未来的决策制定者提供参考。

公正

18. 公正这一准则规定澳大利亚公务员保持政治中立，并为政府提供直接、坦诚、及时和基于最佳可用证据的建议。

19. 为政府提供的建议还必须：

客观、政治中立

具有相关性、综合性，并且不受后果担忧的影响，不隐瞒重要事实或负面消息，考虑政策实施环境，以及更广泛的政策指令及其长期意义。

20. 澳大利亚公务员必须服务于政府的需求，这要求公务员必须一如既往提供高质量政策建议并且实施，无论当前掌权为何政党，以及无论该公务员政治信仰如何。澳大利亚公务员应确保他们的行为不会使公众质疑他们为当前政府提供服务的能力。

21. 为了坚持秉承本道德准则，协助政府工作时，澳大利亚公务员应提供直接和专业的建议，并制订有力和创新的方案，加以具有说服力的论据、良好分析和强大证据的支撑。一旦建议得到采纳，部长敲定的方案应得到最大程度的实施。

22. 公正这一准则并不意味着澳大利亚公务员对各个政治团体一视同仁。澳大利亚公务员的职能并不包括服务反对派。澳大利亚公务员一般应与反对派和其他非政府政党有限接触。同时，澳大利亚公务员应按常规和合理职能，为国会提供关于政府政策实施的信息，包括在出席国会委员会会议时。

1.3 澳大利亚政府架构及澳大利亚公务员的作用

1. 澳大利亚公务员、部长和国会议员在澳大利亚民主政体内具有特定的角色。

2. 各个部长及澳大利亚公务员是政府执行分支的组成部分，他们根据民主政治体制内的法律运作，在此民主政治体制内，通过选举程序实现政府对澳大利亚人民的责任。在此政治体制内，适用责任和外部监督架构，通过此架构，法院和国会建立的各个机构如审计长和监察专员在体系内运作并实现相互制衡。

3. 国会是政府的立法分支。国会制定法律，授权政府支出公共资金，并审查政府活动。

4. 澳大利亚宪政和法律制度内的问责关系可总结为：

（a）政府对选举中的澳大利亚人民负责。

（b）各个部长对其分管业务的总体管理负责，并且本着对国会负责的态度行使部长权力。

（c）公务员对各个部长负责，并且通过各个部长对国会负责。

5. 在国会制定的法律框架内，由部长决定公共利益的范围以及应如何维护这些利益。政府部门领导和公务员提供建议和实施。澳大利亚公务员的角色是服务现任政府，并协助制定和提交政策议程及其优先级。各个部长做出决策并发布政策指南。公务员在实施政策时必须遵守这些指南。部长决策和政策指南必须符合法律规定。

6. 政府的第三个分支是司法部门，负责解释和使用法律。在澳大利亚，高等法院是处理联邦事宜与州和领地法院事宜的终审法院。

7. 澳大利亚公务员必须充分了解国会、行政和司法部门的各自职能。

1.4 遵纪守法

1. 澳大利亚公务员有责任遵守所有适用的澳大利亚法律，以及特定部门颁布或与这些特定部门相关的法案，就此而言，此责任还包括整体适用于澳大利亚公务员的法律，如澳大利亚公务员法、2013年公共治理、绩效和问责法和涉及反歧视、隐私和信息自由的法律。各种法律常适用于部长的权力。

2. 从属法律和政府部门指示和/或指令对公务员具有约束力是很常见的。例如，问责机构根据2013年公共治理、绩效和问责法向官员发布指示，管理人员可向公务员发布关于履行其职责的指令。公务员也可能被要求应用指南，并考虑法院判决。

3. 澳大利亚公务员应熟悉适用于他们的法令和指示，以及法律规定的部长权限范围。他们还应知道何时以及如何获得关于相关法律和指示的更多信息。

4. 当然，部长决策和政策指南必须符合法律规定。如果澳大利亚公务员对部长决策或政策指南是否符合法律规定有疑义，可将此事汇报告给上级。

1.5 与部长办公室共事

1. 部长顾问在政治上的角色是帮助部长实现政务目标。澳大利亚公务员通过政府部门领导向部长负责，保持政治中立。公务员帮助部长利用专业知识和在澳大利亚公共服务方面的丰富经验，确保合法履行正当程序。

2. 不同部长办公室，其与各个政府部门交涉合作的方式也不同，但是，一些通用原则是适用的：

（a）部长和部长顾问直接与各个公务员，而不仅仅是政府部门领导接触交涉的做法是符合常规的，这样部长及其顾问可向在研究的特定议题方面拥有专业知识或经验的顾问寻求建议。高级公务员应保持信息灵通，并且必须将高度敏感或特别重要的事项立即告知政府部门领导。

（b）并不是所有沟通内容都为书面形式。但应注意确保口头沟通仅限于常规问题。

（c）当通过口头方式给出政策建议后，应以书面形式对其进行跟进。

（d）协作过程中可能偶尔会产生分歧，通过协商和讨论可以最佳的方式解决这些分歧。澳大利亚公务员应与上级讨论他们关切的问题。当分歧不直接涉及政府部门领导时，可能需要其介入以解决问题。

（e）部长对国会具有最终权力，并且对国会负责，公务员通过其政府部门领导对部长负责。澳大利亚公务员与部长顾问之间的关系需认可这种最终权力。澳大利亚公务员如有疑问，则应确认部长顾问传达的指令是否具有部长权威，并且澳大利亚公务员专业的建议是否已经传达给部长。

（f）如果澳大利亚公务员需要联系另一个部长集团的顾问，则在大多数情况下，应通过其部长办公室联系。此另外一个集团内的相关部门投入到任何讨论和协商中是明智的。类似地，需要联系另一部长集团的公务员的顾问一般通过该集团的部长办公室联系。

3. 部长职员是根据财政部长和特别国务大臣颁布的1984年国会议员（职员）法雇用的。特别国务大臣发布的《部长职员标准说明》规定了部长职员在职责履行过程中应达到的标准。这些标准包括涉及部长职员与澳大利亚公务员之间工作关系的规定。

4. 部长顾问提供关于部长政策和要求的重要指导，帮助公务员快速做出回应，但他们不能对公务员发出任何指令。

5. 部长可根据国会议员（职员）法接洽一定数量的顾问，让其从事特定项目，或代表他们或根据政府部门领导的指令实施监督。这一事项需要总理的批准。因此，各方必须就顾问的角色和做报告的要求建立共识。

1.6 作为部长顾问的澳大利亚公务员

1. 澳大利亚公务员可根据国会议员（职员）法申请在部长办公室工作。根据国会议员（职员）法，签订了入职协议的澳大利亚公务员被准予休假，但在休假期间不会支付薪水。

2. 在部长办公室工作是增长经验的机会，有助于个人在澳大利亚公务员体系中的职业成长。公务员也可为国会议员和议员工作，包括反对派领导人和影子部长。

3. 当顾问职位空缺不到12周时，一般情况下部长集团部门有责任提供补缺人员。此补缺人员应由澳大利亚公务员担任。在此情况下，该人员履行作为澳大利亚公务员的职责，部长办公室及政府部门领导就工作安排进行协商。各方必须明确，澳大利亚公务员仍然受到行为准则及澳大利亚公务员道德准则包括公正行事要求的约束。双方应确保在关于该公务员行为的期望方面达成共识。

1.7 部门联络官员

1. 在部长办公室工作的部门联络官员是根据澳大利亚公务员法聘用的，澳大利亚公务员道德准则、雇用原则及行为准则适用。部长与政府部门领导之间应就部门联络官员的职能和聘用安排达成一致。部门联络官员应每日向部长的办公室主任报告。部门联络官员的职能是促进政府部门与部长之间的合作和专业关系。部门联络官员不得介入政党政治活动或政治宣传。当宣布进行选举时，应召回部门联络官员，但留在部长办公室处理联络工作而不是直接或间接服务政党政治目的的情况除外。

1.8 来自国会的提问

1. 立法部门不能在澳大利亚公务员日常工作中指令澳大利亚公务员。但是，国会有责任审查政府活动，并审查公共资金的支出。澳大利亚公务员可能被要求直接向国会尤其是其委员会提供信息。

2. 澳大利亚公务员可能被要求向部长做出简报、为国会辩论做准备、起草对国会提问的回复或起草对国会议员、议员和选民的回信。

3. 澳大利亚公务员协助部长履行其问责义务，履行这些义务的方式是为国会提供关于政策和施政的事实和技术背景的完整和准确信息，包括制定政策的理由。但这并不扩展至提供关于政策的个人意见。根据参议院决议：

联邦部门官员或州部门官员不得被要求提供关于政策事宜的意见，应为其提供合理机会，将官员提出的问题提交给高级官员或部长。

4. 澳大利亚公务员行事必须诚实和正直。对国会或其委员会的提问的回答必须始终准确，任何错误都必须快速纠正。澳大利亚公务员绝不得故意误导国会。如有必要，在回答委员会问题之前，他们应咨询部长，不得拒绝回答委员会主席允许的提问，但部长有指示的情况除外。他们应帮助解释政府政策和决策，尽管他们没有义务提供的政策建议。如果委员会提出的问题可能带有政治敏锐性，则他们在事前应与部长或部长办公室讨论该事宜。澳大利亚公务员应始终努力维持部长和国会对其专业地位的信赖。

5. 关于出席国会委员会会议的进一步指南，请参见总理和内阁部门网站上的《国会委员会官方证人及相关事宜政府指南》（2015年2月）。

6. 该指南还包括关于向国会议员提供信息的建议。除非涉及立法规定，否则部长和政府部门领导应解决关于此事宜的安排。对于国会议员提出的对政策或计划进行简报的请求，应将此请求转发给部长，以获得关于处理该请求的建议。申请相关信息的国会议员将得到与申请相关信息的选民或社会团体同样的对待。

1.9 法定权力的行使

1. 澳大利亚公务员经常行使部长或其他官员授予或授权的法定权力。一些法定权力是独立于部长行使的。根据权力的性质，问责要求也会不同。

2. 不论是什么情况，澳大利亚公务员在行使法定权力时必须了解立法部门的要求。包括了解立法部门是如何与其他法律相互作用的、了解程序公正性要求和决策制定者观点独立性的要求。

3. 澳大利亚公务员代表政府为大量不同团体和个人提供服务，在此过程中：

（a）必须遵守法律、政府政策和指南，在与公共利益相关的问题上不带个人色彩；

（b）必须对政府负责，以提供优质服务；

（c）必须对自身决策负责。

1.10 与外部审查机构共事

1. 政府部门和办公室，例如审计长办公室、联邦申诉专员和行政诉讼法庭，会制衡政府行为。澳大利亚公务员在向作为外部审计流程组成部分的这些机构提供信息时应持直接、开放、合作的态度。

1.11 政治活动

1. 澳大利亚公务员在工作中不得从事政党政治活动，如散发政治材料、制作政治出版物或开展市场调研。同为公民，澳大利亚公务员不能享受大部分同样的权利，与其他公民一样参与到社会政治生活中。

2. 澳大利亚公务员以非官方身份发表公开评论时，应确保这些评论在当前或在过去不会被理解为是代表其政府部门或政府发表的。

1.12 对政府政策做出解释

1. 澳大利亚公务员一项重要的职能就是解释政策以及政策背后的理由，并协助新组建的政府实现其政策目标，以及帮助实现计划目标。在多种不同情况下，可能要求公务员对政府政策做出解释，作为其职责的一部分。这些情况包括：

（a）在呼叫中心工作或在政府网点柜台工作，直接与公众接洽。

（b）回复公众的来信，包括发送至部长的信件。

（c）回复媒体问询，并参加媒体采访和讨论，包括电台和电视台采访和讨论。

（d）参加国际会议或与澳大利亚其他司法部门会面。

（e）为非政府报纸、杂志和期刊提供文章。

（f）制作和发布针对公众的书面形式的信息材料，如与政府政策相关的传单、宣传册和简报。

2. 有时，公务员包括政府部门领导可能被要求引起其他人对拟制定的政府政策或即将出台的法律的关注，以征求公众意见或让社会和利益相关方做好应变准备。此行为是符合公务员的职能和职责的，但在解释政策时应谨慎，而不是出于政治立场对其进行提倡。

3. 解释政府政策和计划时，澳大利亚公务员可能需要考虑社会和利益相关方的误解。在这样做的过程中，澳大利亚公务员需要考虑周到，确保此解释不会被理解为是对反对派或其他政党的批评。以客观中立的语言说明事实，而不是直接反驳，才不易被误解为持党派立场。

4. 澳大利亚公务员在公开论坛上讲话或与外部利益相关方接触时，可能被要求解释政府政策。公务员需要表现专业，并避免带有党派立场的评论。他们发表关于政策的公开讲话的方式，需要有助于增进公众对澳大利亚公务员公正性的信心。

1.13 选举期

1. 政府与澳大利亚公务员之间的关系在选举期间需要经过特别审查。澳大利亚公务员在这期间保持政治中立是尤为重要的。

2. 澳大利亚公务员需要熟悉总理与内阁部门的《过渡政府公约指南》。

3. 总而言之，过渡政府公约是历届政府在众议院选举之前需要遵循的一系列实践。其主要目的是避免约束新政府以及限制其自由的行为。一系列实践旨在保护澳大利亚公务员政治中立的特性，并避免以对某一特定政党有利的方式利用联邦资源。此公约适用于部长办公室对信息或建议的请求，以及在过渡政府期间开展信息宣传活动等。

4. 指南适用于选举前与反对派的协商，根据这些指南，影子部长可通过与相关部长协商一致，与澳大利亚相应公务员开展讨论。

5. 在过渡政府期间，政府的一般事务仍然会继续运作，应用该公约需具备常识及判断力。如果公务员不确定该如何处理过渡政府期间产生的问题，应在第一时间将该事项提交给高级部门管理人员。

1.14 公务员投入政府宣传和信息宣传活动

1. 澳大利亚公务员一项重要的职能就是解释政策，帮助选出的政府实现其政策目标，并助其实现计划目标。在某些受限制的情况下，这可能涉及投入政府宣传和信息宣传活动。

2. 《非公司联邦机构开展的信息宣传活动指南》规定了在澳大利亚开展的信息和宣传活动的原则。财政部网站上公布了这一指南。根据2013年公共治理、绩效和问责法，这一指南对于澳大利亚公务员体系部门是强制性的。在众议院选举之前的期限内，《过渡政府公约指南》也同样适用。《过渡政府公约》提供了关于在过渡政府期间处理宣传和信息宣传活动的进一步建议。

3. 一般情况下，政府部门领导或公务员出现在政府宣传或信息宣传活动中是不适当或不必要的。但是，在以下情况下，他们出现在这些活动中可能是适当的：

（a）因证明公共利益如公共安全或国家安全而必须保证他们的出现。公务员可提供专业知识和可信度，如由首席医疗官对流行病发出警告。

（b）在招募活动中，使用公务员来提高公务员职业的吸引力，但是此活动中不得含有政治信息。

4. 如果政府部门领导对接受出现在政府宣传或信息宣传活动中的请求的适当性存在任何疑问，应咨询澳大利亚公务员委员会主席。在这些情况下，公务员应咨询他们的部门领导。澳大利亚公务员委员会主席的职业道德顾问服务部可为公务员提供在此类情况下履行职责时应考虑哪些因素的建议。

5. 此指南与政府宣传和信息宣传活动是相关的，这些活动涉及在任何媒介上开展宣传和信息活动，这些媒介包括平面媒体、广播、网络、影院、电视和户外媒体。

6. 此指南与非活动性宣传不相关，因为这种类型的宣传通常是以有限形式投放的，只包含有事实性陈述，创造性内容含量低。例如：

（a）拍卖和招标公告。

（b）招标或拨款申请邀请。

（c）关于出席公共会议的日期或地点等特定信息的通知。

7. 公务员投入到宣传和信息宣传活动中必须符合公务员在履行职责过程中保持公正的要求。

第二节 与公众的关系

2.1 摘要

1. 对政府和国家民主机构的信任在很大程度上受到行政经验以及作为公共服务对象的公众的影响。正如经济合作与发展组织（OECD）近期报告显示，通过开放和包容性的政策制定体系，可维持这种信任。

2. 信息和通信技术的进步已经改变了公众享受服务的体验，这些技术不仅使得政府能以更亲民的方式为公民提供服务，而且还能将企业和社会公众视角纳入到服务的设计与提供中。

3. 处于服务供应链各段的澳大利亚公务员，不论是从事高层政策制定的公务员，还是提供基层服务的公务员，都必须在其职责履行过程中实现与社会公众的有效沟通。

4. 澳大利亚公务员应了解其所应遵循的法律和制度，并以公平和平等的方式执行法律，从而提供及时、高效和有效的服务。承担服务提供职能的公务员应提供合理协助，帮助公众了解其权利和义务，并且必须尊重公众，礼貌对待公众。

2.2 澳大利亚公务员道德准则

1.《1999 年公务员法》规定了澳大利亚公务员道德准则。《2013 年澳大利亚公务员委员会主席指令》（以下简称《指令》）规定了这些道德准则的范围和适用情况。政府部门领导和公务员必须遵守这些指令。针对其中每个行为准则，以下概括了与职责涉及与政府和国会直接合作的公务员最相关的指令。

忠于职守

2. 忠于职守这一准则规定，澳大利亚公务员应保持专业、客观、创新和高效，相互协作，为澳大利亚社会和政府创造最优成果。

3. 关于此准则的《指令》要求澳大利亚公务员实现与社会的有效沟通，积极工作，快速回应，专注于服务公众。澳大利亚公务员必须为公众和社会提供关于公众权利的适当信息，以及获取这些信息的流程。他们还必须确保决策和与公众的交流互动是客观的，并且符合政府政策。

4. 政府和社会期望澳大利亚公务员提供及时和高质量的服务。他们的工作有助于维持这些高标准。

5. 对于与公众权利相关的信息，应按照政府政策、政府部门程序和法律规定提供。鉴于社会的多样性，此信息传递方式需有效且正式。信息表述应通俗易懂，避免使用术语、首字母缩略词、缩略语和社会公众可能无法获得参考的信息（包括不需要参考法律）。信息应以目标受众为主体，提供相关信息，如要求审查的权利以及如何投诉。

6. 一般情况下，在服务提供过程中以各种理由实施歧视是违法的，这些理由包括残障、性别、婚姻状态、怀孕、家庭责任、种族、肤色和国籍或种族本源等理由。关于促进和保护人权的更多信息，可在澳大利亚人权委员会网站查找。

职业道德

7. 职业道德这一准则规定了澳大利亚公务员必须具备领导能力，诚实守信，清正廉洁。

8. 关于本道德准则的《指令》要求澳大利亚公务员遵守所有相关法律、相关行业标准和《澳大利亚公务员行为准则》。澳大利亚公务员必须按照政府政策和决策行事。其行为还必须符合法律规定。

9. 由于法律比较复杂，公务员的工作可能适用许多不同法令、法规、其他立法文件和其他规定。澳大利亚公务员应确保知晓和了解与其职责相关的法律。

10. 为公众工作时，澳大利亚公务员必须恪守承诺，并且必须能做到行事坚守诚实正直的原则。澳大利亚公务员必须坚持正确的行为方式，同时从法律上来讲是正确的行事方式。

11. 关于本道德准则的《指令》还要求公务员在政策制定、实施和计划管理过程中体现领导能力，此要求与听取社会公众对此类事宜的意见相关。

尊重

12. 尊重这一准则规定了澳大利亚公务员应尊重所有人，包括他们的权利和遗产。

13. 关于本道德准则的《指令》要求澳大利亚公务员尊重所有人，要求他们认识到所有人都是有价值的。他们应以诚实和正直的态度对待所有人。澳大利亚公务员应认识到人权的重要性，了解澳大利亚人的权利与义务，并遵守所有相关的反歧视法律。他们应认识到和促进社会多样性，并对有关政策制定、实施、计划管理和监管的各种想法持开放态度。

14. 对澳大利亚社会多样性的认识和敏感度对于实现优质建议和提供服务是非常重要的。这样能确保在决策制定过程中能考虑到不同的视角观点。通过良好的政策和计划提供，能快速回应不同社会团体的需求和利益。

15. 与社会和企业部门协商对于政策制定和方案设计是非常关键的。不同的视角能促进创新，并且能产生新的想法。好的政策要求充分了解将解决的问题以及任何政策方案对利益相关方所会产生的影响。政府几乎不可能不考虑任何方面的意见实施政策解决方案，最终计划的成功在很大程度上取决于政府调动广泛社会支持的能力。

16. 与公众共事时，合作可能包括：

（a）确保社会成员有合理机会，为政策制定和方案设计做出贡献。

（b）正确识别社会利益相关方，并了解他们的利益和背景。

（c）听取和考虑社会公众代表的观点。

（d）与利益相关方精诚合作、制定方法。

（e）将政策制定或计划设计流程的结果以及对社会成员的可能影响告知社会公众。

可靠

17. 在法律规定下和在部长责任制框架内，澳大利亚公务员工作公开，并且需要对澳大利亚社会公众负责。

18. 关于本道德准则的《指令》要求澳大利亚公务员对审查持开放态度，并且在决策过程中保持透明。他们应能证明他们的行为和决策是在经过适当考虑后做出的。他们应能向受到影响的人员解释其行为和决策。通过法定和行政报告制度，对其行为和决策负责。

19. 澳大利亚公务员协助政府正确运作的方式之一就是做出符合政策和法律规定的决策。这一方式在计划管理和个体案例决定方面都适用。可能影响人民权利的决策需使用行政法律的要求。

20. 《1977年行政决策（司法审查）法》还规定了在许多情况下提供决策理由的义务。

21. 记录制定决策的原因是很好的实践，可帮助决策制定者谨慎考量他们的任务、考验他们的假设和逻辑，并鼓励其在达成决策过程中保持更谨慎的态度。以帮助政府部门评估他们结果的质量，提高决策制定标准。

22. 一般审查机构如审查专员或法院，或专门机构如隐私专员或澳大利亚人权委员会可审查公务员做出的决策。

公正

23. 公正这一准则规定了澳大利亚公务员应保持政治中立，并且为政府提供直接、诚实、及时和基于最佳可用证据的建议。

24. 关于本准则的《指令》要求澳大利亚公务员以无偏见和符合法律规定的方式执行政府政策。与公众共事提供服务时或联合制定政策时，澳大利亚公务员需要考虑政策实施环境，并且了解政府所设置的更广泛的政策指示，以及这些政策的长期潜在影响。

2.3 信息的提供

1. 在工作过程中，澳大利亚公务员提供信息时应合理谨慎。可通过面对面、电话、电子或书面方式寻求和提供信息。不论是什么情况，必须考虑以下方面：

（a）澳大利亚公务员有义务秉持合理谨慎和勤勉的态度，确保提供的信息是准确的。

（b）澳大利亚公务员应考虑问询者对信息的利用以及对信息的依赖程度。

（c）所要求的谨慎标准与询问的性质和因提供错误信息可能产生的后果相关。

（d）当对相关事实、信息可靠性或澳大利亚公务员提供信息的权力存在怀疑时，应告知问询者。

（e）如果就当前没有最终确定的事宜提供信息，则应确保信息的临时或条件性性质明确。

（f）在某些情况下，建议问询者考虑向律师或顾问寻求独立专业建议。

（g）如果信息是以口头方式提供的，则在一般情况下应记录提供的信息。

2.4 着装规范

1. 作为一般规定，澳大利亚公务员的外表和着装应符合其所供职部门、职责和服务方的标准。澳大利亚公务员必须以捍卫其部门和澳大利亚公务员体系声誉的方式行事，其着装应反映对公众和其他利益相关方的尊重。

2. 一些政府部门对其公务员的着装有特殊标准。另外，一些公务员可能必须穿制服或安全服。部门着装规范不得出现违法歧视。

3. 建议公务员在衣着上保持谨慎，例如，带有标语的T恤可能被视作是在表达政治观点。

2.5 处理投诉

1. 为公民服务的过程中，无论公民寻求权利或福利，申请资金，还是因为政府部门对公民从事的活动具有监管责任，都可能产生投诉。正如联邦审查专员提到的：

良好的投诉处理要求个体职员在与公众的一般交涉中识别和支持投诉。职员应将投诉视作是有价值的，并清楚处理好投诉是其工作的重要组成部分。

2. 对于可能构成投诉的沟通内容必须保持警惕，即使没有使用"投诉"一词。

2.6 应对难相处人士

1. 澳大利亚公务员可能不得不应对难相处、态度粗暴或激进型公众。正如联邦审查专员提到的：

来源于许多不同组织和管辖区的证据表明，此问题是广泛存在的。而且，似乎难以相处的人士的数量处于上升趋势中，政府部门不得不应对的难题性质似乎也正在变得更加复杂。

2. 政府部门领导有责任降低公职人员健康和安全的风险。更多信息，请参见第 3 节：工作场所中的关系。政府部门可将政策和程序实施到位，帮助公职人员应对难以相处的公众。这些政策和程序可能包括受限制的服务安排，这些安排可解决公众需求，而不会对公职人员的健康和福利存在潜在损害。

3. 不论是什么情况，如果公务员遇到难以相处或态度粗暴的人员，建议公务员保持冷静、积极应对，避免承担不必要的风险。如果存在疑问，则应寻求主管或同事的支持。如果感到受威胁或恐吓，则应退出。在极端情况下应联系警察。

第三节　工作场所中的关系

3.1　摘要

1. 工作场所的关系对于组织绩效和个人福祉非常关键。团队内管理人员与其职员之间良好的关系以及管理人员在政府部门内与同事之间良好的关系会使得工作更具有成果、员工更受激励、工作更加投入。工作人员有动力、忠于职守和积极投入对于提高生产率是非常关键的。

2. 工作场所中的关系涉及雇主与公务员之间的工作关系以及公务员与同事的共事关系。

3.2　澳大利亚公务员道德准则

1. 《1999 年公务员法》规定了澳大利亚公务员道德准则。《2013 年澳大利亚公务员委员会主席指令》（以下简称《指令》）规定了这些道德准则的范围和适用情况。政府部门领导和公务员必须遵守这些指示。针对其中每个行为准则，以下概括了与职责涉及与政府和国会直接合作的公务员最相关的指示。

2. 公务员法第 10 条 A 款中规定的"澳大利亚公务员雇佣原则"也与工作场所中的关系息息相关。

忠于职守

3. 忠于职守这一准则规定了澳大利亚公务员应在工作中保持专业、客观、创新和高效，相互协作，为澳大利亚社会和政府创造最优成果。

4. 关于本道德准则的《指令》要求澳大利亚公务员在内部和外部支持协作和团队合作，包括与其他政府部门的合作。

尊重

5. 尊重这一准则规定了澳大利亚公务员应尊重所有人，包括其权利和遗产。

6. 关于本道德准则的《指令》要求澳大利亚公务员尊重所有人，包括同事，应当认识到所有人都是有价值的。必须认识和培养团体多样性。

可靠、公正和职业道德

7. 可靠这一准则规定了在法律规定下和在部长责任制框架内，澳大利亚公务员工作公开，并且需要对澳大利亚社会公众负责。关于本道德准则的《指令》要求澳大利亚公务员证明，其行为和决策是经过适当考虑后作出的，并且能向受影响的人员解释这些行为和决策，包括其同事。澳大利亚公务员通过法定和行政报告制度，包括通过绩效管理体系对其行为和决策负责。

8. 公正这一准则规定了澳大利亚公务员应保持政治中立，并为政府提供直接、诚实、及时和基于最佳可用证据的建议。澳大利亚公务员必须确保管理和人员配备，并且决策是独立于政治党派体系、无任何政治偏见和不受个人政治信仰影响而做出的。

9. 职业道德这一准则规定了澳大利亚公务员应具备领导能力，诚实守信，廉正廉洁。这包括以公平、及时和有效的方式报告、解决同事的不端行为和其他不可接受的行为。

3.3 附加职责

1. 澳大利亚公务员行为准则（准则）及公务员法广泛规定了公务员的职责。此外，其他法令和普通法也规定了进一步的职责。

对合法和合理指令的遵守

2. 澳大利亚公务员必须遵守合法、合理、由有权利发出指令的个人所做出的指令。根据普通法及准则中的规定，此义务适用。

3. 在这些情况下指令必须是合理的，并且需要与最终实现的结果相称。

4. 指令需包含命令式语言，并且规定应和/或不应采取哪些行为。指令可采用许多形式，如非常正式的文件或口头指令。

与工作相关的审慎和勤勉的要求

5. 澳大利亚公务员必须对工作审慎和勤勉。

6. 审慎和勤勉在字典中的通常意义是"重视和关注工作"和"努力完成任务"。对澳大利亚公务员要求的审慎和勤勉标准可能取决于他们的职能和职级。例如，对负责工作计划交付的高级管理人员要求的审慎和勤勉水平可能高于负责该计划各个组成部分交付的其他公务员。公务员应秉持公正态度，并应采取合理措施确保他们在行使其职能和职责时及时获得消息、有能力完成任务并且知晓法律。

7. 在某些情况下，公务员的技能和经验可能与他们是否审慎和勤勉行事相关。例如：

（a）接受专门技能培训的公务员可能会需要应用这些技能——如果已知某人并不掌握这些技能，无法预期该个人能够应用这些技能。

（b）对于具有多年相关经验的公务员，可能有理由期望其与无直接相关经验的公务员相比，能以更有效的方式履行其职责。

忠实和忠诚义务

8. 法院明确指出，澳大利亚公务员受到普通法规定的对其雇主的忠实和忠诚义务的约束，并且除履行普通法规定的义务，在支持负责政府方面的职能的前提下，还应履行其他义务，这可能包括在保护机密信息方面的义务。

9. 第4节：信息管理中概括了此义务在提供信息情况下的应用。

3.4 不可接受的行为

1. 公平工作委员会明确指出，社会公众期望一种行为标准，允许澳大利亚公务员在日常工作中在不损害个人尊严的情况下完成其工作。

2. 《2011年工作健康与安全法》要求澳大利亚公务员管理健康与安全风险（包括工作场所欺凌），尽可能合理地消除这些行为。

3. 准则要求澳大利亚公务员在处理工作事务时，尊重和礼貌对待每个人，不骚扰他人。

4. 文明的工作场所行为并不是指对工作风格或工作场所关系和社会活动的刻板规定。相反，文明的工作场所行为指的是具有不同背景、利益和个人价值观的人员可在工作场所共同相处。

工作场所骚扰

5. 工作场所骚扰是指针对个别公务员或特定公务员的冒犯性、贬低性或威胁性的行为。此行为是不受欢迎、单方面主动实施、通常是不带有回应的，并且通常是，但不一定是重复的。以合理方式实施的合理的管理行为并不属于工作场所的骚扰行为。

6. 即使行为并不是故意，但如果经过理性的个人判断，已造成羞辱、冒犯、威胁到某个人或导致其遭受不必要伤害或痛苦，则这种行为仍然属于骚扰行为。

7. 工作场所骚扰会涉及工作场所中的任何人。例如，在任何分类层级的公务员之间所发生的行为，或可能会涉及承包商和劳工职员。

8. 一些形式的骚扰还可能是工作场所欺凌。如果某个人员或某组人员重复对某个正在工作的工人或某组工人施以不合理的行为并且这种行为导致了健康和安全风险，则属于2009年公平工作法第789FD节定义的工作场所欺凌。欺凌不包括以合理方式实施的合理管理行为。

9. 澳大利亚安全工作署发布了《应对工作场所欺凌——员工指南》，以帮助公务员判断是否发生了工作场所欺凌，以及如何解决。

10. 《2009年公平工作法》规定，员工可向澳大利亚公平工作委员会申请判令，停止工作中的欺凌。澳大利亚公平工作委员会网站上可找到关于如何提出停止欺凌判令申请的信息。

11. 澳大利亚公平工作委员会的《反欺凌手册》是对寻求了解在澳大利亚公平工作委员会反欺凌管辖区背景下何种行为被认为是合理的一项有用资源，在了解骚扰的情况下，还可能证明是具有帮助作用的。

12. 本身不属于骚扰的行为的实例包括：

（a）表达不同观点。

（b）对管理人员的行为或其他公务员的行为提出抱怨，如果该抱怨是以合理和合适的方式提出的。

（c）在合理实施的情况下的绩效管理。

13. 歧视也是骚扰的一种体现形式。根据歧视法律，对他人某些特征，如性别、种族、残疾或年龄施以不友好的对待方式是违法的。对于性骚扰、种族仇恨和残疾歧视，该法律也有具体规定。歧视性骚扰的实例包括：

（a）对某些种族团体讲侮辱性笑话。

（b）发送明确或具有性暗示的电邮或文字消息。

（c）展示具有种族歧视或色情意义的海报或屏保。

（d）对个人残疾状态发表贬低性或嘲讽的评论。

（e）对某人的个人生活，包括其性生活提出侵犯性提问。

14. 澳大利亚人权委员会可根据反歧视法律对投诉进行调查和调解。更多信息可从澳大利亚人权委员会网站上获得。

以不尊重人和不礼貌的方式行事

15. 不属于工作场所骚扰定义的行为可能仍构成以不尊重人和不礼貌的方式行事的行为。实例包括：

（a）大声质问同事、指责他们存在偏见，或声称他们没有原则。

（b）大声叫喊和/或以不允许其他人听见的方式讲话。

（c）忽略在流程中应涉及的某个个人，并绕过该人工作。

（d）对其他公务员表现出轻蔑侮辱的态度。

（e）以损害同事尊严为代价开玩笑。

（f）发表贬低性或贬损性评论，损害其他职员的尊严。

（g）倚靠某人或站在某人面前，使他人感觉不舒服。

16. 某些行为本身并不违反准则，例如：

（a）公开进行会议记录——对会议进行录音录像是合法的，且比笔记记录更可靠和准确。但是，在同事不知情的情况下秘密对同事进行录音录像是不适当和不礼貌的，在某些情况下也是违法的。

（b）在合适的时候质疑决策——在合理范围内，公务员有权维护其立场，正如管理人员有权考虑该立场并做出与该立场不一致的管理决策一样。

（c）当观点不一致时行使权力——管理人员在听取各种观点后可通过行使其权威和管理特权结束某一讨论，这种行为是合法的。

（d）在有潜在压力的情况下讨论困难问题——在公务员与管理人员之间进行坦诚、礼貌、冷静和理性的讨论是一种合适的解决抱怨的方式。此种方式还可能具有消除任何误解或不准确假设的作用。讨论仍然应与工作相关，并且侧重于行为与事件本身，而非个人。

互联网和电邮使用

17. 电子邮件会凸显不正式性以及"谈话"而非正式书写信函之感。电子邮件和其他形式的网络通信，如即时消息和社交媒体发帖可作为正式记录。根据1982年信息自由法，网络通信内容也可能被提供。建议公务员注意，网络通信内容应准确，并采用合适的语言和语气。

18. 建议公务员遵守政府部门政策，并且必须遵守政府部门有关互联网和电邮使用的指示。

新西兰《廉正与行为标准》

提要： 新西兰国家服务委员会于2007年11月30日颁布了新版《廉正与行为标准》，替代了原有的《公职人员行为准则》。2001年的行为准则由1个引言加3条原则构成，内容较为详细。新版《廉正与行为标准》则十分简短，只有一页纸的篇幅，阐明了新西兰政府部门及皇家机构的公职人员必须遵守的四个核心价值观，即公平、公正、负责、可靠。该准则并未提供每个价值观下的具体行为规范，而仅仅是提出了应普遍遵守的基本价值观。该准则还要求，所有国家公职人员都有责任遵守该标准，并保持国家服务机构与公众、部长和议会之间的高信任度。

除此之外，委员会还配套颁布了面向公职人员的《行为准则精解指南》以及面向公共机构的《行为准则实施指南》。《行为准则精解指南》旨在帮助公职人员理解新版《廉正与行为标准》，指南对每项标准进行了详细阐述，对公职人员应如何遵守行为标准提出了建议，但该指南中的内容并不具有强制性。《行为准则实施指南》介绍了国家服务委员会的作用、《廉正与行为标准》实施的范围和标准以及实施对照清单。该对照清单包含了实施该标准时，各机构需要承担的任务，包括规定国家服务机构必须遵守《廉正与行为标准》的最低标准，制定与该标准相符合的政策措施。

为便于读者全面了解该准则的具体要求，本书节选了部分《行为准则精解指南》，附于准则之后。

本标准由国家服务委员会根据《国家部门法案》（1988年）第57条

制定。

我们必须公平、公正、负责且可靠。

国家服务由不同的部门组成，这些部门有权开展新西兰民主政府的各项事务。

无论我们效力于政府部门或是皇家机构，都必须本着服务社区的精神，在各个方面以同样严格的廉正与行为标准要求自身。

我们必须遵守本行为准则中规定的廉正与行为标准。同样，我们各个机构必须确保政策和流程与此标准相一致。

一　公平

我们必须：

—公平地对待、尊重每个人；

—具有职业精神且反应迅速；

—使政府服务更加易得、有效；

—努力为新西兰和全体人民的福祉做出贡献。

二　公正

我们必须：

—保持政治中立，使得我们能够效力当前和未来的政府；

—履行政府机构的职能，不受个人信仰影响；

—支持政府机构提供坚定且公正的建议；

—尊重当前政府的权威性。

三　负责

我们必须：

—依法且客观地行动；

—谨慎利用政府机构资源，仅用于所需目的；

—谨慎处理信息，仅用于适当目的；

——致力于提升政府机构的绩效和效率。

四 可靠

我们必须：

——诚实；

——竭尽全力工作；

——确保我们的行为不受个人利益或关系影响；

——决不为个人利益滥用职权；

——拒绝会导致我们承担责任或受到影响的礼品或贿赂；

——避免可能会影响政府机构或国家服务的任何活动、工作或非工作行为。

附件：新西兰行为准则精解指南（节选）

一、公平

1.1 我们必须公平地对待且尊重每个人

公平待人意味着我们在工作中不得体现出任何倾向性、偏见或个人利益。公平是民主进程的核心，国家服务机构的每一员都有责任支持公平。我们应公平合理地依法行政，尊重每一位我们服务的个体。

我们作出的决定必须基于准确的信息，并且只将相关的事宜纳入考虑，必须根据事情本身的价值作出决定。我们必须遵守自然公正的原则，这要求我们公开决定过程，并给予可能受到影响的人们以公平机会，听取其意见。我们必须避免由于决策中的个人利益或与因与当事人关系密切而产生的不公平现象。

我们必须公平对待整个社区。也就是说，面对服务对象的不合理要求，我们必须不能妥协退让。

我们必须尊重每个人，包括我们服务的社区成员和共事的同僚。这要求我们通过以下方式遵守利益，并为所在机构的正常运转做出贡献：

（1）不歧视，为机构正常运转而依法行事的情况除外。

（2）保护服务对象的隐私。

（3）不骚扰、欺凌或恐吓社区成员或同事。

（4）尊重社区成员和同事的文化背景。

（5）注意他人的人身安全。

（6）避免给同事造成伤害或困扰的行为。

（7）避免让工作中的人际关系给工作表现带来负面影响。

（8）尊重平等和多样化的理念，理解各自的不同点。

我们必须在所在机构推崇尊重他人的文化，确保提供的信息和服务能够考虑到接受人群特殊的需求、感受和背景。

我们承诺做到公正，并不影响依法行事。依照法律履行义务并不是不公平的。并不因为受到影响的群体认为某些措施不公正，而认为合规行为是不妥的。

1.2 我们必须具有职业精神且反应迅速

具有职业精神要求我们拥有良好正直的人格，忠于我们对所在机构的责任，并认识到各方的利益会在多大程度上影响这些责任。机构中的高级职员必须熟知我们所处的宪法框架。

我们中的大多数工作都有着行业行为准则。这些准则规定了我们应尽的义务，与我们日常工作的职责相一致。我们必须本着正直的精神处理不同意见，包括与我们的上级进行讨论。全部的准则都旨在提升道德行为，准则条款中鲜见关于冲突的规定。若发生冲突，国家服务委员会将决定在特定的国家服务工作环境中，此类行为是否得当，而不是根据某个职业准则进行判断。

我们的职业精神体现在我们如何对待服务对象、尊重他人隐私。同时，也体现在我们如何达到职业以及所在机构的绩效标准。当工作涉及研究或创新发展时，我们必须遵守相关道德委员会规定的义务。

我们应与外部机构保持联系。但由于政策和服务会对不同利益群体产生风险，以及可能存在的不正当影响，这可能使我们成为公众讨论的对象。重要的是，我们要时刻牢记我们对机构的职业责任，以及与政府维持良好关系的责任。

由于国土面积较小，我们难以避免地会与一些工作上打交道的人有私交。重要的是要时刻警醒这种关系的影响。

因为我们所处的位置，能够影响利益分配、裁量执行、资源分配、执法决定以及政策开发，我们的行为必须公平、公正，并透明记录全部流程。

当政府的政策得以发布传播，我们的回应需与原有目的相一致，做到公平、合理，并体现对服务精神的尊重。

我们的机构有责任向公众提供关于服务、权利和服务对象应承担的义务等详细信息。信息应该用简明直白的英文提供，当对象需要时，也应提供毛利语和其他语言版本。我们应当在法定的时间内提供服务，并努力缩短服务时间、提高服务质量，以体现我们的回应性。

1.3 我们必须使政府服务更加易得、有效

使服务更加易得，要求我们承担起个人的责任，从而迅速回应，帮助服务对象。我们必须清楚与其他国家服务部门联系的重要性，从而将障碍最小化，同时注重创新，寻找满足社区需求的最佳方法。

我们的行为必须将任何个人、群体或社区收到歧视的可能性降至最低。我们必须确保公众能够通过合法渠道获得机构的服务，并了解服务和权利的相关信息。我们必须时刻考虑是否有其他以服务对象为中心的方式，来替代传统的服务提供方式，以及电子交易是否可能是服务对象更倾向的方式。公众对我们机构公平性的评判与其接受服务时体验到的便利性相关。

适当的时候，我们应考虑是否需要专业翻译，从而为英文水平有限的服务对象提供更加清晰、准确和可靠的帮助。

有效性体现在，机构完成其和政府达成一致的目标，并提供了社区所期望的服务。我们常常面临的挑战就是当面对多样需求时，如何保持有效。我们必须讲重点放在如何从公众的支持（如资金）中获得最佳结果，并确保我们体现了政府的工作重点和政策。在很多情况下，有效性体现在与其他机构更紧密的合作，探索是否能从合作活动中获得更多的利益和成本效益。

1.4 我们必须努力为新西兰和全体人民的福祉做出贡献

作为国家公务员，本着服务社区的精神，我们应积极提升新西兰人民的福祉。关心他人的福祉是服务精神的核心。这体现在，我们每个人都要努力去找到更加高效、有效、经济且可持续的方式，为所在机构的工作作出专业的贡献。

我们和公众的关系应出于好意和公正，并保持诚信、公正，尊重他人的权利，遵守行为准则标准。通过在政府的工作中执行这些标准，我们才能够为建设更好的新西兰做出贡献。

我们对所服务社区的义务意味着我们不应当对错误的作为视而不见。我们必须承担起责任，确保我们的领导层了解其他同事行为上出现的严重问题，因为这些问题可能会损害所在机构的名誉。若需了解举报严重违纪行为产生的结果，可遵循《保护披露法案》政策。

1.5 保持政治中立，使得我们能够效力当前和未来的政府

新西兰宪法规定的主要特点之一，即公共部门机构是政治中立的。在国家服务机构工作，无论部长代表何种党派，我们的行为不应损害所在机构与政府合作的能力。以政治中立的方式工作，是我们对政府的责任。我们对部长的承诺必须不受任何党派政治的影响。

我们必须确保与未来的部长建立起专业、公正的关系。由于我们在工作中的政治中立性，在未来有志踏足政界的人们可以相信，我们将会支持他们，会公正、平等地完成其管理之下的政府工作。保持政治的中立性，我们也会获得他们的信任，使他们有意愿与我们共同合作。无论政府的政治构成如何，我们都不会做出任何阻碍所在机构为新西兰政府提供支持的事情，这是我们的责任。

若我们在所在机构中处于决策地位，并且参与到不直接与我们工作相关的高层次活动，公众便可能认为我们的工作并不是无利益关系、公开透明且政治中立的。可能会有不信任的声音，认为我们不能够将工作和生活分开。这将影响公众对我们公正性的信任。同样，政府或者未来的部长对我们机构的信任也会受到影响。因此，我们必须时刻认识到，我们的行为方式会被他人留意并解析，也要牢记我们工作上的责任可能会给我们的个人自由带来限制。

议会选举委员会将经常要求我们参加审议会。在这种情况下，我们必须意识到，我们是代表政府执行部门参加。我们对议会负责，也要支持政府。我们必须确保自身的行为符合部长的要求，不逾越规矩。若我们在政府部门工作，在执行选举委员会流程时，必须考虑到部长的要求。若我们在皇家代理机构工作，则必须遵循理事会的指导，同时也将评估部长的要求。

当议会成员直接接触所在机构时，无论他们是何种党派，我们都必须十分谨慎。议会成员通常代表其党派，并根据其自身的原则开展活动，可能会联系地区或地方办事处。在这种情况下，国家公职人员应该以回应公众同样的方式，回应其要求。

然而，若议会成员的信息或服务要求超出了所在机构会提供给普通公众的范围（例如，拜访某机构或要求进行实质性的介绍），则此要求必须直接由该机构的首席执行官进行处理。通常，首席执行官将会告知相关的部长，此类要求只有得到部长同意，才可得以回应。必须严格地公正对待以私人名义提出的要求。当不确定要求的性质时，我们应向首席执行官进行确认，若此种要求是不恰当行为，首席执行官将会报告部长。

对国家服务机构的大多数人来说，参与党派政治并不会影响政府对我们所在机构的信任，也不会损害与未来政府的关系。我们必须要做得到的是，确保不将政治权利与职业责任相混淆。这一要求同样适用于为政府部门或皇家代理机构工作的人员。这意味着我们必须时刻牢记共同的责任，以确保所在机构拥有部长们的信任。

我们应多与上级主管讨论实际的或计划中的政治活动，因为我们的主管能够厘清我们的职业责任和自由行使公民权利之间的关系。我们的政治利益和活动，都可能会与我们作为国家公职人员的义务相冲突。有效地管理这些冲突，必须平衡我们所在机构的角色及其与政府之间的关系、加强民主的重要性以及作为新西兰公民的人权。

一些皇家代理机构以及大多数机构的初级职位与部长和政治进程并无直接联系。这种情况下，关于公正和政治中立性标准的阐述就有其局限性。相关的阐释更加适用于管理层人员以及与部长有大量接触的职员。

作为一项一般性规则，我们有加入任何合法组织的自由。我们参加社会运动以及政治党派、工会和专业组织活动的权利并不因我们在国家服务机构工作而受到影响。但是我们需要牢记他人对我们工作中做到政治公正的期望。当代表此类组织表达观点时，我们必须确保自身不被视作代表国家服务机构发言。

在某些机构，集体就业协议为工会成员提供了法律框架，规定了公开发表言论的标准，也会考虑到相关专业组织行为准则的规定。机构必须时刻牢记其对政府应尽的义务，并在起草此类协议时，遵守国家服务委员会行为准则的要求。

我们中的大多数都被允许加入政党，也允许筹措资金、发放宣传页或参加支持政党的其他活动。然而，国家高级公务员以及与部长联系紧密的职员则应避免此类活动和关系。这一标准涉及两个不同的原则。首先强调了严禁将政治利益带入工作的绝对义务，也体现了对政治参与容忍度的变化性。我们必须在非工作生活中保持政治中立。高级公职人员则需要保持非常低的参与度，仅仅是在选举日到访投票站这样一件小事，都可能被放大。

相反，如果我们的工作并不涉及政策开发或处于管理层，通常来说，我们可以自由地进行政治活动。原因在于，我们有能力在政府构成发生变化时，不仅能为当前政府工作，也可以为未来的部长们工作。我们必须时刻牢记，对我们个人行为的不同理解，可能会影响到部长们对所在机构的信任。

这又是如何判断的问题。无论是参与政治党派，还是在社区团体、工会和专业组织中任职，我们必须谨慎地将政治与工作区分开。

1.6 我们必须履行政府机构的职能，不受个人信仰影响

我们所做的工作必须不受个人信仰或责任影响。这些个人利益很宽泛，包括政治党派、宗教、哲学派别和职业。我们在机构中的工作必须反映出国家服务机构的廉正与行为标准，同时，不受任何个人论断或伦理观点的影响。

为国家服务机构工作，并不阻碍我们有个人信仰。有时，信仰的力量会导致很难开展机构的工作。行为准则并不意图阻止这种情况下个人的反对意见。在个别情况下可以接受此类反对意见。然而，当这些情况发生时，我们必须确保所在机构及时了解我们的想法，从而不影响服务提供的能力。

我们必须按规定遵守机构的合法指南。我们不能够忽视机构的操作流程，也不能以符合我们个人信仰的方式解读政府政策或行使决策责任。

当我们在公众辩论中表达个人信仰时，尤其是与政府政策或机构活动相关时，我们应该确保做出与我们所处位置恰当的言论，确保所言能够保证党派的中立性。如果我们处于管理岗位，或为部长们工作，我们必须尤其谨慎。

我们必须谨慎对待我们的机构和其他政府部门的关系，以及个人信仰对工作的影响。

1.7 我们必须支持政府机构提供坚定且公正的建议

我们为机构提供的建议必须遵循高职业标准，无论是为部长还是其他政策制定者提供的建议均如此。虽然大多数人并不会直接参与为部长提议，我们还是要认识到机构、领导和直接提供建议的顾问所承担的责任。

我们的建议必须诚实、公正、全面、可观。比较传统的表达方式为"自由而坦率的建议"。这也直接关系到维护部长（以及未来部长）的公信力，也关系到政治中立性原则。我们的建议应不应考虑个人利益、政治偏见或机构利益，应反映出对于政府政策和首要任务的理解，应透明而不包含模糊或隐藏的事项。

自由而坦率的建议并不总是部长希望听到的建议。在给出建议时，我们应该对部长的期望和目标有所了解与回应。同时，我们也应考虑到公共服务的概念以及公众利益。我们的建议应既反映出对相关领域的广泛关注，也要反映我们对受影响社区的关怀。

国家服务机构的作用就是维护各界政府的公信力。为了使国家有效运转，并使部长认识到各界政府中的得力干将，我们必须在提议时坚持公正的原则。

在皇家代理机构工作且为部长提供建议的人员也必须同样做到公正，即使是代表理事会成员提供建议。

1.8 我们必须尊重当前政府的权威

所有国家服务机构构成了政府的执行机构，我们代表政府开展活动。我们必须认识到与政府的关系，尊重部长的责任与权威。我们发挥作用的方式将会影响到社区对新西兰政府的公信力。我们必须时刻认识到支持政府民主进程和提升政府公信力的重要性。

政府部门和政府间的关系不同于皇家代理机构和政府之间的关系。公共服务的作用是服务政府。这意味着在政府部门工作的人员将直接与部长建立联系。作为政府部门雇员，我们直接回应部长。这与在皇家代理机构的工作人员有所不同，皇家代理机构工作人员于部长的关系是通过理事会建立的，必须遵守理事会的指示，也要考虑如何作为政府的执行部门，最好地履行义务，并确保部长的公信力。皇家代理机构对部长负责。

高级职员以及与部长紧密联系的职员必须时刻认识到工作作为政府执行部门的意义,其他初期职员也应意识到这些责任。

我们必须时刻尊重政府的权威以及议会的作用。

我们通过了解议会民主做到这一点。部长制定政府政策,并提出建议。我们在国家服务机构工作,解释并执行政策。有些公职人员的法定职能要求他们就政府政策进行公开评论。有些机构及职员拥有独立政策制定或宣传的责任,也有权就政策问题进行建议。只有我们身处这些职位时,才能够代表机构对政府政策进行建议。

我们必须牢记,当前和未来的部长可能会让我们参与到高级别的活动中,这些活动可被视为带有党派色彩的。这也呼应了确保区分个人行为与工作利益的要求。当我们需要公开参与提议时,我们必须确保我们的行为不损害服务社区的精神,我们必须确保职业性,保证政府的公信力。

在以下情况下,对于政府事务的评论是不可接受的:

(1) 在工作中使用或透露任何未向公众提供的信息。

(2) 故意表达或暗示机构立场。

(3) 对部长、同事或其他公职人员进行人身攻击。

(4) 以强烈的言语批判,导致我们公正履行政府执行部门责任的能力受到质疑。

我们不得透露为部长提供的建议,或代表机构做公开评论,按照机构政策发布官方信息除外。

皇家代理机构和国家部门职员对政治问题进行评论的尺度是不同的。但有些皇家代理机构的职员也应履行统一标准的义务。

然而,很多皇家代理机构的职员并没有参与到理事会为部长提议的过程中,其工作并不与部长直接联系。这为政策评论留出了一些个人空间。我们必须尊重所在机构的作用和职责,确保遵循了流程,避免部长收到不合时宜的建议。我们必须遵照机构的政策和流程,来决定有多少个人空间来进行政策评论。

在廉正的相关问题中,评判是核心问题。

当我们的建议与实施或服务提供相关时,我们有责任确保机构的操作或与部长的关系不受损害。

维护机构的公信力并不仅仅是让部长时刻了解机构的情况,也要确保在政策实施和服务提供中不出意外。我们应在一些情况下，提前对部长提出建议，包括可能影响政府作用发挥的事件、重大战略计划或可能涉及公众利益及引发政治评论的事件。

"非意外"的工作方式并不干涉机构独立制定政策，也不会影响其运营职责，但却反映出国家服务机构在政府执行部门中的一致性作用。

当我们可以在利益相关的情况下对相关事宜进行个人评论时，可能会涉及与部长相关的内容，我们的机构应确保并没有"意外"的信息从该评论中体现。例如，若区卫生理事会工作的人员希望公开评论专业领域的话题，则必须遵守公共卫生部门的行为准则流程，并说明其观点代表个人或工会，确保所在机构已知晓，并留有足够的时间准备回应。

在政策开发领域的工作和部长联系紧密，并具有管理责任，这并不妨碍我们成为工会或专业组织的活跃成员。但是，我们不得为了联盟或专业组织的利益，使用工作中获得的信息。

当职员的工作与部长联系密切，且希望支持与自身工作无关的公开论辩时，由于这种行为可能会损害我们与政府的关系，可能被视为质疑官方政策，有些情况下，我们可以利用工会或专业组织为渠道进行评论。当这样做时，我们必须认识到我们行为的廉正性。我们不得披露未向公众公开或将会损害机构声誉的官方信息。我们必须保持自己行为的公开性和诚信性。公开经常意味着要确保我们的领导认识到，我们正以避免影响和部长关系的方式来行使我们的政治权利。

若我们在工会或专业组织扮演发言人的角色，我们在做出批判政府或机构管理的评论时，将不受同样的限制，因为这样的评论明显代表工会或组织。然而，我们必须时刻履行自己的义务，不损害机构或国家服务机构的名誉。我们必须时刻认识到，任何的公共角色都会不可避免地影响我们的个人形象以及作为公职人员履行职责的能力。虽然进行此类政治活动看起来并没有不合适，但我们必须接受这样的结果，即在未来的一段时间内，我们必须更加谨慎、公正地履行职责。

所在机构必须及时提供材料，确保部长在需要时了解信息，确保所在机构的有效运行，从而可以对议会负责。所在机构有责任提醒部长相关行动的不利影响，但是我们也认识到，我们不得参与到部长的政治活动中。我们的责任并不包括使部长远离政治流程，也不得因辅助部长而降低国家服务机构应遵守的诚实标准。

二、负责

2.1 我们必须依法且客观地行动

我们遵守法律，依照法律条文和法律精神办事。我们知道政策的制定与程序的设置需符合法律要求。做决策时，需考虑到法律所规定的权限与自身权限。权力的行使必须符合新西兰法律和国际公约规定。

我们必须客观对待法律责任。我们尊重民主政府的传统与法制。我们不会贸然行事或违背法律。无理或不公正的行为可以被认为是非法的。凡是决策或行事，都应该留下准确、完整、可获取的记录。

许多机构负责管理与施行特定法律。同时也应注意其他法律的重要性。

从事国际工作时应特别注意遵守新西兰就《经合组织国家外籍官员反行贿公约》做出的承诺。如有官员涉嫌行贿，应向相关机构报告。

我们承认，作为国家公职人员，我们比他人具有更高的廉正方面的要求。法律要求我们遵守行为标准。

我们知道，公众信任受机构形象影响。如若发现机构内部有非法行为，需客观回应。一旦发现有违反标准的情况，我们充分尊重行为标准的施行，并愿采取措施。

2.2 我们必须谨慎利用政府机构资源，仅用于所需目的

所有机构有义务以高效、有效且经济的方式利用政府资源，并接受公众监督。我们的机构应设置合理流程，确保资产、运营基金和员工资源得到合理利用。可自由支配的个人开支，包括差旅补贴、办公用品、办公设施和车辆使用等均应有明确说明。

我们必须谨记，政府机构资源公有，来源于税收、征税等相关的公共资金。我们严格遵守采购、资源利用和资产使用（此项已不在要求之列）的流程。机构的声誉高于一切。在提供我们负责的服务的时候，我们必须谨记我们在政府中的角色。

各个机构都在使用信息通信系统，它保证了迅捷沟通、远程连接、高效研究和便捷记录。与用户和同事保持在线联通将是对国家服务联网的要求。这些资源必须得到合理使用。

我们决不允许在未得到机构明确授权的情况下将官方信息用作私人用途。

为了保障员工选择的权利，员工可合理、适时使用机构电话、网络资源和其他办公用品。这些资源专为政府机构工作所提供，不得用于私人用途。我们的责任是确保机构资源的非公使用是合理且合法的。

上网时应特别注意。网络资源有助于提高对工作的理解，有助于个人发展与工作的开展。然而也有不少网站包含暴力、淫秽、恐怖、极端等反社会的内容。利用机构资源访问此类网站是不被允许的，除非是执法或开展经批准的研究。

当评估将机构资源用于私人用途时，我们必须注意适时、适度、合理及合法。我们使用这些资源的途径应公开透明，需时刻考虑到公众的期望与看法。

公职人员需尊重公共资源，这一点无疑会影响公众对国家服务的信心。

2.3　我们必须谨慎处理信息，仅用于适当目的

合理管控信息是保持国家服务廉正的关键。我们有责任对官方信息做适当处理，保证个人隐私权得到保护。我们必须熟知与官方信息的保护与发布相关的法律责任。在处理私人信息时，必须遵循关于隐私的法定原则。

在未经允许的情况下，利用在工作中获取的信息，或以任何渠道披露该信息，都是一种背信行为。我们在讨论没有直接参与的机构业务的相关信息时应非常谨慎，并谨记，除非得到授权，或相关事宜有公开记录，否则我们不会在外部会议（除与英国皇家国际事务研究所守则有关）或学术活动中披露官方信息。

使新西兰公众有权获取自己的个人信息，并在公众提出请求的情况下提供官方信息是对我们的要求，除非法律规定拒绝给予相关信息。

官方信息可获取是我们民主的根基。我们必须认识到在处理信息请求的过程中，充分发挥机构流程的效力十分重要，我们还应注意机构掌握信息和报告部长的关系。当我们收到政治敏感内容的相关请求时，我们必须在发布信息前报告部长。

公众对机构是否廉正的认知取决于其处理信息的方式。《官方信息

法》要求机构协助申请人，尽量明确其请求，这样一来避免了在回答时闪烁其词，也避免申请人得到误导性的答案。诚实的义务无处不在。

我们必须尊重大选时全民充分知情，以及我们及时应对信息请求这一职责的重要性。我们绝不能延迟有关选举信息的回应。检察官强调，我们必须认识到《官方信息法案》的重要目的之一就是支持大选的有效性。法案第四条第一款对这一目的作出了说明：

渐进式地提高官方信息对新西兰公众的开放度，目的是：

（1）使公众更有效地参与法律与政策的制定与执行。

（2）提高新西兰政府机构与官员的可靠度。

（3）由此进一步提高对法律的尊重，建设更好的政府。

2.4 我们必须致力于提升政府机构的绩效和效率

我们有义务以更优方式更好实现职能。

以高效、有效、经济有效的方式和服务精神为公众提供服务是对我们所在机构的要求。我们必须谨记自身工作的可持续性。

我们必须为公众利益而努力。这要求我们在相应的情形下，了解我们所服务的群体，以及尊重满足公众需要这一重要使命。我们的工作包括按政府要求提供高质量服务，为新西兰公众争取应当享有的权益。我们必须考虑在提高所在机构工作效率的过程中自身承担的角色和责任。提高个人工作效率有助于整体机构效率的提高。

工作效率的提高涉及工作内容和工作方式，包括决策与绩效管理系统。要不断提高，我们必须能够量化工作的高效性和有效性。量化方式包括侧重结果的项目评估、客户问卷调查、投诉分析和研究，等等。

三、可靠

3.1 我们必须诚实

我们的所作所为应当是诚实的。

这一义务不仅与工作相关。任何不诚实行事的情况都会影响公信力和公众对部长、国会或其他政府机构和公职人员的信心。

诚实是每一个公职人员的义务。公众对国家服务的信任主要是由公众对公职人员工作是否诚实这一点的衡量决定的。我们应实事求是，行事精准、专业。

但诚实并不意味着一味地完全披露。在某些情况下，完全披露是要求，但在一些情况下，却需要特别注意。例如，法院规定执法机构在证据收集过程中不得公开披露相关信息，必要时应适当掩盖这一过程。除非有合法理由，我们不能够以结果决定方式的合理性这一点作为前提。

诚实常与专业精神相关。我们绝不能因为行事方便或符合政治安排便不诚实行事。我们绝不能欺骗公众或故意误导公众。诚实这一准则要求我们真实对待事实及相关问题，并及时纠正错误。如预计有可能会造成误解的情况，我们在提供部分事实的时候必须谨慎。如果只提供一半的事实，意味着我们只给出了一半的真相。

诚实意味着我们开放、可信。

3.2 我们必须竭尽全力工作

竭尽全力工作是展现服务精神的一种途径。我们对纳税人心怀尊敬，并致力于辛勤工作作为回报。

我们深知应让新西兰公众意识到我们代表他们的利益，公众也信任我们为他们服务。将国家服务的决策和行动合理存档有助于深化公众理解，维持公众信心。我们应当保证准确存档，以及信息便于获取。这样可以更好地让公众知道我们的工作内容，以及决策和结果是如何达成的。检察官评论道："沟通与解释能力通常由公众与机构公职人员交流过程中信息的获取度与质量决定。"

对公职人员工作的要求不止包括政治中立、及时回应、客观和负责，还包括努力提高工作的质量，包括支持机构内或跨机构同事交流经验与专业知识。我们会利用个人发展机遇来提高技能，为机构做出更大贡献。这也就是我们所说的带着骄傲和激情，有序并专业地开展工作。

3.3 我们必须确保我们的行为不受个人利益或关系影响

确保我们的行为不受个人利益或关系影响是确保符合公信力标准的关键。同样重要的是我们不会因为私利行事，使家庭、朋友或团体不正当获利。

我们必须避免个人利益或关系与机构利益冲突的情况。我们必须避免可能发生的此类情况。我们的行为应当公正不偏倚，经得起公众的监督。增强公众信任很重要的一点就是公开透明，这一点可以确保机构能避免或处理好冲突。通过机构开放可以加强公信力。

十分重要的一点是我们绝不能给有社会关系或私人关系有关联的人以特殊待遇。机构必须有决策过程中亲属或朋友避嫌的规定，我们也绝不能参与有亲属或朋友在内的招聘流程，抑或是与其有监管关系。

一切商业活动、投资或与个人利益相关的活动绝不能影响我们的工作。当个人利益可能与职责冲突时，必须坦诚禀报。正如我们承担兼职必须通过机构同意，避免任何可能的冲突，我们也应当报告一切与国家服务并行的商业活动。

部分公职人员（或其近亲或好友）的经济利益或与机构利益有显而易见的冲突。为避免偏见，机构可以禁止公职人员持续拥有此项经济利益，作为职位的附加条件，或要求做相关登记，保证公开透明。为保证个人利益不影响公正，在决策时，我们或被要求向机构申报登记与本机构咨询、管理或行政职责有关领域的大额经济利益。由于配偶、近亲、挚友在与本机构业务领域相关的大额经济利益也有可能存在潜在冲突，机构或要求对这些经济利益进行登记。

十分重要的一点是私人利益披露过程中，我们做到透明开放，让公众有信心，看到我们的行动没有受到私人利益的影响。（此类登记针对经济利益，不包括政治或其他方面利益。）

我们绝不应出于私利利用工作过程中接触到的，还未向公众公开的信息。

我们必须时刻注意工作中可能存在的冲突。避免偏颇或潜在的偏颇也很重要。如果我们有个人利益，且之与国家服务相关，我们的公正性就有可能得到损害。我们必须避免使公众觉得我们在决策过程中偏向某一方，避免让公众觉得我们在工作中有失偏颇。

3.4 我们必须决不为个人利益滥用职权

我们有一系列角色、职责和权力让我们发挥机构职能。这些必须得到运用，并且只能以既定方式将机构资源用于且仅用于既定目的。这一点反映在新西兰政府机构的职责中，确保每一位公职人员的行为与机构目标、职能、当前意向与既有协议相符。

合理运用职权这一点囊括行为标准中所有有关廉正的标准。它要求公正，要求我们谨遵法律条文、法律精神与政策办事。它意味着我们在工作中须保证公正，绝不能在决策过程中受有联系的他人或其他机构的个人利益或好处的影响。

我们在处理工作的过程中必须做到客观，保证我们是公正、前后一致和公开透明的。不合理行为显然与机构须以高效、有效和经济的方式行事这一法定要求相冲突，且处理相关的投诉也会分散资源，影响效率。我们必须就所做工作做好准确记录，公开回应公众对信息的请求，增强公众对于我们不滥用职权的信心。

新西兰公众对我们的期待是工作中保持公正，不受个人动机影响，一视同仁，不将公共资源用于己用。这意味着我们必须时刻谨记，我们不能让个人利益影响到工作职责。同样重要的是我们应当避免出现会让别人认为我们的个人利益与工作职责相冲突的情况。

工作与个人生活很有可能发生冲突。我们需要特别注意。万一发生这种情况，我们必须持开放态度，确保妥善处理潜在冲突，尽量避免参与，并且避免获取看起来会对个人有利的信息。

3.5 我们必须拒绝会导致我们承担责任或受到影响的礼品或贿赂

我们必须非常谨慎对待接受并非由机构提供的任何形式的贿赂，并且谨记公众对接受好处的认知。

利用职权获取个人利益是一种不诚实的行为，会影响公众对政府，特别是对国家服务的信任。因此，对公职人员这方面的要求会比对私营机构和公众的更加严格。我们知道任何与工作相关的馈赠只有在机构政策详细规定允许的情况下才可以接受。

如果我们接受了他人的礼物、好意或报偿，通常会被认为是权钱交易或贿赂。我们绝不能向他人讨要好处或接受好处，或代表任何人接受他人好处，使他人影响我们自身和机构的工作。各机构有关接受礼物和贿赂的政策根据业务不同而各有差异。在任何情况下，礼物的接受只能通过走申报与注册的公开流程。这一要求同样适用于赠予机构的礼物或机会，比如向社会团体捐款、员工折扣等。

我们收到的礼仪性的礼物应作为机构资产的一部分，需注明其来源。

他人的好意，与礼物馈赠一样，需要评估赠予人的意图。此类对公职人员赠予的商业原因通常与和决策者套近乎、通过与机构关系做担保等疏导关系的行为有关。接受客套以外的好意通常是不合适的。

会出现滥用星点奖励计划和其他产品促销计划的情况。我们必须确保与工作相关的采购计划与此类安排无关，除非我们的机构颁布了针对个人利益的相关政策。

我们绝不能在行使机构职能、以机构代表身份参加活动以及做与工作相关的讲话时从第三方获取个人利益或贿赂。需拒绝相关馈赠，或仅通过机构往来。

3.6 我们必须避免可能会影响政府机构或国家服务的任何活动、工作或非工作行为

作为一项通则，我们的个人生活与政府机构无关，除非影响到了工作表现或对国家服务的廉正产生不良影响。

公职人员的行为可能会影响政府机构、国会成员或公众的关系。

我们必须避免与引发公众不满的行为挂钩，这样会损害公众对国家服务的信任。个人行为，包括非法行为或触犯信任的行为可能会影响机构的声誉。

在行使民主权利或提出专业意见时，我们必须谨慎判断。我们必须谨记须以合法形式，不乱用工作中获取的官方或私人信息。我们必须时刻谨记个人行为不得对机构或部长造成不良影响。

工作之外做决定时，我们应考虑：

（1）事情的性质与情况。

（2）我们的职责。

（3）后果与我们承担职责的能力。

（4）会对我们机构与部长和我们服务的公众之间的关系产生什么样的影响。

（5）是否符合卫生部门诚信守则等法律框架和专业守则。

（6）在公众看来是否合适；如有媒体报道此事，从评论的角度来看是否合适。

（7）是否符合国家服务的公信标准。

加入工会或其他协会，积极参与他们的活动，这本身并不会损害我们机构的声誉。但当某些活动涉及对政府政策的批评或反对，就需要确保我们统一行动，确保我们没有忽视以上几条标准。在工作中保持政治中立这一点非常重要。

在创业或接受兼职之前，不管工作是否有报酬，我们都应申请机构批

准。我们需要确保不会与本职工作冲突，不会对工作效率和绩效产生不良影响，且仅占用非工作时间。在卫生领域，兼职是一种传统，当前也有兼职工作的趋势。在开始兼职前，必须得到机构的批准。

如兼职符合以下情况，可能会带来冲突：

（1）与政府机构已有或正在建立合同关系。

（2）公共出资的机构。

（3）游说部长、国会成员或政府机构。

（4）受机构监管。

（5）可能会影响我们完成本职工作。

（6）能从我们工作中接触的私人或绝密信息得到好处。

在考量一项兼职工作是否会带来危害，是否应当接受的过程中，我们的直觉有时会发挥作用。听从你内心的声音。另外，还可以征求同事的意见，讨论可能存在的问题。如果不愿意公开讨论，可能反映了我们内心知道这一举动可能是不可接受的。

新西兰行为准则实施指南

提要：除《廉正与行为标准》及《行为准则精解指南》外，新西兰政府还面向公共机构颁布了《行为准则实施指南》，旨在为国家服务机构人员制定普遍适用的行为标准和正确价值观。该指南明确指出，国家服务机构必须遵守《廉正与行为标准》的最低标准，并根据《廉正与行为标准》制定各机构、部门的政策与流程。

《行为准则实施指南》强调了公共服务机构的公信力以及公职人员保持廉正的重要性，肯定了国家服务委员会在引领廉正与行为规范建设方面的重要作用，规定了《廉正与行为标准》的适用范围，制定了针对公共机构的实施对照清单。实施对照清单包含了标准实施时，各机构应完成的主要任务，主要包括六项要求：（1）国家服务机构应制定符合国家服务委员会最低标准的廉正和行为标准；（2）国家服务机构提升其廉正和行为标准；（3）将廉正和行为标准融入到国家公务员行为中；（4）管理层在廉正和行为标准方面以身作则；（5）确保国家公务员知晓违反廉正和行为准则的后果；（6）当违反准则事件发生时，机构应作出迅速反应。以上六项要素均强调了信任的重要性，并在各项要素下对国家服务机构应完成的具体任务进行了详细分解。

一 国家服务机构公信力的重要性

新西兰人对政府的信任和尊重是基于我们机构的廉正性，包括整个国家服务机构。国家服务机构集体执行政府的政策，提供和管理广泛的公共职能和服务。国家公务员是公众物品的保卫者，公众期望国家公务员服务并保护其权益。

每一个国家公务员都应该保持廉正，以保证新西兰人对国家服务机构的信任。新西兰人期望国家公务员能够按照道德标准行事，并在工作中认真负责、称职能干，滥用职务职权，或未能达到期望，会使国民失去对政府的信任。他们不再寻求应得的帮助；不再提供有效服务所必需的信息；拒绝交税；日益对国家服务机构产生不满。政府某一部分的廉正缺失都可以影响人们对整个国家服务机构的看法。因此，所有的国家公务员应致力于提升人们对国家服务机构的信任，并以服务精神为指导，开展工作。

新西兰国家服务机构是世界上诚信度和透明度最高的机构。新西兰因其公共行政的零腐败而举世闻名。主要原因是其遵守已出台的标准，并对道德行为有着较高要求，国家服务委员会也致力于通过出台行为准则，加强公共信任，并实现了这一目标。

国家服务委员会的作用：引领廉正与行为规范建设

1988年《国家部门法案》的出台，促使国家服务委员会制定了公共服务部门廉正和行为最低标准，并于1990年出台了《公共服务行为准则》。该准则阐释了公共服务的核心原则，并制定了公职人员的行为标准。

2004年的《国家部门修正法案》扩大了国家服务委员会的职责，就廉正和行为向国家服务机构的全部职员提供建议和指南，并为国家服务机构制定最低廉正和行为标准。包括出台行为准则，制定最低标准，各机构可根据各自情况进行补充或细化。

二 准则适用范围

《廉政与行为标准》意在加强服务精神，制定国家服务机构人员普遍适用的行为标准。《标准》提供了一个框架，能够在利益和价值观发生冲突时，做出充分判断。

该准则适用于公共服务机构、法定机构和其他国家服务委员会职责范围内的皇家机构。

该准则并未详细阐述各种情况下的恰当行为，而是反映了在全部国家服务机构可以普遍应用的正确价值观。国家公务员有责任遵守该准则,保持公众、部长和议会与国家服务机构间的相互信任。

三 实施对照清单

国家服务机构必须:遵守国家服务委员会行为准则制定的廉正和行为最低标准;制定与行为准则相一致的政策和流程。

此实施对照清单明确了机构在实施行为准则时可能要完成的任务。其中的一部分对于所有的机构都至关重要,另外一部分则根据机构的不同有着不同的相关性。

此清单反映了六项与信任相关的元素。

1. 国家服务机构应制定符合国家服务委员会最低标准的廉正和行为标准

(1)确保政策、流程和培训符合委员会标准要求。修改与行为准则不符的内部政策,必要时出台新标政策,以符合行为准则的要求。

(2)确保各个机构的行为准则与委员会的行为准则相一致。委员会的准则可以作为各机构细则的基础。

(3)无论在就业合同条款中有无体现行为准则,职员都有依法履行行为准则的义务,机构应考虑在合同中细化相关条款。

(4)考虑合同工、实习生、志愿者、调派人员和其他在机构中的工作人员应在多大程度上遵守该准则,并确认这些准则是否适用于此类人群。作为一般性规则,若合同工、实习生和其他在机构中的工作人员不利于机构或国家服务廉正的发展,那么他们必须遵守该准则。

(5)公共服务部门应在政策、就业合同、机构准则和其他文件中将《公共服务行为准则》替换为《廉正和行为标准》。

2. 国家服务机构提升其廉正和行为标准

确保职员清楚地认识到,法律要求他们遵守行为准则,并理解他们所面临的要求。机构必须确保准则适用的所有人都能获取该准则。机构应向国家服务委员会下单印刷该准则,以及 A3 海报。

通过以下方式帮助人们理解该准则,做到合规:

(1)重视该准则。

（2）在工作区域、茶室、会议室等地展出该准则；

确保该准则能够在机构的内网使用，确保员工可以知晓；

将其他资源纳入到该准则的内网版，例如指南、问答，以及举报违约的流程等；

要求员工签署表格或发送电子邮件确认函，告知其已完成该准则的阅读和理解。

（3）确保培训能够使员工了解所在机构独特的行为标准和他们要达到的要求；

使员工认识到准则与其他准则、廉正政策和机构实践中的关系；

在适当时将准则纳入到其他培训流程中。

3. 将廉正和行为标准融入到国家公务员行为中

（1）确保廉正行为植入到机构文化中。例如，对于利益冲突记录、礼品与好处的申报以及机构资源的正确使用都应当有清晰的流程。

（2）将"达到廉正和行为的高标准"纳入到绩效审核流程。

（3）确保廉正标准在岗位招聘标准中得以体现，选拔流程应对道德行为进行分析和审核。

（4）在面试前给应聘人发放该准则。在面试过程中，询问应聘人员是否阅读、是否有疑问。探索标准如何在就业细分的情况下得到最好的实施。

4. 管理层在廉正和行为标准方面以身作则

（1）确保在准则培训课程中提到首席执行官和/或董事会对该准则的担保。

（2）所有登记的管理人员和/或董事会成员通过以身作则，展现其对行为准则的重视。

（3）机构的领导层鼓励在特定机构应用该标准的定期讨论。

（4）机构的领导层要求准则推广活动的直接报告。

5. 确保国家公务员知晓违反廉正和行为准则的后果

（1）确保大众知晓并能够进行违反准则行为的举报流程，并将此流程置于内网、员工手册或其他相关的资料中。

（2）在全体员工中进行责任教育，防止管理层违反准则。

（3）确保对举报员工反馈相关信息，认可其为加强行为标准实施做出的努力。

（4）保留国家服务委员会廉正和行为服务台的联系方式，电话（04）495 6722 或电子邮箱：integrityandconduct@ ssc. govt. nz。

6. 当违反准则事件发生时，机构应迅速反应

（1）确保员工了解如何举报不当行为。

（2）确保机构在发现违规行为时，能够立即启动调查违规行为的流程。

（3）提升机构保密披露政策的意识。

（4）在严重违规事件发生时，联系国家服务委员会和/或所在机构的监察部门。委员会主任可以根据《国家部门法》第 57C 条进行调查，责任部长也需要进行谈话。

（5）建立记录系统，记录该机构中出现的廉正和行为准则的相关事件。利用这一数据进行审核、计划交流，以及监测准则合规情况。

（6）根据审计总署署长的要求，疑似欺诈行为将报告至相关的执法机关。

（7）法定实体包括皇家代理机构、自治皇家代理机构以及非正式皇家代理机构。

意大利公职人员行为准则

提要：《意大利公职人员行为准则》是在2001年由意大利总理办公室公共行政部以法令的形式颁布的，共有14条，分别是：总则、原则、赠礼和其他利益、协会和其他组织的会员身份、财务利益中的透明、回避要求、其他行为、公正性、社会生活中的行为、公务中的行为、公众关系、合同、结果评估的相关义务以及废止。

《意大利公职人员行为准则》没有对公职人员必须遵守的核心价值观和道德原则作出规定。但是在第二部分中，规定了7项行为原则，分别涉及：遵守法律、保持中立、避免利益冲突、高效履职、尽心服务公众、采取措施简化行政行为、协助最近管辖范围内其他政府机构履职等。准则中对于特定行为的规定较为详细，针对的特定行为种类较多，其中对社会生活中的行为、公务中的行为、合同等事项进行了详细的规范，这也是在其他国家的道德行为准则中较为少见的。例如，对于在公务中的行为规范中，该准则对使用办公材料、设备、公务用车等都进行了规定。准则还要求公职人员有配合有关部门充分评估所在部门工作成果的义务，并且对公职人员提供评估信息作了十分详细的要求，这也是比较独特的规定。

《意大利公职人员行为准则》没有对准则的实施措施、管理执行机构及职责等作出规定，也没有明确列出违反这些行为原则的惩处措施。

根据1992年10月23日颁布的第421号法律第2条，政府可以对公共部门就业的管理规定进行合理化与修改；

1997年3月15日颁布的第59号法律第11条第4款，在政府已拥有的公共行政改革权力框架中，赋予政府对1993年2月3日颁布的第29号法令进行修正和补充的权力；

1998年3月31日的第80号法令，就第59号法律第11条第4款中规定的公共行政领域的组织和就业关系、劳动争议的司法管辖权和行政管辖实施了新规定；

1994年3月31日颁布的公共行政部长令依照第29号法令第58条，通过了政府机构工作人员行为准则；

在必要时可对上文中的行文准则，按照1993年颁布的第19号法令第58条的修正进行修改；

已咨询工会联盟代表。

法　令

第一条　总则

目前的行为准则中的原则和内容对勤奋、忠诚和公正等要求进行了详细介绍，这些要求代表了雇员完成工作义务的正确表现。除军人、州警察和狱警、地方法官以及国家法律咨询办公室成员外的公职人员应在参与公务时遵守以上要求。

根据1993年2月3日颁布的第29号法令第58条集体谈判协议的内容应符合纪律责任的相关规定，同时不违背公职人员其他形式责任的规定。

相关规定应该适用于法律法规并未规定或法律法规没有单独规定的所有情况。在不违背第2条所规定的原则的情况下，个别部门根据1993年2月3日颁布的第29号法令第3条的规定所通过的行为准则可以作为第3条规定的补充和细化。

第二条　原则

公职人员的行为应当遵守宪法责任，心怀纪律和荣耀，全心为国家服务，尊重良好行为的准则和行政的公正性。在履行职责时，公职人员应确保遵守法律，全心追求公共利益；作为公共利益的受托人，其决策和行为应从对公共利益的关怀出发。

公职人员应保持独立的立场，避免在利益冲突的情况下进行决策或参与和其职责相关的活动，即使在透明的情况下也要避免相关行为。公职人员不得参与任何与其工作职责的正确行为相违背的活动，应避免可能损害公共行政利益或形象的情况及行为。

根据工作时间计划，公职人员应投入适当的时间和精力履行职责；应以最简便高效的方式，从公民的利益出发，完成公务，承担与其职责相关的责任。

公职人员应关注其支配的公共用品的使用与保管，不得因个人原因使用仅因公务才可获得的信息。

公职人员的行为应能够建立起公民和其所在机构间的互惠信任和协作。在为公民处理事务时应体现出最大意愿来提供帮助，不得阻碍公民实施其权利。公职人员应当协助公民了解其有权知晓的信息，在允许的情况下，应利用一切必要的信息对该机构的决策和其职员的行为进行评估。

公职人员应将其对公民和企业的要求限制在最小的范围内，在协助公民进行合法活动时，或在不违反法律的情况下，应尽可能采取措施简化行政行为。

在履行其职责期间，公职人员应了解中央和地方政府间的责任分工。在其权利范围内，公职人员应协助最近管辖范围内且与公民利益最相关的政府机构履行其功能和职责。

第三条 赠礼和其他利益

无论为他人或自身，公职人员不得要求、不得接受其所在机构的决策或行为中已收益方或可能收益方的赠礼或其他利益，有实际用途且在一定价值范围内的物品除外，包括节日期间。

无论为他人或自身，公职人员不得接受其下属或下属四亲等以内的亲属赠礼或其他利益。公职人员不得向其上司四亲等以内的亲属或同居者赠送礼物或其他利益，有实际用途且在一定价值范围内的物品除外。

第四条 协会和其他组织的会员身份

根据自由结社的相关法律，公职人员应告知其所在部门负责人其在协会和组织中的会员身份，包括非保密性质的组织，其利益将影响其所在机构的活动，政治或工会组织除外。

公职人员不得强迫其他职员加入协会或组织，也不得通过承诺给予职业利益诱导他人加入。

第五条　财务利益中的透明

公职人员应以书面形式告知其所在部门负责人其在过去五年内所有形式的有偿合作关系，具体包括：a）其个人或四亲等以内亲属是否依然与其曾有合作关系的一方保有财务关系；b）此种关系曾经或现在是否与其所在机构的活动或决策存在利益关系，限定在其从事的事务范围内。

管理层人员在正式入职前，应告知所在机构其所拥有的股份或其他财务利益是否与其所从事的公职存在利益冲突，同时应声明其是否有四亲等以内的直系亲属或配偶、同居者参与到与其负责或参与决策及活动的机构产生频繁接触的政治、专业或经济活动中。在总务和人事部门负责人的合理要求下，公职人员应就其资产和纳税情况提供补充信息。

第六条　回避要求

公职人员应避免参与可能涉及其自身利益的决策或活动，或避免参与涉及：四亲等以内的亲属或同居者；与其自身或配偶存在法律纠纷、严重冲突或一定数额债务关系的个人或组织；该公职人员作为监护人、受托人、管理人、代理人或中介人的个人或组织；该公职人员作为管理人、经理或主管的其他实体、协会，包括无官方认可的委员会、企业或公司。公职人员应在任何对其利益产生严重影响的情况下回避。该部门负责人应决定是否回避。

第七条　其他行为

公职人员除薪资外，不得因其职责范围内应完成的公务接受来自他人的好处。

公职人员不得与在过去两年内与该机构的决定或活动有经济利益关系的个人或组织形成合作关系。

公职人员不得要求其上层领导有偿提供职位。

第八条　公正性

在履行其职责期间，公职人员应确保公平对待在其所在机构办理事务的公民。

在行使其权力进行行政活动时，公职人员应遵守适当流程，尤其应拒绝不正当要求，包括其上层领导提出的不正当要求。

第九条 社会生活中的行为

公职人员不得利用其职务获取不正当利益。在履行其职责时，应妥善处理私人关系，尤其是与公共部门官员的关系，公职人员不得主动提及其所在职位，或应使对方了解，此种关系将损害所在机构的形象。

第十条 公务中的行为

除有正当理由外，公职人员不得将其责任之内的活动或决策推托、委托给其他职员。

在符合合同规定的情况下，公职人员应尽量只在十分必要的情况下缺岗。

公职人员不得因个人原因使用其管理范围内的办公材料或设备。除紧急情况外，不得因个人原因使用办公电话。公职人员仅可以在执行公务时使用为其配备的车辆，不得搭载机构外部人员。

公职人员不得因个人原因接受或保留公务用品或服务供应商所提供的物品。

第十一条 公众关系

直接与公众进行联系的公职人员应充分关注每个公民的问题，应考虑到其个人和机构其他职员的行为，斟酌后给予解答。在处理个案时，应按照其时间顺序来处理，不得因一般原因如工作量过大或没有时间而拒绝履行职责。应尊重公民的预约，及时回复投诉。

在不违背其言论自由和散播信息权利的情况下，维护工会和公民的权利，公职人员应避免制造有损机构形象的公共言论。应及时告知部门负责人其与新闻媒体间的关系进展。

公职人员不得就与其自身或机构内其他人员有关的决定或行为进行承诺或许诺，若此种承诺或许诺会在机构内或对机构的独立性和公正性产生或造成不信任。

在起草书面文件和其他材料时，公职人员应使用清晰易懂的语言。

机构中为公众提供服务的公职人员应充分注意机构在其章程中设定的质量与数量标准。应充分确保服务的连续性，使得公民能够选择不同的服务提供者，并为公民提供相关信息，告知公民服务提供的方式以及质量情况。

第十二条　合同

在代表机构签署合同时，公职人员不得利用中介或第三方的其他服务，不得给予或承诺给予任何利益，以利用中介或加速合同的完成或执行。

公职人员不得代表所在机构与其在过去两年中因个人目的签署合同的公司订立公共工程、用品、服务、金融或保险合同。若其所在机构与其在过去两年中因个人目的签署合同的公司订立了公共工程、用品、服务、金融或保险合同，则该公职人员应避免参与与合同执行有关的决策和活动。

或公职人员因个人目的，与其所在机构在过去两年中签署公共工程、用品、服务、金融或保险合同的公司订立合同，则应以书面形式告知其部门负责人。

若部门负责人已处在第 2、3 款的情况，则应以书面形式告知总务和人事负责人。

第十三条　结果评估的相关义务

部门负责人和公职人员应向内部控制办公室提供所有必要信息，以充分评估该部门的工作成果。提供的信息应特别注意以下目标：部门活动绩效模式；提供服务的质量；公平对待不同的公民和客户群体；部门便捷通道，尤其针对残疾人；流程的简化与快捷；在规定时间内结束流程；及时回复投诉、异议和举报。

第十四条　废止

1994 年 3 月 31 日颁布的公共行政部长令即日起废止。本法令应交由国家审计办公室登记，并在《意大利共和国官方报》刊登。

波兰公务员道德准则

提要：《波兰公务员道德准则》是在 2002 年 10 月由波兰总理以法令形式颁布的。准则的内容比较简短宽泛，有 5 章，共 35 条规定。第 1 章有 4 条规定，强调公务员应维护国家利益和公共利益；第 2 章有 9 条规定，强调公务员应忠实地履行其职责；第 3 章有 7 条规定，强调公务员应着力提高其能力；第 4 章有 8 条规定，强调公务员在执行其任务和职责时应公正无私；第 5 章有 7 条规定，则强调公务员应保持政治中立。

《波兰公务员道德准则》里也没有用核心词汇概括公务员应该遵循的核心价值观，内容也基本上使用了简洁的句式提出相应的道德原则，没有详细的行为要求，也没有涉及对利益冲突、收受礼物、兼职、信息披露等特定行为的详细规范。该准则将"公务员应着力提高其能力"作为一条重要的道德原则，对公务员提出了积累专业知识、法律知识、对人友善、注意人际关系、认真学习等要求，这也是在其他国家道德行为准则中较少发现的。

第一章

公共行政是为公民权利和法律服务的一种权力。公务员队伍的每个人都应将其工作视为一种公共服务；他/她应始终牢记波兰共和国及其民主制度的共同利益；他/她尤其应该保护每个人的正当利益：

1. 他/她的行为应成为法治的典范，并有助于增强公民对国家及政府的信心。

2. 时刻紧记在其工作中应为公众服务，并在履职时尊重他人的尊严，也保持自己的尊严。

3. 他/她应牢记其行为代表了共和国及其政府，并且有助于树立公务员的形象。

4. 他/她应将公共利益置于自身及其亲友利益之前。

第二章

公务员必须忠实地履行其职责，尤其是：

1. 他/她应努力工作，争取达到最佳业绩，并且在执行其职责和任务时明辨是非、审慎公正。

2. 他/她应积极地、有创造性地对待其工作任务，不因循守旧、墨守成规。

3. 他/她应在做艰难决定时有所担当，对其行为负责，并且清楚维护公共利益需要在深思熟虑后坚决地采取高效行动。

4. 他/她在开展调查时不应感情用事，并且应该善于接受批评、承认错误并改正错误。

5. 他/她在履行义务时应该遵循法律及有关法定程序。

6. 他/她应合理利用公共财产和资源，谨慎小心并时刻准备对其行为负责。

7. 他/她应忠于其办公室和上级，能够忠实地执行所有官方指令，同时注意防止违反任何法律或出现错误。

8. 他/她应在就其办公室或其他办公室以及国家机构的工作发表公开见解时秉持谨慎的态度。

9. 他/她应理解并认可在公共服务部门工作就意味着接受其专业及私人生活都要受到信息保密规定的限制。

第三章

公务员应着力提高其能力，特别是：

1. 他/她应不断积累必要的专业知识，确保在工作中取得最佳业绩。

2. 他/她应努力全面了解法律文本以及他/她处理的问题或事件的所有事实及法律背景。

3. 他/她应乐于向其上级、同事及下属请教和学习，并且在他/她缺乏专业知识时向专家咨询和学习。

4. 他/她所做的决定或行为都必须有明确的、必要的以及合法的理由。

5. 在执行联合的行政任务时，他/她应注意其工作的质量以及良好的人际关系。

6. 当意见不一致的时候，他/她应致力于在客观论证的基础上达成共识。

7. 他/她应对他人友善，防止或缓解工作中的紧张，遵循正确对待每一个人的规则。

第四章

公务员在执行其任务和职责时应公正无私，特别是：

1. 他/她应审慎小心，努力避免在公共利益和私人关系的处理上引发任何疑问。

2. 他/她不能从事任何可能影响其官方职责的工作或职业。

3. 他/她在就其所在职位或履行的职责发表公开声明时不能接受任何形式的报酬。

4. 他/她执行行政程序的过程中，应确保公平对待所有相关方，不屈服于任何压力，不因任何家人、朋友、同事或其他关系人而失去公平。

5. 他/她不能从其所处理问题的相关人员处获得任何物质的或个人的好处。

6. 他/她不能与因其政治、商务、社会或宗教活动而众所周知的人物保持亲密关系，并且应该避免使任何利益团体获益的机会。

7. 他/她应尊重公民获得信息的权利，牢记公共行政的透明性，同时也确保不泄露受到法律保护的保密信息。

8. 他/她应接受：如果想在将来受雇于现在与其所在部门处理的问题或事务有关的人员，会受到一定限制。

第五章

在执行其任务和职责中，公务员应保持政治中立，特别是：

1. 不管其个人信仰和政治观点是什么，他/她都应忠诚、可靠地执行波兰共和国政府的战略和规划。

2. 在草拟行政行动的方案时，他/她应根据其最佳意愿和知识，向其上级提供客观的建议和意见。

3. 他/她不能表示其政治观点和同情，如果他/她是一名公务员，他/她就不能组织或从属于任何政治党派。

4. 他/她应与可能导致其行为出现偏好的任何政治影响力或压力公开保持距离，并且不得从事任何可能服务于个别党派的活动。

5. 他/她与任何从事政治职能的人员保持清楚、透明的关系。

6. 他/她不能参与可能影响其办公室运作的罢工或抗议活动。

7. 他/她应尽力阻止对公务员招聘和晋升的政治影响。

克罗地亚公务员道德准则

提要：克罗地亚《公务员道德准则》于 2011 年 3 月颁布实施。准则共有 40 条，分为 15 章，主要内容包括：道德准则、公务员与公民的交往、公务员之间的交往、道德专员的任命、道德专员的责任和义务、投诉的提交、检查投诉价值的程序、对道德专员的保护、道德委员会、本道德准则的公共可及性等。

克罗地亚《公务员道德准则》明确了制定准则的目的，即"促进公务员履行公务时遵守相应的伦理、道德原则及价值观，以实现共同福利和公共利益，以及提高公众对公务员的信任感为目标"。在第二章里，该准则明确列出了几条道德原则，主要包括：尊重公民、公平正直、保持尊严、维护个人和公务员体系的名誉、遵守法律法规、不以权谋私、避免利益冲突等。但是在后文中并没有对特定行为的规范，只是对公务员与公民的交往、公务员之间的交往提出了几条需要遵守的道德原则。

比较特别的是，该准则对于实施机构和措施的规定较为详细，提高了准则的可操作性。准则不仅明确地对准则的管理执行机构进行了规定，明确了道德专员及道德委员会的设置和相应职责，也比较详细地规定了对公务员行为投诉的程序以及检查投诉价值的程序，还规定了有关机构监督该准则实施情况的职责。

第一章 一般规定

第 1 条 道德准则的范围

公务员道德准则（以下简称道德准则），应制定公务员行为准则以及规范其履行公共职责行为的道德原则。

第 2 条 道德准则的内容

道德准则应包含公务员履行公务须遵守的道德标准。

第 3 条 公务员个人行为

道德准则中规定的标准，公务员要当做自己的原则和行为标准。

公务员应在同僚相处、对待公众、对工作的态度、与所在政府机构的关系当中运用这些道德准则。

第 4 条 道德准则的目的

道德准则的目的是促进公务员履行公务时遵守相应的伦理、道德原则及价值观，以实现共同福利和公共利益，以及提高公众对公务员的信任感为目标。

第二章 道德准则

第 5 条 道德准则的运用

在履行公务时，公务员应按照公务员法、本道德准则以及其他条例的规定，运用公务员制度和公务员道德准则。

第 6 条 尊重公民、公务员的正直和尊严

公务员应在其权限范围内，保证公民、其他公务员的权利行使，尊重他们的政治和尊严，做到不因为年龄、国籍、社会根源、语言或种族、政治偏好或宗教信仰、残疾、教育、社会地位、性别、婚姻或家庭状况、性取向等理由而产生歧视或偏好。

公务员应享有免受骚扰的保护，例如任何带有违反公务员尊严，产生威胁、敌对、人格侮辱或无礼的环境的目的的行为。

公务员应享有免受性骚扰的保护，例如任何构成口头、非口头或身体的性骚扰，带有违反公务员、政府雇员尊严，产生威胁、敌对、人格侮辱或无礼的环境的目的的行为。

第 7 条 个人名誉和公务员体系名誉保护

在履行公职时，公务员应保护自己和公务员体系的名誉，保护公众对公务员体系的信心。

在处理私人事务时，公务员不应使用官方名义，也不应使用任何公权力。

第 8 条　公务员在公开场合的行为

当公务员代表政府以各种形式出现在公众面前发表意见时，要遵循相关法律、行政法规、专业知识以及本道德准则。

在发表任何单位或个人的意见时，公务员应该考虑到公务员体系以及自己的声誉。

当公务员不代表单位出现在公众面前时，如果涉及单位管辖的事务，公务员不应该泄露任何可能会影响公务员体系名誉、损害公民对政府信心的信息，同时要避免该行为构成违反保密原则或损害公民合法利益。

当公务员出现在公众面前，不代表所在单位、与公务员体系无关时，公务员无须经过单位领导的批准就可以在媒体上露面，但是要注意公务员体系和个人的名誉。

第 9 条　财务或其他收入的禁令、避免公务员体系利益冲突

在履行公务时，公务员不能滥用职权为自己或他人谋取任何财务或其他收入。

公务员不能利用任何关于所在单位的活动、操作或履职过程中接触到的保密信息。

公务员不应该利用职权影响立法、行政、司法机关的任何决定，包括任何政治决定。

第三章　公务员与公民的交往

第 10 条　公务员与公民交往的准则

在与公民交往时，公务员要表现得专业、公正、文明。

在履行公务时，公务员要运用专业知识协助公民行使权利，合法合规，符合公众利益。

第 11 条　公务员与有特殊需求人群和未受教育人群交往时的行为

公务员应当特别照顾残疾人和其他有特殊需求的人。

在履行公务时，公务员应当主动帮助未受教育的人。

第四章　公务员之间的交往

第 12 条　公务员互相交往的行为

公务员之间的交往，比如各种形式的交流，应当建立在互相的尊重、信任、合作、文明、责任和耐心上。

第 13 条　道德准则在公务员互相交往上的运用

在履行公务时，公务员应该就专业事件交换意见和信息，推进公务员体系整体的利益。

在互相交往时，公务员要遵守道德准则，不能妨碍他人履行公务。

第 14 条　高级公务员运用道德准则的责任

高级公务员应当鼓励其他公务员专业、高效地履行公务，鼓励他们相互感激、尊重、相互合作，正确处理公民事务。

第五章　道德专员的任命

第 15 条　任命道德专员的程序

每个政府机构的行政长官都应当从公务员中任命一位道德专员。

一个政府机构可以任命多位道德专员，取决于其组织结构和实际需求。

如果道德专员长期缺席，行政长官应该任命一位副道德专员，承担道德专员的权力和职责，直至其归来。

违反了公务的公务员不能被任命为道德专员。

第 16 条　任命道德专员的决策

每一个政府机构都应当在任命道德专员 15 天内，向中央政府负责公务员体系的行政机构上报。

本条第一段中所指的决定应包含以下细节：道德专员的全名；道德专员担任过的职位；道德专员的电话和邮箱。

上文的细节如有更改，政府机构应立即向中央政府相关机构以书面形式告知。

每一个政府机构都应当在其网站和公告板上公布其道德专员的任命

决定。

第六章　道德专员的责任与义务

第 17 条　道德专员关于推进道德操守的责任

道德专员应监督所在单位执行道德准则的情况，推动公务员之间、公务员与公民来往当中的道德操守，接受公务员和公民对公务员不道德行为的投诉，审查该投诉是否理由充分，并且保留收到的所有投诉。

每一位道德专员都应当接受一项培训，该培训由中央政府负责公务员体系的部门负责。

第七章　投诉的提交

第 18 条　对公务员行为投诉的提交程序

公民、法人和公务员都可以向道德专员投诉任何违反本道德准则的公务员。

上述投诉可以以书面形式提出，也可以通过中央政府负责公务员体系的机构所开设的热线电话，或者通过电子邮件。

如果政府机构的长官或者中央政府负责公务员体系的机构的官员收到这类投诉，要立即移交给称职的道德专员。

检查投诉价值的程序：

第 19 条　检查投诉价值的程序的实施

道德专员应当实施规定的程序，以检查投诉是否有价值，以此为所在单位的长官准备一份报告。

道德专员应当在收到投诉的 30 天内，实施检查程序，并向投诉者回复、同时上报长官。

即便遇到匿名投诉，道德专员也有义务检查该投诉是否有价值。

第 20 条　检查投诉是否有价值的证据

当检查投诉是否具有价值时，道德专员应当要求当事公务员出具一份为自己申辩的书面声明、与本投诉相关的其他公务员的陈述、有关当局对可能犯罪行为的报告等，道德专员要采取一切行动检验该事实是否成立。

道德专员要向所在单位长官提交一份书面报告，陈述检查程序，同时准备一份回复投诉人的草稿。

如果遇到公务员的某一行为是否构成违反本道德准则的疑问，道德专员应当寻求道德委员会的意见。

第 21 条　依据投诉价值的检查结果提起诉讼

在收集的证据的基础上，如果道德专员发现投诉当中的内容是理由充足的，其向所在单位长官提交的报告中应该提出适当的行动方案。

基于道德专员提交的报告，单位长官要根据问题的性质和严重性，针对违反公务的行为提起诉讼或给予当事公务员书面警告，包括警告其不道德行为、提醒其遵守本道德准则。

第 22 条　回复投诉人的期限

相关政府机构的长官要在接受投诉 60 天内给投诉人以回复，并告知其已经采取的行动。

在回复的最后期限满 30 天内，投诉人没有收到回复，或者收到回复后对回复不满意，投诉人有权对道德委员会提起投诉。

第 23 条　对道德专员不道德行为的投诉

政府机构应该在收到对道德专员不道德行为的投诉 15 天内，提交给道德委员会。

道德委员会应当在收到此类投诉 60 天内，给投诉者回复并且告知相关政府机构的长官。

相关政府机构的长官要基于道德委员会提供的检查投诉价值的报告，如果发现道德专员构成违反本道德准则，要按照本准则第 21（2）条处理。

第 24 条　对政府机构长官不道德行为的投诉

如果收到对行政长官不道德行为的投诉，政府机构应当在 15 天内提交给道德委员会。

道德委员会应该在收到此类投诉的 60 天内，回复投诉人，并向克罗地亚共和国政府提交一份报告。

对道德专员的保护：

第 25 条　道德专员工作中的独立性

道德专员无需为其履行职务而负责，也不应为此置道德专员于不利的地位。

在道德专员的要求下，相关政府机构的长官要将其从其他事务中脱离，投入到检查投诉是否有价值的工作上。

道德专员可以向道德委员会投诉其他公务员对其作出的不道德行为。

道德委员会要在收到投诉60天内给道德专员以回复，并告知相关政府机构的长官。

第八章 中央政府负责公务员体系的机构

第 26 条　关于运用本道德准则的任务

中央政府负责公务员体系的机构应当监督本道德准则的运用，履行以下任务：

（1）在道德行为方面，熟知国际标准，并不断改进道德标准，与国际接轨。

（2）接受来自公务员、政府雇员和市民关于公务员不道德行为的投诉。

（3）保留所有接受的投诉记录、检查投诉价值的过程与结果。

（4）与道德委员会合作。

（5）给道德专员以指导和解释。

（6）监督公务员道德行为，并制定条例加以规范。

（7）保留各政府机构任命的道德专员的记录。

（8）保留道德专员完成训练计划的记录。

（9）参与准备公务员道德行为的训练计划。

（10）一年一次，不晚于当年的1月底，准备一份关于投诉公务员不道德行为的报告，并且公布在网站上。

第 27 条　投诉公务员不道德行为的热线电话

中央政府负责公务员体系的机构应当运营一条日常的热线电话，以接收来自市民关于公务员不道德行为的投诉热线电话要公布在中央政府负责公务员体系的机构的网站上。

第九章　道德委员会

第28条　负责推进公务员体系道德准则的独立机构

道德委员会应当作为一个独立的工作机构，指导本道德准则的内容及其运用，推进公务员体系道德准则建设。

第29条　道德委员会的组成

克罗地亚共和国政府应当遵守决议，任命道德委员会成员，任期四年。

道德委员会由六名成员组成，三位来自公务员体系，两位来自工会，一位来自非政府组织。

道德委员会成员要在六人中推选一位主席。

第30条　道德委员会的工作报酬

道德委员会的主席与成员有权获得酬金，酬金的数额应该由克罗地亚共和国政府设定。

第31条　道德委员会的决策

道德委员会在决策上是独立的。

道德委员会应当根据程序规定建立工作、操作、投票的方法。

第32条　道德委员会办公地点

道德委员会办公地点应设立在克罗地亚共和国社会关系办公室。

克罗地亚共和国社会关系办公室应当为道德委员会执行办公室工作和其他行政事务。

第33条　道德委员会的责任

道德委员会的责任包括：

（1）如果市民、法人和公务员投诉60天内没有得到回复，或者对回复不满意的，要由道德委员会给出回复。

（2）检查关于道德专员行为、政府机构长官行为的投诉是否理由充足，检查道德专员提出的关于其他公务员与道德专员相处中不道德行为的投诉是否理由充足。

（3）给投诉人以回复。

（4）给出关于道德准则及其运用的意见。

（5）监督公务员道德行为方面各类条例的运用。

（6）推进公务员体系的道德标准。

第十章　本道德准则的公共可及性

第 34 条　道德准则的发布

本道德准则应当发布在克罗地亚共和国的官方杂志 *Narodne Novine* 上。

本道德准则应公示在所有政府机构的公示板上。本道德准则应公示在克罗地亚共和国政府网站和所有政府机构的网站上。

第十一章　特殊道德准则

第 35 条　公务员体系的特殊领域与特殊道德准则

当公务员体系的特殊领域具有特殊要求时，政府机构的长官要根据克罗地亚共和国政府的批准，采用特殊道德准则。

上述特殊道德准则须符合本道德准则的规定。

上述特殊道德准则须公布在相关政府机构的网站上。

第十二章　过渡期与最终条款

第 36 条　现任道德委员会成员

现任道德委员会要根据公务员道德准则（*Narodne Novine*，No. 49/2006 和 134/2008 出版的），继续工作至任期满。

任命道德委员会成员的正常程序，要在现任成员任期满 60 天以前开始。

第 37 条　道德委员会工作程序的调整

伦理委员会要在本道德准则生效 30 天内调整工作程序。

第 38 条　完成未决的程序

关于公务员行为违反本道德准则的投诉，但本道德准则尚未到生效日期，处理程序按照现行规定进行。

第 39 条 取代

自生效之日起，本道德准则将代替公务员道德准则（*Narodne Novine*, No. 49/2006 和 134/2008 出版）

第十三章 生效

第 40 条 道德准则的有效性

本道德准则从克罗地亚共和国官方杂志 *Narodne Novine* 出版后的第八天起开始生效。

印度 2007 年公共服务法案

提要：印度政府在 2007 年颁布《公共服务法案》，其中第三章里明确对公共服务价值观和公共服务规范作出规定。该法案规定：公共服务机构及公职人员在履行其职能时应遵循以下价值观：（1）爱国主义和维护国家荣誉；（2）遵守《印度宪法》及印度其他法律的规定；（3）客观、公正、诚实、勤奋、礼貌和透明；（4）保持绝对诚信。

法案还规定了 5 条公共服务规范：（1）凭借自身能力和责任；以谨慎、勤勉、负责、诚实的态度；本着客观和公正的原则；在无歧视的基础上依法履行其公职；（2）确保高效的管理、专业方面的发展和领导力的开发；（3）避免滥用公职或信息，以最高程度的谨慎和节约使用公款；（4）在行使其职能时，应致力于为改善公众生活提供服务；适当考虑民族多样性但不歧视，适当保护贫困、社会地位低下和弱势阶层的权益，促进社会经济的发展。

该法案还规定了公共服务管理规范的实施措施，要求政府各部门/科室应在当年年底按政府规定的格式向中央机关提交报告，说明关于《绩效管理规范》的合规情况。报告中还应包括造成不合规的原因（如有）以及为达到合规所需采取/提出的措施。但是，法案并没有对违反规范的惩处措施作出详细的规定。

第一章　适用范围与定义

1. 短标题、适用范围与生效
（1）本法案可称为《2007 年公共服务法案》。

（2）本法案适用于整个印度。

（3）本法案自官方公报发布之日起生效。

2. 定义：除非文中另有要求，否则在本法案中

（1）"印度各服务局"系指印度行政服务局、印度警察服务局、印度林业服务局及1951年《印度各服务局法案》第2—A节中指定的其他任何服务局。

（2）与任何领导干部有关的"领导干部监管机构"系指相关条例下关于该领导干部所指定的政府部门或政府办公室。

（3）"监管机构"系指经相关部门/科室/组织指定的、用于监督和管理在该相关部门/科室/组织任职的公职人员的机构。

（4）"纪律主管机构"系指可执行纪律中所述任何处罚项并针对公职人员提起适用条例的主管机构。

（5）"中央机关"系指根据本法案第19节第（1）子节规定确立的中央公共服务机构。

（6）"中央监察委员会"系指根据2003年《中央监察委员会法案》规定设立的中央监察委员会。

（7）"中央服务局"系指中央政府不时指定的所有服务机构。

（8）"主席"系指中央机关主席。

（9）"成员"系指中央机关成员。

（10）"规定"系指根据本法案下条例或规定所规定的内容。

（11）"公职人员"系指公共服务机构的成员。

（12）"公共服务机构"系指印度各服务局、中央服务局以及同中央政府指定的与联邦事务相关的所有其他服务机构及岗位。

（13）"公共服务机构规范"及"公共服务管理规范"系指中央政府针对公共服务及公职人员不时公布的规范。

（14）"联邦公共服务委员会"系指根据《印度宪法》第315条成立的联邦公共服务委员会。

第二章　公共服务机构的任命

3. 根据《印度宪法》及预用的任何法案的有关规定，公共服务机构

的任命应建立在价值、公平和公开竞争的原则上。

4. 应根据公职人员相关任命条件对该公职人员进行任命，其中可能包括以下条件：

(1) 试用期。

(2) 公民身份。

(3) 基本资质。

(4) 行为端正。

(5) 健康情况。

5. 除政府有特殊原因并以书面形式记录在案的情况外，公民身份为非印度公民的人员不得聘为公职人员。

第三章 公共服务价值观

6. 公共服务的价值观：公共服务机构及公职人员在履行其职能时应遵循以下价值观：

(1) 爱国主义和维护国家荣誉。

(2) 遵守《印度宪法》及印度其他法律的规定。

(3) 客观、公正、诚实、勤奋、礼貌和透明。

(4) 保持绝对诚信。

7. 在不影响本法案规定的情况下，根据中央机关提出的建议或与中央机关磋商后，中央政府可在本节中不时通告其他价值观。

8. 公共服务价值观的审核：中央机关可不时审查中央政府的下属部门或组织对公共服务部门的价值观的采用、遵守和执行情况，并向中央政府提交相关报告。

9. 公共服务规范：(1) 政府应弘扬公共服务价值观，提升公共服务部门运营的道德标准，要求并促使每一名公共服务职员：

(a) 凭借自身能力和责任；以谨慎、勤勉、负责、诚实的态度；本着客观和公正的原则；在无歧视的基础上依法履行其公职。

(b) 确保高效的管理、专业方面的发展和领导力的开发。

(c) 避免滥用公职或信息，以最高程度的谨慎和节约使用公款。

(d) 在行使其职能时，遵循以下目标：作为实现良好管治的工具，公共服务机构和公职人员需为改善公众生活提供服务；在适当考虑民族多样性但不歧视种姓、群体、宗教、性别或阶级，且在对贫困、社会地位低下和弱势阶层的权益提供适当保护的前提下，促进社会经济的发展。

（2）经与中央机关磋商后，政府应负责编制《公共服务道德规范》，在本法案生效后一年以内为公共服务机构职员提供指导。

（3）《公共服务规范》应尽快在国会各议院开会前至少14天制定完毕。

（4）经与中央机关磋商后，专业组织可根据《公共服务规范》制定附加服务规范。

10. 违反《公共服务规范》：监管机构及纪律机构（视具体情况而定）可根据《印度宪法》和本法案的有关条款，对违反《公共服务规范》的公共服务机构职员按照规定执行制裁。条例应规定相应程序用于判定关于各项规范、职能、职权以及各机构的权力限制是否出现违反行为；并规定对公职人员的制裁和防护提出上诉的程序。

第四章 绩效管理与责任

11. 政府应在本法案生效后12个月内，建立公共服务机构职员绩效管理系统，包括：

（1）政府战略计划的优先顺序、目的、指标和目标、资源可利用性、绩效约束条件以及公职人员的成果与技能。

（2）绩效指标的制定及其定期审查，编制和提交每位职员的《绩效评估报告》，且成果原则定义明确。

12. 政府应促使各部门或机构使用《年度绩效报告》，发布《年度绩效报告》或通过法规或指导方针规定的方式将其核心内容公布给公众。

13. 《公共服务管理规范》：（1）经与全体利害关系人磋商后，政府应在以下原则的基础上编制《公共服务管理规范》：

（a）公共服务机构应为以价值为基础的专业机构，以达到完善政府政策和提升良好管治的目的。

（b）建立奖励机制，实施激励措施，以实现并维持高水平生产力、高效率及高度优越性。

（c）落实相应政策，构建适当结构，在关注政府财政情况的同时提升公共服务的可行性与可持续性。

（d）本着保持中立、追求专业卓越及维持完整性的原则，协调政府首脑与公共服务机构间的关系。

（e）公职人员应对其实施管理规范时所作出的决定及其过程承担相应的责任。

（2）《公共服务管理规范》应尽快在国会各议院开会前至少十四天制定完毕。

14.《公共服务管理规范》的实施：领导干部监管机构及其他各监管机构（视具体情况而定）应确保在本法案生效后12个月内实行《公共服务规范》的各项规定，并明确实施该规范所依据的基准，实施的时间进度安排与负责实施的机构。

15. 政府各部门/科室应在当年年底按政府规定的格式向中央机关提交报告，说明关于《绩效管理规范》的合规情况。报告中还应包括造成不合规的原因（如有）以及为达到合规所需采取/提出的措施。

第五章　服务条件

16. 中央政府应：

（1）定期审查薪酬结构，奖励措施以及向公职人员提供的其他福利。

（2）关于公职人员的晋升预期和职业发展制定相应指导方针。

（3）对公职人员开展在职培训，培养公职人员履行各自的责任与义务的能力。

（4）定期审查各公共服务机构的领导干部结构。

（5）在价值、适合性与经验的基础上，根据领导干部的职位确定最低任期。

17. 保护善意的行为：不得对依据本法案或本法案任何规定实施或拟实施任何善意行为的人提起任何诉讼、检举或其他法律诉讼。

第六章 中央公共服务机构

18. 中央机关的设立

（1）中央政府应通过官方公报通知设立名为"中央机关"（Central Authority）的机构，该机构应根据本法案的规定行使中央政府所授予的权力，履行中央政府指定的职能。

（2）中央机关的组成应包括主席及中央政府认为必要的成员，成员人数应不少于3人且不超过5人。中央机关主席及其成员选用的人员应在公众生活方面有所成就、知识渊博、工作经验不少于25年且有能力解决与公共政策、行政、管理及管治相关的各种问题。

（3）中央政府主席及其成员不得选用国会议员或任何州郡或联邦管辖领域内的立法机关成员（视具体情况而定），且不得为与任何政治党派或其他任何办公室有关的任何高管。

（4）主席应作为中央机关的行政长官。

（5）（a）中央机关主席及其成员应由总统根据以下成员组成的委员会所提出的建议进行任命——总理，总理应作为该委员会主席；联邦内政部长；以及人民院反对党领袖。

解释：如果人民院反对党领袖未获得认可，则人民院反对党单个最大团体的领导应视为反对党领袖。

（b）中央政府内阁秘书应作为委员会的会议召集负责人。

19. 任职期限与服务条件

（1）从担任职务当日开始，主席和委员的任期均为五年并不具有获得连任的资格：当主席或委员年满65周岁后，其公职任期自动终止。

（2）担任职务前，主席和委员均应根据为此目的规定的形式在总统或其任命的代表人面前作出宗教式或非宗教式宣誓。

（3）主席或委员可在任何时候向总统提交手写书面辞呈。

（4）主席或委员可以第20节下规定的形式予以免职。

（5）应付公职人员的薪金、津贴和其他服务条款与条件：

（a）主席与首席选举委员保持一致。

（b）委员与选举委员保持一致。

前提是主席或委员任命后，其薪金、津贴和其他服务与条件不得下调。

（6）中央政府应为中央机关提供必要的官员和职员，从而协助主席和委员实施本法案下的职能，为本法案而任命的官员和职员的应付薪金、津贴和服务条款与条件应符合相关规定。

20. 主席或委员免职：（1）根据第（3）小节下的规定，若主席或任何委员行为不当或工作失职，且询问后做出的报告认为应该免除主席或委员的职务，则总统可依据最高法院的指证或最高法院提请总统的参考（视情况而定）发布命令，予以免职。

（2）问询期间，若有必要，总统可暂停主席或委员的公职并禁止其出入办公室，无论任何人根据第（1）小节下的规定向最高法院提出指证，直至总统发出收到最高法院对此指证的报告的命令。

（3）尽管第（1）小节中有任何其他规定，若主席或委员（视情况而定）出现下列情况，总统可颁布命令予以免职，情况包括：

（a）被判破产。

（b）总统认为其涉及道德堕落的罪行而被定罪。

（c）任职期间，从事工作职责外的任何有偿职业。

（d）总统认为因其身体或精神的疾病，不适宜继续任职。

（e）已获得的财务或其他利益，有可能对其履行作为主席或委员的职责存在不利的影响。

（4）若主席或委员的任何行为与印度政府签订的或以印度政府的名义签订的任何合同或协议有关联或有利益关系，或以委员的身份或与公司的其他成员一起，以任何方式参与由此产生的任何利益、好处或酬金分配，则根据第（1）小节的规定，应被视为其行为不当。

21. 中央机关的职能：（1）中央机关应履行以下职能，包括：

（a）协助并建议中央政府任何与公共服务机构和公职人员组织、规管、运作及管理有关的所有事务。

（b）向中央政府提出《公职人员道德规范》及《公共服务管理规范》。

（c）向中央政府提出第五章下的给予公职人员的保护政策。

（d）向中央政府提出良好的公共服务治理政策，公职人员履行其职责和开展活动时应保持的透明度。

（e）向中央政府提出公共服务治理的不同部门和区域系统和程序应作出的改变。

（f）向中央政府提出建议确保公职人员以无畏和无私的精神、公平公正的方式履行其职能并遵守第 6 节下列明的原则。

（g）向中央政府提出关于公职人员申诉修正机制的建议。

（h）履行中央政府指定的其他职能。

（2）政府应同机构商定同《公共服务道德规范》及《公共服务管理规范》的制定、修改和解释相关的一切事务。

（3）在履行其职能时，中央机关应保持透明度，向中央政府和全体人民透露所有可透露的信息（包括建议），2005 年颁布的《知情权法》中另有规定的除外。

（4）向中央政府做出任何建议前，中央机关应从市民大众收集意见并加以考虑。前提是，如果中央机关认为其向中央政府提出的建议是恰当的，且有记录佐证，则中央机关无须征求公众意见，即可向中央政府提出建议。

22. 干部监管机构的职能：每个负责管理政府组织服务的干部监管机构或代理机构（视情况而定）均应于此法案颁布的 24 个月内确保履行以下职能：

（1）制定公职人员服务条例和服务条件，对同公职人员资历、晋升、选任和调配有关的记录进行维护和更新；建立定期审阅专业干部专业管理要求的机制，包括技能要求、拟提供的培训投入、切实提供服务、充足的晋升前景和专业发展。

（2）审查现有的绩效管理方法并根据目标作出更改确保客观、公平、透明和专业的卓越性，包括人员记录的更新和维护。绩效评价应基于任职之初确定的每位公职人员的明确绩效基准和定期审查规定。

（3）建立一个与服务事宜有关的、公平、有时效性的申诉修正体系。

（4）从该法案生效起六个月内，下发调职规范和指南，并刊登电子公告以维持职业发展的连续性和可预测性，需掌握的技能和经验，并促进良好治理的发展。指定任期结束前的调职应具备正当理由并将其书面记录。

所有公职人员的正常任期应不少于两年。

（5）建立确定公职人员技能和培训需求的机制；组织其进行培训并鼓励其在其领域提升竞争力，重视服务传递和良好治理的目标。

第七章　其他

23. 印度各服务局：除宪法规定和1951年颁布的《印度各服务局法案》，本法案的规定应同时适用于印度各服务局。

24. 中央机关报告：（1）中央机关应于每个财政年度结束后按照政府规定的格式向政府提交编撰一份报告，说明政府各部门/科室针对该法案规定的合规情况并将报告提交给政府。该报告还应包括造成不合规的原因（如有）以及为确保合规所需采取的措施和时间计划。

（2）该报告还应包括关于总体改善公共服务条件、新的职业发展问题、薪酬架构及相关问题的建议。

25. 制定条例的权力：中央政府可在政府公报上发布通知，制定实施该法案规定的条例。

26. 条例的制定：中央政府根据该法案制定的每项条例应尽快在议会开会期间呈交议会讨论，讨论总期限为30天，其中可含一个会议或两个及以上连续会议，若上下议院在上述一个或连续会议之后的会议结束前均同意对该条例做出任何修改或者均不同意制定该条例，则该条例修改后的版本将于之后生效或该条例将不得生效（视情况而定）。任何上述修改或废除不得损害在本条例或规定下之前作出的决定之有效性。

27. 联邦公共服务委员会的权利、中央监察委员会的权利和印度审计总长的权利：包含在本法案中的任何内容或本法案下制定的任何条例或规定均不应以任何形式影响联邦公共服务委员会、中央监察委员会和其他根据2003年颁布的《中央监察委员会法案》设立的机构和印度审计总长行使权利和履行职能。

28. 保留：（1）所有根据第309条或其他宪法条例制定的条例，在本法案生效之日起，应视为在本法案下制定并持续有效直到此条例被撤销或修改（视情况而定）。

（2）包括中央政府就形成此法案主体的事务给出的任何修改、命令或指令的已完成的任何决定或已采取的任何行动或声称已完成的任何决定或已采取的行动，均应视为根据该法案下的相应规定作出相关决定和采取相关行动。

29. 解决困难的权力

（1）中央政府可通过发出通知，在必要时制定相关规定，解决该法案实施过程中的困难；该法案执行满两年后，无须根据该章节做出通知。

（2）根据该法案做出的通知应尽快呈交上下议院。

30. 州政府管辖的公共服务：州政府可通过在政府公报上发布通知使本法案规定从列明之日起适用于州政府管理下的公共服务并制定实施本法案规定的条例。

菲律宾公职人员行为准则及道德标准

提要：《菲律宾公职人员行为准则及道德标准》由菲律宾国会众议院和参议院颁布。该准则内容和形式上都与道德或伦理法律相似，规定比较详细。准则共有17章，主要内容包括：公职人员行为规范、公职人员职责、激励与报酬制度、禁止的行为及事项、声明与披露、财产剥离、审查程序及符合程序、惩处，等等。

该准则在第二章中，明确提出制定该准则的目的，即"促进公共服务达到崇高的道德标准"，并且规定了公职人员应该遵循的价值观，即"在任何时候都应坚持对人民负责，以最大的责任、诚信、能力和忠诚履行职责，以爱国主义和公平正义为行为导向，勤俭节约，维护公共利益"。在第四章中，该准则提出公职人员应具备的8条行为标准：维护公共利益、专业、公正及真诚、政治中立、服务公众、民族主义及爱国主义、拥护民主及俭朴生活。将"民族主义及爱国主义"列为一条重要的行为标准，这是在其他国家道德行为准则中比较少见的。在第七章中，准则还提出了四项禁止的行为要求，这些行为也被视为非法行为及事项：财务及物质利益；外间受雇及参加其他有关活动；机密信息的泄露及/或滥用；受赠或接受礼物。

比较独特的是，菲律宾政府强调通过设立年度激励与报酬制度，来激励和鼓舞公职人员秉持最高的道德标准。准则中规定建立一个委员会其职责就是对公职人员进行定期的、持续性的业绩评估以便实施这一制度，嘉奖杰出的公职人员。准则还对评估优秀公职人员的相关因素作了比较详细的规定。

该准则还明确规定了违反准则的惩处措施，主要包括：罚款、开除公职、有期徒刑等。有些惩处措施较为严厉，如"违反本法第7、8或9章，当判处5年以下监禁或处以五千以下比索（P5000.00）的罚款"。

第一章 名称

本法被称为《公职人员行为准则及达到标准》。

第二章 政策声明

本法属国家政策，旨在促进公共服务达到崇高的道德标准。公职人员在任何时候都应坚持对人民负责，以最大的责任、诚信、能力和忠诚履行职责，以爱国主义和公平正义为行为导向，勤俭节约，维护公共利益。

第三章 术语定义

本法所称术语，包括：

1. 本法所称政府，指中央政府、地方政府及菲律宾共和国的所有相关部门或机构，包括政府所属或控制的企业及其分支机构。

2. 本法所称公职人员，包括选举官员、任命官员，包括是否提供在职服务或非在职服务的其他正式职员和临时雇员，包括是否获得相应补偿或获得金额多少的军队和警察人员。

3. 本法所称礼物，指无偿获得的任何事情或权利或任何慷慨的赠予以获得收受礼物的人的支持，同时还包括某种假意销售或假装负有法律义务的处置行为。本法所指礼物，不包括对方主动赠予且价值微不足道且不以获得公职人员的某种支持或者达成某种交易为目的的礼物。

4. 本法所称收受礼物，包括直接或间接地从非家人、亲戚及本法所规定的相关人群手中接受的任何礼物，即使是在家庭聚会或国家法定节日如圣诞节之际，如果礼物的价值既不是名义上的也不是微不足道的，或者礼物的赠予是以换取某种支持为目的的行为皆为收受礼物。

5. 本法所称贷款，包括普通贷款和无偿借贷，以及旨在确保其批准的抵押物和融资安排或机构设施。

6. 本法所称主要利益相关者（大股东），指直接或间接地拥有足够的股份以选举企业董事的任何人。这一概念也适用于政党之间的投票信托。

7. 本法所称公职人员家属，指公职人员配偶及其 18 岁以下未结婚的子女。

8. 本法所称人，除非上下文另有说明，均包括自然人和法人。

9. 本法所称利益冲突，即当政府公职人员是董事会的成员、官员或私营公司的主要利益相关者时，或者拥有商业实质利益、与类似公司或企业的利益相关、他（她）的权力或责任可能受到其忠实履行公务职责的反对或影响。

10. 本法所称剥夺，意指产权转移或处置财产利益，通过自愿地、完全地、实际上地剥夺或占有其的权利或头衔以支持除了法律规定的其配偶及子女之外的其他人。本法所称"亲属"，是指与公职人员有第四顺序的血缘关系的任何所有人。

第四章　公职人员行为规范

1. 作为履行公务的个人行为标准，公职人员应当遵守以下几点：

（1）维护公共利益——公职人员应始终秉承公共利益高于个人利益。所有的政府资源及办公权力的使用和运用都应具有效率性、效益性、诚实性和经济性，尤其要避免公共资金和收入的浪费。

（2）专业——公职人员在履行职责时要有卓越的能力、最高水平的专业知识、智慧及技能。以最大的热忱和奉献精神提供公共服务。努力杜绝对其自身非法资助的分配者和传播者角色的错误认知。

（3）公正及真诚——公职人员应时刻忠实群众。必须公正和真诚，不得歧视任何人，尤其是穷人和弱势群体。尊重他人权利，杜绝违反法律、品德、习俗、公共政策、公共秩序、公共安全和公共利益的行为。不得将办公资源非法分配或给予其无论是否具有血缘关系或姻亲关系的亲戚，除非是关于此类亲戚的任命是严格保密的或者作为内部成员，他们的术语是相连的。

（4）政治中立——公职人员应为每一位公民提供服务，没有不公正的歧视，不论党派或政治偏好。

（5）服务公众——公职人员应尽力为公众提供及时、周到、足够的服务。除了法律另有规定或公共利益明确要求时，公职人员均应使用清楚易懂的语言将政策信息及办公程序告知于公众，确保在适当的时候政务信息、公众咨询和听证会的透明度，鼓励建言纳策，使政策、规则及程序简化及系统化，避免烦琐的程序，理解和重视全国社会经济发展状况，尤其是发展落后的农村及城市地区。

（6）民族主义及爱国主义——公职人员在任何时候都应忠诚于菲律宾共和国和菲律宾人民，推广本地制造商品、资源和技术的使用，并提倡对国家和人民的赞赏和自豪。努力维护和捍卫菲律宾国家主权不受外来者的入侵。

（7）拥护民主——致力于民主的生活方式和价值观，坚持对公众负责的原则，并通过自身行为体现民主权威超越军事地位的至高无上。

（8）俭朴生活——公职人员及其家人应过一种与其职位高低、收入多少相适应的俭朴生活。杜绝挥霍奢侈，反对各种形式的炫富行为。

2. 公务员制度委员会应当采取积极措施推进：（1）以上这些标准的遵守，包括公开发布政务信息计划，明示获得超出常规进展步骤的功绩调薪的办公室，以达到办公室内杰出道德模范同僚公认的雇员数量；以及（2）继续研究探讨相关对策以促进公职人员达到遵守这些道德标准的最高水平。

第五章　公职人员的职责

在履行职责时，全体公职人员有义务做到以下几点：

1. 及时回应公众提请函——全体公职人员应当在收到来信之日起的15天之内给予公众回复函电或采取其他回复方式的行为。回复信件中必须包含对来信请求拟采取的具体行动。

2. 提交年度业绩报告——政府部门或办公机构及国家所属或控制企业的全体领导人或负责人应当在年底后的45个工作日之内提交本机构或本部门的业绩报告。此类业绩报告在特定的办公时间内对公众开放。

3. 快速处理公文——所有的官方文件必须从准备阶段算起在合理的时间内进行处理，同时只要是切实可行的，所有的公文都不得涵括三个以上的签署方。在没有正式授权签署的情况下，下级官员或相关负责人以个人的名义进行签署。

4. 迅速处理公众的个人业务——全体公职人员都应迅速回应公众对其机构服务的需求，采取及时、快速的行动。

5. 使公文对公众开放——所有的公共文件均应在合理的工作时间内对公众开放。

第六章 激励与报酬制度

年度激励与报酬制度的设立是为了激励和鼓舞公职人员秉持最高的道德标准。出于此目的，一个关于嘉奖杰出公职人员的委员会自此创立，此委员会主要构成有：审计委员会的特派员和主席，以及两个由主席任命的公职人员作为成员。

此委员会的任务就是对公职人员进行定期的、持续性的业绩评估，在政府所有的部门及机构内建立一个年度激励与薪酬制度，该制度旨在重视本法规定内的道德标准中公职人员的杰出行为。

在众多的评估因素中，奖项授予应考虑以下几点：服务年限、服务质量及稳定性、职位的低调性、薪资水平、某种成绩的独特性与典型性、工作固有的诱惑风险。公职人员年度激励与薪酬应在公共仪式上进行公布，并以奖金、奖状、国家所属或控制企业的管理者职位、地方或外地奖金资助、带薪休假之类的形式进行嘉奖。同样的，受奖者将自动提升为与其工资水平相适应的更高级别的职位。如果没有一个现存的更高等级的职位或者更高级别的职位没有空缺，此类职位应纳入下次拨款法案的职位预算中去。授奖委员会应形成自己的规则来规范其活动的行为。

第七章 禁止的行为及事项

除了宪法及现行法律法规明确规定的公职人员的行为及疏忽外，以下几点应成为公职人员的禁止行为及事项，特此宣布为非法行为及事项：

1. 财务及物质利益——公职人员禁止在需要获得其部门批准的任何业务事项中有直接或间接的财务或物质利益关系。

2. 外间受雇及参加其他有关活动——公职人员任职期间禁止以下行为：

（1）除非法律明确规定外，公职人员禁止在其部门管辖范围下、监管范围内、许可范围内的私营企业担任所属人、控制者或者接受管理任务，成为管理者、雇员、咨询顾问、法律顾问、经纪人、代理人、受托人或名义代表。

（2）除非宪法或法律规定，公职人员禁止从事自己的私人职业，即使这种做法不会产生冲突或不会影响其官方职能的发挥。

（3）禁止推荐任何人参与到与其职能部门有定期或未来将要有往来的私人企业从事任意职务。除了以上谈到的第二条之外，这些禁令在公职人员辞职、退休、离开岗位之后的一年时间内仍有效，但是有关专业不能使用与其之前从事的部门业务相关的专业知识时，即使在这种情况下，一年的禁令同样适用。

3. 机密信息的泄露及/或滥用——公职人员不得使用或泄露因其职务需要而正式告知的但并未对公众开放的保密或机密信息，已达到以下两者中的任一目的：

（1）增进其自身利益，或者为某些人提供非法的便利；或者

（2）损害公共利益。

4. 受赠或接受礼物——公职人员不得在任职期间或与受其部门职能管辖或存在任何往来的业务中，直接或间接地受赠或接受任何礼物、酬金、恩惠、款待、借贷或任何人的任何有价值的礼物。

至于从外国政府获得的礼物或赠予，国会认同/豁免：

（1）公职人员接受和保留的具有票面价值的礼物是出于纪念品或礼貌的标志。

（2）公职人员收受的礼物是具有奖金赠予或医疗之类的性质。

监察人员应当制定必要的规则以达到实施此细则的目的，包括出台相关报告和信息披露。

本法之任何规定不得被解释为限制或者禁止任何符合国家安全需求的教育、科学和文化交流项目。

第八章　声明与披露

公职人员有义务完成和提交宣誓声明，公众有权了解公职人员自身及其配偶、18 岁以下生活在一起的未婚子女的资产、负债、净资产、金融和商业利益。

1. 资产负债表及财产申报——除了名誉雇员、非正式劳务人员、临时工人之外，全体公职人员均应宣誓自身及其配偶、18 岁以下生活在一起的未婚子女的资产、负债、净资产，披露商业利益及金融关系。

以上两个文档应包含以下信息：

（1）不动产及其增长信息、收购成本、评估价值和当前的公平市值。

（2）个人财产和购置成本。

（3）其他所有资产，比如投资、手里或银行的现金、股票、债券等。

（4）负债。

（5）所有的商业利益和金融关系。

公职人员提交以上文件需符合以下时间限制：

（1）上任之后的 30 天内。

（2）以后每年的 4 月 30 日之前。

（3）离任后的 30 天之内。

本法本节要求提交相关文件信息的所有政府职员及雇员同时应在上任之后的 30 天之内履行支持检查员工作的必要职能，以确保其获得所有应包含的政府机构的文件信息，包括国内税收署，因为此类文件信息可能显示了其早年的资产、负债、净资产及商业利益和金融联系，如果可能的话，还包括他们首次进入政府机构工作时的相关信息。

如果丈夫和妻子均为公职人员，他们可以联合或单独地提交相关文件、发表相关声明。

公职人员资产、负债、净资产的声明及商业利益和财务关系的披露应由以下几方提交：

（1）监察员办公室内的宪法和国家选举的官员。

（2）作为参议院和众议院各自的秘书长的参议员和国会议员；最高法院的书记员；法院管理者即法官，以及总统办公室的所有国家行政官员。

（3）所属地区性副级监察员的各区域及地方政府官员和雇员。

（4）总统办公室内拥有上校军衔的武装部队军官及海军上尉，及其各自领域的副级监察员。

（5）以及公务员委员会修订的共和国 3019 法案中规定的其他所有政府职员和雇员。

2. 亲属关系认定及披露——公职人员有义务，以其最大之了解和信息，以公务员委员会规定的形式、方式及频率，认定和披露政府体制内的亲属关系。

3. 文档的可访问性。

（1）本法规定提交的任何及所有文档均应在适当的时间内可供检查。

（2）所有文档自法律要求归档的日期后的 10 个工作日后应均能复制。

（3）本法规定提交的任何声明文档接收到之日起的 10 年内应当向公众开放。

4. 禁止行为——任何人非法获得和使用本法中规定的声明文档以实现以下目的均属违法行为：

（1）违反道德和公共政策的任何目的。

（2）非新闻或传媒向公众传播信息的任何商业目的。

第九章 财产剥离

公职人员在任何时刻都应避免对公众义务与其本身利益相冲突。当发生利益冲突时，公职人员应在从政就职之日起的 30 天内从私营企业辞职，以及/或者在就任之日起的 60 天内出售其在私营企业的持股或相关利益。

同样的规定也适用于公职人员作为合作伙伴时发生利益冲突的情况。

财产剥离的要求不适用于那些服务于政府名誉部门的人，也不适用于劳工以及临时或非正式员工。

第十章 审查程序与符合程序

1. 国会两院的特设委员会应建立财产申报的评审程序，以确定该申报是否按时提交，是否以适当的形式执行。如若有人未按时提交财产申明，则该委员会应通知相关个人，要求其立即采取必要的纠正措施。

2. 为督促相关公职人员履行本法所规定的相关责任，两院特设委员会，在各自管辖范围内，有权给予任何观点以解释本法，通过专门的书信通知到本法涵盖的个人，并获得相关院会大多数投票的批准。

本法规的惩处条例不适用于提出意见的个人和其他任何处于类似情况下的个人，以及在意见书发布后，按意见书依法行事的个人。

3. 只要其办公室有成员涉及相关问题，其办公室负责人应履行 1 及 2 中规定的职责，在行政部门及最高法院的首席大法官、司法部门的意见之上，执行司法部门的批准建议。

第十一章 处罚

1. 任何公职人员，无论他是否是非正式的、临时的、留期的、长期的或普通的官员或职员，一旦违反本法，均应受到相关的处罚。处罚主要取决于违法程度的严重性，且是在机构内相关成员的听证会之后给予的，包括不超过一年工资的罚款，或者离职处分。如果根据另一法律应给予违法者重罚，则应根据后者规定而被起诉。违反本法第 7、8 或 9 章，当判处 5 年以下监禁或处以 5000 比索（P5000.00）以下的罚款，抑或两者兼罚，而且在法院管辖的自由裁量权内，也可以取消违法人的公职身份。

2. 任何违反法定行政诉讼且理由充分的行为，均应受到取消或开除公职身份的处罚，即使没有刑事起诉是针对违法者的。

3. 任何个人如若作为主要参与者、同伙或辅助者参与公职人员违法行为，均应受到同公职人员一样的处罚，作为共同的犯罪人。

4. 相关官员或雇员有权针对利用相关通知以达到本法第 8 章所规定的目的的行为提起诉讼。法院可以处罚此种行为者 25000（P25000.00）比索的罚款。如果遵照另一法律，此种行为被定义为严重违规，则处罚方式应采取后者。

第十二章 实施和执行

公务员委员会的第一要务就是实施和执行本法案。应当将违反本法的所有起诉案件转变成相关部门的适当行动；然而，委员会采取的相应行政行为和纪律措施应获得法律的批准。本条款之任何规定不得被解释为国会任一院系为约束其成员的无法行为而进行剥离财产和权利的依据。公务员委员会有权制定必要的规章制度来执行本法的规定，包括为政府提供免费自愿服务的人员制定的指导方针。监察员同样应采取措施保护对公职人员违反本法规定的行为和工作疏忽提出谴责的公民。

第十三章 更加严格的标准的规定

本法的任何规定均不构成对任何部门或机构的法律或规定产生贬损，因为本法对政府官员和雇员制定了更严格的标准。

第十四章 拨款

公务员委员会应拨款以作为实施本法有效措施的必要费用。此后，继续实施本法而产生的相关费用应被纳入到年度拨款法案中去。

第十五章 可分性条款

如果本法的任何规定或本法相关规定的实施或针对任何个人或情况的本法规定的实施被宣告无效的情况下，本法其余条款或针对其他个人或情况的条款的实施应不受此类声明的影响。

第十六章 撤销条款

所有的法律、法令、命令或构成部分如若存在不一致的情况，除非相同的规定制定了更重的处罚，否则均被视为是废除或修改。

第十七章　有效性

本法自在其官方公报公布或在两家全国发行报纸上刊登后的 30 天后生效。

菲律宾公职人员行为准则及道德标准的实施细则

提要：《菲律宾公职人员行为准则及道德标准的实施细则》于1989年2月20日获得批准，1989年3月25日生效。细则共有14条，主要包括：适用范围、解释说明、公共行政体制改革、政务公开及信息获取、激励机制与奖励机制、公职人员的职责、公共信息披露、审查程序与符合程序、利益冲突和财产剥夺、行政处分的理由、惩处、免费的自愿服务、修正、有效性。

比较特别的是，该细则详细规定了促进《菲律宾公职人员行为准则及道德标准》有效实施的要求，主要包括：加强培训教育、加强对其工作体制及程序研究分析、加强与公众的交流并收集有关意见反馈、开展创新计划、指派或派驻常驻监察员、磋商对话等。

正如前文所提，菲律宾政府强调通过奖励措施促进公职人员遵循良好的道德行为标准，该细则对有关激励和奖励机制作了明确的规定。细则不仅规定了评估的有关要求以及需要考虑的评估因素，还规定了6种奖励形式，包括奖金、奖状、奖金资助、带薪休假等。

细则1

适用范围

所有细则均适用于选举官员、任命官员，包括是否提供在职服务或非在职服务的其他正式职员和临时雇员，包括是否获得相应补偿或获得金额多少的军队和警察人员。

细则 2

解释说明

这些细则应根据第二章相关准则的政策声明进行解释说明：

"本法属国家政策，旨在促进公共服务达到崇高的道德标准。公职人员在任何时候都应坚持对人民负责，以最大的责任、诚信、能力和忠诚履行职责，以爱国主义和公平正义为行为导向，勤俭节约，维护公共利益。"

细则 3

公共行政体制改革

第 1 条 自此细则生效之日起的 90 天内，所有部门、办事处或机构应尽快开始对其所属职员或雇员实施价值开发项目，以加强其对公共服务的奉献，帮助认识到在履行公职时公共利益高于个人利益的重要性。

（1）道德伦理价值。

（2）公职人员的权利、职责和责任。

（3）民族主义与爱国主义。

（4）公平公正与人权。

（5）自由公平社会的民主。

（6）菲律宾的历史、文化和传统。

（7）全国社会经济发展状况，尤其是发展落后的农村及城市地区，以及行为准则及道德标准的必要性。

持续更新进修课程、研讨/或工作小组，以促进公共服务崇高道德标准的形成和实施。

第 2 条 专业的科学技术培训及教育项目有利于提高公职人员履行职责的水平、专业性、卓越性、智慧性及技能。这些培训项目应在政府所有的办公室及部门内开展，同时培训内容应包括本法前面部分所提及的规定。

第 3 条 每个部门、办事处和机构的负责人有责任确保所属公职人员参加有价值的培训项目，同时参与到提高价值观的工作中去。

第 4 条 每个部门、办事处和机构应对其工作体制及程序进行持续的研究和分析，以促进公共服务的提供。为此，研究和分析工作应包括：

（1）明确导致或促进消极的官僚行为产生的体制和程序；（2）简化规则和程序，以避免烦琐的程序；（3）设计或采用有利于促进公职人员士气和满意度的体制和程序。每个部门、办事处或机构应开发一个服务指南或介绍其职能类似的指南，以定期更新及提供可获取的与公共来往记录。在部门、办事处或机构办公的显眼处，应张贴有显示工作程序的工作流程图或类似的文件，以提供相关的工作信息或指引。按要求，预算和管理部门应协助相关部门、工作室和机构评估及采用相关工作体制和程序，这些工作体制和程序应有利于促进公众问责的制度化管理。

第 5 条　每个部门、办事处和机构应积极与他们所服务的公众进行交流，以收集服务的反馈信息及提高工作效率、效益和经济性的意见和建议。同时应当建立相关机制以确保公众参与协商和听证会。

第 6 条　每个部门、办事处和机构应不断进行研究和实验，以探索开展创新计划的措施和途径，这些创新计划将提高公职人员遵守公共服务伦理标准的水平。

第 7 条　每个部门、办事处和机构应任命或指派一名常驻监察员，这名监察员应在公众向其及其副手请求公共救助时采取立即的行动。他应当负责处理所有救助请求。

第 8 条　政府官员应确保员工预期进行磋商和对话的可行性。

细则 4

政务公开及信息获取

第 1 条　遵从于法律规定的合理条件，国家采用和实施了一项完整的政务公开政策，包括对外披露设计公共利益的事务。

第 2 条　部门、办事处和机构负责人有责任建立确保各自部门政务职能的透明性和公开性的措施及标准，比如公共投标、公共购买及其他内部事务，包括公共合同、公共项目状态及其他一切涉及公共利益的问题。应建立信息系统，告知公众以下政务信息：（1）公共政策、规则及程序；（2）工作计划、项目和业绩目标；（3）业绩工作报告；（4）以及其他一切可以归类为公共信息的文件。此类信息的公开只能用于告知公众相关的政府政策、办公程序和业绩，而不能用于构建任何公职人员的公众形象，以谋取自身的个人利益。

第 3 条　每一部门、办事处或机构应满足公众的任何政务请求，提供相关的官方信息、记录或文件，但以下信息不能提供给公众：

（1）涉及国防利益、国家安全或外交行为的此类文件必须保密，不得对外公开。

（2）涉及威胁到公民个体生命或安全的文件必须保密，不得对外公开。

（3）法律或政策规定的既有特权或公认的例外情况相关的信息、记录或文件是必须保密，不得对外公开。

（4）包含政府草案、决定、命令、裁决、政策、决议、备忘录等内容的信息、激励和文件必须保密，不得对外公开。

（5）一切可能透露个人信息，造成对个人隐私的侵犯的相关信息必须保密，不得对外公开。

（6）涉及执法目的或信息的一些调查记录不得对外公开，因为公开这些记录或信息会：（a）干扰执法程序；（b）剥夺个人获得公正审判的权利或者影响公正的审判的结果；（c）披露机密信息，或者披露由刑事执法机关在刑事调查过程中记录的信息，或者披露由某个机构进行合法的国家安全情报调查时获得的有秘密来源的机密信息；（d）非法披露调查技术和调查程序。

（7）有些信息不宜过早向大众公开，因为：（a）有些部门、办事处或机构管制货币、证券、大宗商品、金融机构的运行，披露他们的有关政务信息，可能会导致货币、证券、大宗商品的金融投机行为，或明显危机到金融机构的稳定发展；（b）部门、办事处或机构披露相关信息可能明显地阻挠提议的政府行动的实施，除非上述（4）中第（a）条在任何情况下都不适用于任何部门、办事处或机构已经向公众披露的内容或提议行动的性质，或者法律规定下，部门、办事处或机构允许在政府拟议的官方行动之前自行采取的信息披露行为。

第 4 条 每个部门、办事处或机构的负责人应当建立信息系统和网络，这将影响相关政策准则、政策或计划信息的广泛传播。

细则 5

激励机制与奖励机制

第 1 条 应准予提供卓越公共服务的公职人员激励和奖励，即遵守上述第四章规定的公职人员行为准则和道德标准，包括：

（1）维护公共利益——公职人员应始终秉承公共利益高于个人利益。所有的政府资源及办公权力的使用和运用都应具有效率性、效益性、诚实性和经济性，尤其要避免公共资金和收入的浪费。

（2）专业性——公职人员在履行职责时要有卓越的能力、最高水平的专业知识、智慧及技能。以最大的热忱和奉献精神提供公共服务。努力杜绝对其自身非法资助的分配者和传播者角色的错误认知。

（3）公正性及真挚性——公职人员应时刻忠实群众。必须公正和真诚，不得歧视任何人，尤其是穷人和弱势群体。尊重他人权利，杜绝违反法律、品德、习俗、公共政策、公共秩序、公共安全和公共利益的行为。不得将办公资源非法分配或给予其无论是否具有血缘关系或姻亲关系的亲戚，除非是关于此类亲戚的任命是严格保密的或者作为内部成员，他们的术语是相连的。

（4）政治中立性——公职人员应为每一位公民提供服务，没有不公正的歧视，不论党派或政治偏好。

（5）服务公众——公职人员应尽力为公众提供及时、周到、足够的服务。除了法律另有规定或公共利益明确要求时，公职人员均应使用清楚易懂的语言将政策信息及办公程序告知于公众，确保在适当的时候政务信息、公众咨询和听证会的透明度，鼓励建言纳策，使政策、规则及程序简化及系统化，避免烦琐的程序，理解和重视全国社会经济发展状况，尤其是发展落后的农村及城市地区。

（6）民族主义及爱国主义——公职人员在任何时候都应忠诚于菲律宾共和国和菲律宾人民，推广本地制造商品、资源和技术的使用，并提倡对国家和人民的赞赏和自豪。努力维护和捍卫菲律宾国家主权不受外来者的入侵。

（7）拥护民主——致力于民主的生活方式和价值观，坚持对公众负责的原则，并通过自身行为体现民主权威超越军事地位的至高无上。

（8）俭朴生活——公职人员及其家人应过一种与其职位高低、收入多少相适应的俭朴生活。杜绝挥霍奢侈，反对各种形式的炫富行为。

第2条 在众多的评估因素中，奖项授予应考虑以下几点：

（1）服务年限。

（2）服务质量及稳定性。

（3）职位的低调性。

（4）薪资水平。

（5）某种成绩的独特性与典型性。

（6）工作固有的诱惑风险。

（7）任何类似情况或处于特殊奖项的考虑。

第3条 年度激励或奖励公职人员的形式可能有以下几种，这主要由授奖委员会在公职人员行为准则的规定内决定：

（1）奖金。

（2）奖状。

（3）国家所属或控制企业的管理者职位。

（4）地方或外地奖金资助。

（5）带薪休假之类的形式进行嘉奖。

（6）受奖者将自动提升为与其工资水平相适应的更高级别的职位。如果没有一个现存的更高等级的职位或者更高级别的职位没有空缺，此类职位应纳入下次拨款法案的职位预算中去；除非创造一个新的职位会导致部门、办事处或机构组织结构的歪曲。如果没有一个合适的更高职位可以立即准予，那么将工资增加到高级职位的规定应纳入到基本工资政策中去。

如若创造了一个新的职位，那么获得空缺的职位的资格应被视为取消。

第4条 激励与奖励体系应由一个给予优秀公职人员的授奖委员会管理，该委员会由以下几方面组成：

（1）联合监察员。

（2）联合委员会主席。

（3）联合主席团成员。

（4）两个由主席任命的公职人员作为成员。

出于此目的，该委员会应履行下列职责：

（1）在政府所有的部门及机构内，对全体公职人员进行定期的、持续性的业绩评估。

（2）建立一个年度激励与薪酬制度，以在第5条规则的第2条规定的基础上，识别和奖励具有杰出业绩的优秀员工。

（3）确定被授予奖项的形式。

（4）制定和采取自己的规则来规范委员会的行动，其中包括评估获奖候选人的指南，在公共仪式上表彰获奖者的机制，以及下级委员会的组建等。

关于获奖提名的评估工作，委员会可以从政府部门及私营部门选取的技术专家那里获得相关帮助。

第5条 公务员委员会应为评奖委员会提供辅助性的服务。

第6条 除非与本规则的要求不一致之外，假设没有任何规定可以限制部门及机构形成自己奖励计划。

第7条 所有关于实施本规则而形成的费用均应纳入公务员委员会的拨款计划中去。

细则6

公职人员的职责

第1条 一般情况下，当公众有请求或请愿时，无论是书面形式还是口头形式，当职的公职人员都应没有任何歧视地在收到请求或请愿书起的15天内给出处理行动。

第2条 在政府部门或机构，总是挤满了前来办事的人，因此，部门或机构负责人有责任设计出一个避免排长队浪费时间的有效服务机制，比如通过给每人一张印有具体日期和时间的预约小票，明确其姓名和地址的方式，可以使人们及时获得自己需要的公共服务。获得预约小票的人可以在规定的时间内通过预约号码获得相关的服务。

第3条 对于通过信函、电报或诸如此类的手段递交的书面申请、请愿书或运动，公职人员同样应在收到之日起的15天内进行处理，但前提是：

1. 如果请求的内容是在部门或机构的管辖范围之内，则相关公职人员必须

（1）写确认便笺或确认函，确定此事是否只是例行公事或者有期望的行动，这些行动使基于本部门、办事处或机构日常事务之上的，确认便笺或确认函上应规定处理此事的具体日期，并且写明负责此事的指定公职人员。

（2）如果此事不属于日常例行事务或者所涉及的问题不简单或不一

般，则也需写确认便笺或确认函，通知相关利益者、呈请人或所采取行动的通讯员，或者采取相关请求、申述或动议使本行动得以执行。如果还需提交其他信息、要求或文件，确定便笺或确认函也应当如是，规定应当提交的具体日期，并且写明负责此事的指定公职人员。当所有的文件和要求都已按相关部门、办事处或机构的要求提交了，负责的公职人员就需告知相关利益关系者、申诉人，或者所采取行动的通讯员，并且这种行动或处理的结果是可以预见的，除非出现意外情况。

2. 如果请求的内容不属于部门或机构的管辖范围之内，则相关官员或雇员必须

（1）将申请信函、请愿书、电报或口头要求转托给相应的机构、部门或办事处。

（2）写与该请求相关的确认便笺或确认函，告知当事人、申诉人、所采取行动的通讯员，将确认函的副本抄送给相应的部门、办事处或机构。

收到申述信函、请愿书、电报或口头请求的部门、办事处或机构应根据第一点第1、2小点中的规定，及时采取行动。

相关部门、办事处或机构必须在收到书面或口头的申述之日算起的15个工作日内给出回复和采取相应的行动。

所有的官方文件必须自其形成之日起在合理的时间内进行处理和完成。所谓合理的实践应当按照以下原则确定：

3. 如果法律或据此颁布的适用规则规定了具体的期限，那么一旦要执行决定或采取行动，就应遵循相关的时间规定。

4. 如果法律或据此颁布的适用规则没有规定具体的期限，则相关部门、办事处或机构的负责人就应该基于以下因素，在其他事项内，制定合理的实践期限：

（1）上述部门、办事处或机构处理的官方文件涉及事项的性质和难易程度。

（2）该决定或行动的要求或必要数据和信息的完整性及残缺性。

（3）资源缺乏，主要是由超越部门、办事处或机构或相关公职人员的职能范围而造成的。

（4）法律约束，如限制令及相应司法、准司法或行政部门发出的

禁令。

（5）使决定或行动不可能或不成熟的相关当局的错误、故障或职能疏忽。

（6）偶然事件或不可抗力。

第4条 除另有法律或法规规定外，任何书面行动或决定应尽可能不包含超过3位以上的签署者。

（1）如果同一级别只有一个官衔，则此官员自动成为签署者；

（2）如果同一级别内有两个或两个以上的官衔，则相应的工作命令应规定同一组织部门中同一级别官员的先后次序。

（3）如果一个职位目前还没有相关官员，则部门、办事处或机构的负责人应当从本组织部门中的下一级别的职员中指定一名作为签署者。

第5条 除了第三章第4条的相关规定外，所有的公共文件必须在工作时间可供公众查阅。

第6条 政府部门或办公机构及国家所属或控制企业的全体领导人或负责人应当在年底后的45个工作日之内按照已有法律和规定提交本机构或本部门的业绩报告。

另一份关于遵守本准则和细则的规定的报告应编制并提交给公务员委员会。如果需要的话，公务员委员会可能会要求公职人员提供更多的信息或相关文件。

第7条 公职人员及其家人应过一种与其职位高低、收入多少相适应的简俭生活。杜绝挥霍奢侈，反对各种形式的炫富行为。

一般情况下，俭朴的生活意味着维持一种与公职人员的可见收入相适应的生活水平，可见收入是在正确披露其所得税申报表，资产、负债和净资产的申报声明，以及其他一些与金融关系和商业利益披露声明后公职人员收入。

细则7

公共信息披露

第1条 除政府荣誉职员、自愿服务人员、临时劳动人员、非正式员工及合同工人之外，每个公职人员都应按附件A中的规定格式提交自身及其配偶、18岁以下未婚子女的资产、负债、净资产及商业利益和金融关系的披露声明。

1. 声明的内容

（1）公职人员资产、负债和净资产的披露声明中应包含以下信息：

（a）不动产及其增长信息、收购成本、评估价值和当前的公平市值。

（b）个人财产和购置成本。

（c）其他所有资产，比如投资、手里或银行的现金、股票、债券等。

（d）所有金融负债及其长久的变化趋势。

（2）公职人员商业利益和金融联系的披露应包含任何现有利益的信息，或者任何现存的金融联系，拥有的任何企业或实体，不管是作为业主、投资者、发起人、合作伙伴、股东、官员、董事总经理、主管、债权人、律师、法律顾问、会计、审计等之类的，公开企业或实体的名称及所在地，此类金融利益或联系建立的时间，以及其他一些可以表明其商业利益和金融联系的性质的信息。

本准则规定以上文件必须在以下时间节点内提交：

（1）任职后的30天内。

（2）此后每年的4月30日之前。

（3）离任后的30天之内。

披露资产、负债和净资产声明及商业利益和金融联系的声明应提交到：

（1）宪法办公室和监察员国家办公室的主席和副主席。

（2）参议院和众议院各自的议员们；最高法院的书记员；法院管理者即法官，以及国家行政官员，比如内阁成员；秘书和秘书助理，包括外交服务、国家拥有或控制的企业及其分支机构的领导人、国立大学及总统办公室行政官员。

（3）无论是任命的还是选举的所属地区性副级监察员的各区域及地方政府官员和雇员；地区和地方政府官员和雇员，包括政府所属或控制的企业及其分支机构、大学及其他公职人员。

（4）总统办公室内拥有上校军衔的武装部队军官及海军上尉及其各自领域的副级监察员。

（5）以及公务员委员会修订的共和国3019法案中规定的其他所有政府职员和雇员。

上述声明的复印版本也应提交到各自的部门或机构。

截至 1988 年 12 月 31 日，所有申报到公职人员部门或机构的资产、负债和净资产说明都应与本准则的要求相一致，并且公职人员必须按时完成财产申报工作，并在 1990 年 4 月 30 日之前提交本细则规定的新版本，以后的每年都应在 4 月 30 日之前完成申报。

所有公职人员应在上任之后的 30 天之内履行支持检查员工作的必要职能，以确保其获得所有应包含的政府机构的文件信息，包括国内税收署，因为此类文件信息可能显示了其早年的资产、负债、净资产及商业利益和金融联系，如果可能的话，还包括他们首次进入政府机构工作时的相关信息。

如果丈夫和妻子均为政府职员或雇员，他们可以联合或单独地提交相关文件、发表相关声明。

第 2 条　每个公职人员应据其知识和信息，按附件 A 中的规定，说明和公开其处于政府体制内的亲属关系，直至第四顺序的民事关系的亲属，无论有血缘或有关联的都包括在内，包括 bilas、inso and balae，提交信息的相关要求：（a）任职之后的 30 天内提交，其中包含的信息必须被认为是包括其任职的第一天；（b）以后每年的 4 月 30 日之前提交，其中包含的信息必须被认为是其任职的年度的年底；（c）离职后的 30 天内提交，其中包含的信息必须被认为是包括其在职的最后一天。

第 3 条　（1）所有按前述要求提交的声明都应在合理的时间内对公众开放。

（2）此类声明在合理的时间内对公众开放。

（3）任何获得正式授权的人想要取得此类声明的复印版本时，都应根据公务员委员会的决定和规定支付合理的费用，用作复印费用和邮寄费用以及认证成本。

（4）任何按本准则提交的申报声明都应在遵守上述限制的条件下，在收到声明之后的 10 天内向公众开放。在这 10 天之后，除非声明还需保留以供调查研究，否则此类声明可能会被销毁。

细则 8

审查程序与遵守程序

第 1 条　以下部门有权建立一个评审的符合程序，以确定以上声明是否正确完成：

（1）国会，两院特设委员会应遵从于获得大多数投票的特定院会的提议。

（2）行政部门，政府机构、部门的负责人在各自的机构和部门内要求公职人员遵从于律政司司长的认可。

（3）司法部门，最高法院的首席法官。

（4）宪法委员会、宪法办公司及其各自的主席和成员；监察员办公司及监察员。

上述官员同样有权对提交资产、债券、净资产声明和信息披露的审查和实施提出意见和建议。

上述官员有权决定公职人员所提交的相关信息是否正确，如若有人未按时提交财产申明，则该委员会应通知相关个人，要求其立即采取必要的纠正措施。收到意见通知书的个人，以及其他任何包括在类似情况下的个人，以及在意见书发行后反应行为依法的个人，均不受本法提出的任何处分。

细则 9

利益冲突和财产剥夺

第 1 条　（1）公职人员在任何时刻都应避免对公众义务与其本身利益相冲突。

（2）以下情况容易导致利益冲突的发生：

当公职人员是：

(a) 大股东。

(b) 董事会成员。

(c) 企业官员。

(d) 业主或在企业中拥有实质性的利益关系。

(e) 合作伙伴。

（3）公职人员在企业中的利益关系或其权力和职责受到其忠实履行公务职责的反对或影响：

(a) 本准则所称主要利益相关者（大股东），指直接或间接地拥有足够的股份以选举企业董事的任何人。这一概念也适用于政党之间的投票信托。

(b) 投票信托是指在一名公司股东或多名公司股东之间达成的书面

协议，目的是向获得授权作为受托人行事的任何一人或多人、一个或多个实体处分原始发行的公司股本，同时遵从于公司法的其他规定。

第 2 条 （1）当发生利益冲突时，公职人员应在从政就职之日起的 30 天内从私营企业辞职，以及/或者在就任之日起的 60 天内放弃其在私营企业的持股或相关利益。对于那些已经在岗位提供服务，又发生了利益冲突时，相关公职人员必须在上述规定的、利益冲突发生的那天起就辞去其在私营企业的职务，以及/或者出售其在企业内的股份。同样的规定也适用于公职人员作为合作伙伴时发生利益冲突的情况。

（2）如果发生了第 1 条中的第二点（b）的情况，即使公职人员已经辞去了他在企业内部的职务，也应收到强制性的财产剥离处分。

（3）剥离的财产将支持除其配偶和第四顺序内的亲戚以外的其他人。

（4）剥离的要求不适用于法律特别授权的情况，也不适用于政府的荣誉职员、劳工、非正式雇员和临时工。

细则 10

行政处分的理由

第 1 条 除了现行法律规定的行政处分的理由，任何公职人员的行为或疏忽，无论他是临时雇员、非正式职工、留职人员、长期或常规性雇员，一旦违反本准则，都构成了行政处分的理由，同时如若具有以下行为，由此不影响其获取刑事和民事处罚，比如：

（1）直接或间接地获取需要其所在部门批准的财务或物质利益，这种财务或物质利益本认为是一种依靠其他人的利益得失而获得的财产或金钱利益。

（2）除非法律明确规定外，公职人员在其部门管辖范围下、监管范围内、许可范围内的私营企业担任所属人、控制者或者接受管理任务，成为管理者、雇员、咨询顾问、法律顾问、经纪人、代理人、受托人或名义代表。

（3）除非宪法或法律规定，公职人员从事自己的私人职业，即使这种做法不会产生冲突或不会影响其官方职能的发挥。

（4）公职人员推荐任何人参与到与其职能部门有定期或未来将要有往来的私人企业从事任意职务。除非这些任职推荐是法律或国际条款、委托和规定允许的，或者本身就是属于其履行职务工作的一部分。

除了以上谈到的第（3）点之外，如果公职人员使用之前办公的专业知识而谋取个人利益时，如果公职人员在辞职、退休、离开岗位之后的一年时间内违反以上规定，则再次构成了行政处分的理由。

（5）公职人员滥用或泄露因其职务需要而正式告知的但并未对公众开放的保密或机密信息，已达到以下两者中的任一目的：增进其自身利益，或者为某些人提供非法的便利；或者损害公共利益。

（6）公职人员在任职期间或与受其部门职能管辖或存在任何往来的业务中，直接或间接地受赠或接受任何礼物、酬金、恩惠、款待、借贷或任何人的任何有价值的礼物。以上赠予的适当或不适当性主要是由其价值、赠予者与接受者之间的亲属关系或赠予动机决定的。具有价值的礼物显然是超过了礼物自身本来的价值。

本法所称礼物，指无偿获得的任何事情或权利或任何慷慨的赠予以获得收受礼物的人的支持，同时还包括某种假意销售或假装负有法律义务的处置行为。

本法所称贷款，包括普通贷款和无偿借贷，以及旨在确保其批准的抵押物和融资安排或机构设施。本法所称无偿借贷，是指一项无偿合同，即由一方向另一方无偿提供的一项无消耗的礼物，因此后者可以与前者同时使用它，然后再归还。

以下行为不包括在禁止的范围之内：

（1）对方主动赠予且价值微不足道并不以获得公职人员的某种支持或者达成某种交易为目的，或者在政务完成之后，或者已经获得相关的服务之后获得的礼物。至于什么算是名义上的礼物则取决于具体情况下公职人员的薪资水平、礼物赠送行为发生的频率、收益的期望以及其他类似的因素。

（2）在家庭聚会场所，从本规则指定的家庭成员或亲戚处获得的礼物，这些礼物的赠予没有获得任何经济收益或利益的预期期望。

（3）从不在收受礼物的公职人员所在政府机构或部门占有定期或未来要有往来的人员处获得的礼物，这些礼物的赠予没有获得任何经济收益或利益的预期期望。

（4）私人组织或国外城邦出于人道主义和利他主义为目的和任务的礼物赠予。

（5）政府和政府实体之间的礼物赠予。

至于从外国政府获得的礼物或赠予，国会认同/豁免：

（a）公职人员接受和保留的具有票面价值的礼物是出于纪念品或礼貌的标志。

（b）公职人员收受和保留的礼物是具有奖金赠予或医疗之类的性质。

（c）公职人员可以接受菲律宾境外出差产生的超额差旅补助或旅游费用（如津贴、交通、食宿），只要此类公职人员收受的礼金是合适的或与菲律宾国家的利益相一致，并得到了职员所属部门、机构领导的认可。

本准则之任何规定不得被解释为限制或者禁止任何符合国家安全需求的教育、科学和文化交流项目。

（6）公职人员获得和使用本准则中规定的声明文档以实现以下目的：违反道德和公共政策的任何目的；非新闻或传媒向公众传播信息的任何商业目的。

（7）公职人员有党派或政治偏好，而且有不公平的歧视态度，不能正确地为每一位公民提供服务。

（8）公职人员不忠诚于菲律宾共和国和菲律宾人民。

（9）公职人员未在收到来信之日起的15天之内给予公众回复函电或立即采取相关回复方式的行为。

（10）公职人员未在从准备阶段算起的合理的时间内处理相关的官方文件，这一要求在本准则中另有规定除外。

（11）公职人员未能迅速回应公众对其机构服务的需求，或未能采取及时、快速的行动。

（12）公职人员未提交披露个人资产、债券、净资产、财务利益和金融关系的声明报告。

（13）当发生利益冲突时，公职人员未再从政就职之日起的30天内从私营企业辞职，或未在就任之日起的60天内放弃其在私营企业的持股或相关利益。当利益冲突已经出现时，公职人员必须从自己的岗位上请辞或者在任职期间将上述利益关系转移。

细则 11

惩处

第1条 任何公职人员，无论他是否非正式的、临时的、留期的、长期的或普通的官员或职员,一旦违反本法,均应受到相关的处罚。处罚主要取决于违法程度的严重性,且是在机构内相关成员的听证会之后给予的,包括不超过相当于 6 个月工资的罚款,或者处以不超过 1 年的停职处罚,甚至离职处分。如果根据另一法律应给予违法者重罚,则应根据后者规定而被起诉。违反本法第 7、8 或 9 章,当判处 5 年以下监禁或处以 5000 比索以下(P5000.00)的罚款,抑或两者兼罚,而且在法院管辖的自由裁量权内,也可以取消违法人的公职身份。

任何违反法定行政诉讼且理由充分的行为,均应受到取消或开除公职身份的处罚,即使没有刑事起诉是针对违法者的。

任何个人如若作为主要参与者、同伙或辅助者参与公职人员违法行为,均应受到同公职人员一样的处罚,作为共同的犯罪人。

相关官员或雇员有权针对利用相关通知以达到本法第 8 章所规定的目的的行为提起诉讼。法院可以处罚此种行为者 25000(P25000.00)比索的罚款。如果遵照另一法律,此种行为被定义为严重违规,则处罚方式应采取后者。

第 2 条 对违反这些规则而导致的行政诉讼行为应服从于公务员法律和规则。

细则 12

免费的自愿服务

第一条 (1)本法所称免费的自愿服务,是指政府内部人员免费(没有报酬和补偿)的某些服务。

(2)免费的自愿服务的要求如下:

(a)有相应文件的签发。

(b)与特定职位的职责相适应。

(c)遵守裙带规则。

(3)志愿提供服务者可以发挥以下职能或提供以下服务:

(a)劝告。

(b)咨询。

(c)推荐。

(d)专业服务。

(e)团体工作,比如规划和研究。

(f) 人道主义帮助。

(4) 为政府提供免费的资源服务的职员应遵守以下标准：

(a) 法律奖励和激励。

(b) 行为准则和道德标准。

(c) 公职人员的职责和义务。

(d) 本规则规定的禁例和仲裁。

(e) 民事和刑事责任。

(5) 然而，提供免费自愿服务的职员同样需要履行负债、净值产和财产披露的义务，服从财产剥离的要求和相应的资格要求，但不得享受任期内的任何保障权益。

除非对他们职责另有规定，否则提供免费服务的自愿者禁止履行以下职责：

(1) 不得行使对公职人员的监督职能。

(2) 不得行使涉及国家安全的职能。

(3) 除非获得相关当局的授权，否则不得有机会获得机密或保密信息。

(4) 不得占据重要职位。

(5) 不得将此类服务视为政府服务，不得获取退休福利。

(6) 不得利用机构设施和资源牟取党派政治目的。

(7) 不得收受任何金钱利益，如酬金、津贴及其他特殊待遇。

细则 13

修正

第1条 公务员委员会可能会根据需要对这些规则作必要的修正或修改。

细则 14

有效性

第1条 本法自在其官方公报公布或在两家全国发行报纸上刊登后的30天后生效。

日本国家公务员伦理法

提要：日本《国家公务员伦理法》是在 1999 年 8 月 13 日颁布实施的。该法律主要包括以下内容：（1）制定了三个基本道德原则。（2）通过建立伦理审查委员会和任命"伦理检察官"搭建了公共行政部门道德管理的组织框架。（3）建立了（高层官员）上报收受礼品的程序以及上报持有股票和收入的程序。（4）提出了公共企业道德管理的具体措施，并设立了将道德管理引入地方政府的基本目标。该法共分为 6 章和一个附则：总则（第 1—4 条）、国家公务员伦理规章（第 5 条）、礼物等的报告以及公开（第 6—9 条）、国家公务员伦理审查会（第 10—38 条）、伦理检察官（第 39 条）、其他细则（第 40—46 条）以及附则（第 47 条）。

日本《国家公务员伦理法》中规定三条基本道德原则分别是：（1）职员是全体国民的公仆，必须牢记自己并不只是一部分国民的公仆，不可以利用职务上获得的信息，只有利于部分国民，而对整个国民产生不妥当、差别的对待，必须时刻公正执行职务。（2）职员要时刻清楚公私有别，不可以侥幸地利用职务和地位为自己或者自己所属的组织牟取私利。（3）职员依法行使权限的时候，不可以接受该权限行使对象所施以的礼物等将招致国民的疑惑和不信任感的行为。该法对收受礼物、股票交易的报告的规定比较详细，但是并没有涉及一些其他国家道德行为准则的常见内容，如处理利益冲突、信息披露、保守秘密、离职后再就业，等等。

第一章　总则

第 1 条　目的

鉴于国家公务员是全体国民的公仆,其职务是国民所托付的,因此,本法律的目的,是有助于维护与国家公务员职务相关的伦理道德,通过采取必要的措施,防止国家公务员在执行公务时,因不正当的行为招致国民对职务执行的公正性产生疑惑或者不信任感,确保国民对国家公务员的信赖。

第 2 条　定义等

2.1　在本法(不包括第 21 条第 2 款以及第 42 条第 1 款)中,所谓"职员"。是指《国家公务员法》(1947 年法律第 120 号)第 2 条第 2 款所规定的属于普通职务的国家公务员(不包括担任委员、顾问或者参事的人员,或者担任人事院指定职务的非常勤的人员)。

2.2　在本法中,所谓"本省(省为'部'的意思,是日本国家机关的称谓,相当于中国的部委,译者注)副课长级别以上的职员"是指以下职员:

2.2.1　是指符合有关 W 通职员工资法律(1950 年法律第 95 号,以下称为《普通职员工资法》)的职员,具体的规定如下(关于 7 至 10 所列举的职员只限于按照《普通职员工资法》第 10 条之 2 的第 2 款的规定领取俸禄特别调整金额的人员)。

(1)《普通职员工资法》第一附表(1)不是行政职务俸禄表(一)职务级别 7 级以上的职员。

(2)《普通职员工资法》第二附表专业行政职务俸禄表职务级别 4 级以上的职员。

(3)《普通职员工资法》第三附表税务职务俸禄表职务级别 7 级以上的职员。

(4)《普通职员工资法》第四附表(1)公安职务俸禄表(一)职务级别 7 级以上的职员。

(5)《普通职员工资法》第四附表(2)公安职务俸禄表(二)职务级别 7 级以上的职员。

（6）《普通职员工资法》第五附表（1）海事职务俸禄表（一）职务级别5级以上的职员。

（7）《普通职员工资法》第六附表（1）级以上的职员。

（8）《普通职员工资法》第六附表（2）教育职务俸禄表（二）职务级别3级以上的职员。

（9）《普通职员工资法》第六附表（3）教育职务俸禄表（三）职务级别3级以上的职员。

（10）《普通职员工资法》第六附表（4）教育职务俸禄表（四）职务级别3级以上的职员。

（11）《普通职员工资法》第七附表研究职务俸禄表职务级别4级以上的职员。

（12）《普通职员工资法》第八附表（1）医疗职务俸禄表（一）职务级别3级以上的职员。

（13）《普通职员工资法》第八附表（2）医疗职务俸禄表（二）职务级别6级以上的职员。

（14）《普通职员工资法》第八附表（3）医疗职务俸禄表（三）职务级别6级以上的职员。

（15）《普通职员工资法》第九附表福利职务俸禄表职务级别5级以上的职员。

（16）符合《普通职员工资法》第十附表指定职务俸禄表的职员。

2.2.2　符合《关于普通职务任期研究员的聘用、工资以及工作时间特例法》（1997年法律第65号，以下称为《任期研究员法》）第6条第1款俸禄表规定的职员。

2.2.3　《关于在国营企业工作职员工资等的特例法》（1954年法律第141号）所适用的职员，其职务和责任与第1款所规定职员相当的，应按照主管大臣（是指同法律第4条所规定的主管大臣）的规定执行。

2.2.4　符合《关于检察官俸禄的法》（1947年法律第76号，以下称为《检察官俸禄法》）规定的职员，具体包括如下几项：

（1）检察总长、次检察总长以及检察长。

（2）每月工资额超过《检察官俸禄法》附表检察官栏中第17项月俸禄金额的检察官。

（3）每月工资额超过俸禄金额的副检察官。

2.3　在本法中，所谓"指定职务以上的职员"是指以下职员：

（1）适用于《普通职务工资法》第十附表指定职务俸禄表的职员；

（2）适用于《任期研究员法》第6条第1款所规定俸禄表的职员，该类职员的工资应该超过同表第4项所规定的月俸禄金额；

（3）适用于《检察官俸禄法》的职员，并且符合担任以下职务的人员：

（a）检察总长、次检察总长以及检察长。

（b）每月工资超过《检察官俸禄法》附表检察官栏中第8项月俸禄金额的检察官。

（c）每月工资为《检察官俸禄法》第9条规定的月俸禄金额、或者《检察官俸禄法》附表副检察官栏中第1项月俸禄金额的副检察官。

2.4　在本法中，所谓"本省审议官级别以上的职员"是指以下所指的职员：

2.4.1　适用于《普通职务工资法》第十附表指定职务俸禄表的职员，并且工资超过同表第4项月俸禄金额的职员。

2.4.2　适用于《检察官俸禄法》的职员，并且符合担任以下职务的人员：

（1）检察总长、次检察总长以及检察长。

（2）每月工资超过《检察官俸禄法》附表检察官栏中第5项月俸禄金额的检察官。

2.5　在本法中，所谓"事业者等"是指法人（包括虽不是法人，但规定中具有代表人或者管理人的社团和财团）及其他团体以及从事某项事业的个人（只限于为了该事业的利益而实施某项行为的人员）。

2.6　关于本法的适用，是指为了事业者等的利益具体实施了行为的董事、职工、代理人及其他人员，他们将被视为前项的事业者等。

《检察官俸禄法》附表副检察官栏中第11项月俸第3条有关职员应遵守职务的伦理原则。

第3条　有关职员应遵守职务的伦理原则

3.1　职员是全体国民的公仆，必须牢记自己并不只是一部分国民的公仆，不可以利用职务上获得的信息，只有利于部分国民，而对整个国民产生不妥当、差别的对待，必须时刻公正执行职务；

3.2 职员要时刻清楚公私有别，不可以侥幸地利用职务和地位为自己或者自己所属的组织牟取私利。

3.3 职员依法行使权限的时候，不可以接受该权限行使对象所施以的礼物等将招致国民的疑惑和不信任感的行为。

第4条 国会报告

内阁每年必须向国会提出职员职务伦理保持状况以及对于职员职务伦理保持所采取措施的报告书。

第二章 国家公务员伦理规章

第5条

5.1 内阁应该根据第3条的伦理原则，制定关于职务伦理相关事项的政令（以下称为《国家公务员伦理规章》），以维护职员的职务伦理。在《国家公务员伦理规章》中，必须包括禁止职员接受与职务有利害关系的人员所施以的礼物和限制职员同与其职务有利害关系的人员进行接触，以及应该防止的诸如此类的招致国民疑惑和不信任感的行为等职员必须遵守的事项。

5.2 内阁在制定、修改或者废除《国家公务员伦理规章》的时候，必须听取国家公务员伦理审查会的意见。

5.3 各省各厅的长官（是指内阁总理大臣、各省的大臣、会计监察院院长、人事院总裁、内阁法制局长官以及警察总长、各驻外局的长官。以下同）在得到国家公务员伦理审查会的同意后，可以就自己管辖的各省各厅所属的职员与职务有关的伦理制定训令。

5.4 内阁在对《国家公务员伦理规章》以及前条的训令进行制定、修改或者废除时，必须向国会报告。

第三章 礼物等的报告以及公开

第6条 礼物等的报告

6.1 本省副科级以上的职员接受了事业者等所提供的现金、物品及其他财产上的利益，或者接受所提供的接待（以下统称为礼物等。）时，或者根据事业者和职员的职务上关系，以支付职员工作服务报酬的方式，接受《国家公务员伦理规章》中所规定的报酬时（接受该礼物等时或者接受该报酬的支付时，只限于本省副科级以上的职员，另外，只限于接受该礼物等的利益或者接受该支付报酬的金额每件超过5000日元的情况），要按照1—3月、4—6月、7—9月以及10—12月的划分期间（以下称为"季度"），必须做出每季度的记载以下事项的礼物等报告书，并在下一个季度第1个月的1—14日内，将报告书提交给各省各厅的长官或者长官所委任的人员。

（1）接受礼物等的利益或者接受支付的报酬的价值金额。

（2）接受礼物等的利益或者接受支付报酬的年、月、日以及成为礼物和报酬原因的事实。

（3）进行礼物等的事业者等或者支付该报酬的事业者等的名称以及住址。

（4）前3款之外的其他在《国家公务员伦理规章》中所规定的事项。

6.2 各省各厅的长官或者长官所委任的人员在接受按照以上规定所提交的报告时，必须将该礼物等报告书（只限于指定职务以上的职员，并且第9条第2款但书所规定的事项相关的部分除外）的复印件提交给国家公务员伦理审查会。

第7条 股票交易等的报告

7.1 关于本省审议官级别以上的职员在前一年中取得了股票等［是指股票（包括发行股）、具有新股购买权的证券或者证书、可转让公司债券或者付有新股购买权的公司债券，以下所说的股票等都基于此种解释］或者进行了股票等的转让（只限于本省审议官以上职务职员之间的转让等。以下称为"股票交易等"），必须将记载有关该股票交易等的股票种类、名称、数量、等价的金额以及记载该股票交易等的年、月、日的股票交易等报告书，在每年的3月1—31日的期间内，呈交给各省各厅的长官或者长官委托的人员。

7.2 各省各厅的长官或者长官委托的人员按照前条的规定接受股票交易等报告书的时候，必须将该股票交易等报告书的复印件提交给国家公务员伦理审查会。

第 8 条　所得等的报告

8.1　本省审议官级别以上的职员（只限于前一年整年担任本省审议官级别以上职务的职员）必须在每年 3 月 1 日至同月 31 日的期间内，将记载以下所示的金额以及纳税金额的所得等报告书，呈交给各省各厅的长官或者长官委托的人员。

对于前一年的所得，缴纳了所得税时，与该所得有关的以下金额（当该所得超过了 100 万日元的时候，要说明其金额以及成为其所得时原因的事实）。

（1）与总的所得金额［是指《所得税法》（1965 年法律第 33 号）第 22 条第 2 款所规定的总所得金额］以及山林所得金额（是指上述法律同条第 3 款所规定的山林所得金额）有关的各种所得金额（是指上述法律第 2 条第 1 款第 22 项所规定的各种所得金额。以下同）

（2）各种所得金额［退职所得的金额（是指《所得税法》第 30 条第 2 款规定的总所得金额）以及山林所得金额（是指上述法律第 32 条第 3 款所规定的山林所得的金额）除外］中，根据《租税特别措施法》（1957 年法律第 26 号）的规定，不论所得税法第 22 条的规定如何，与其他所得区别计算的所得金额。

对于前一年中因礼物所获得的财产，当缴纳了同年的礼物税时，有关该财产礼物税的纳税金额［是指《继承税法》（1950 年法律第 73 号）第 21 条之 2 所规定的礼物税的纳税金额］。

8.2　在呈交前条所得等报告书的时候，可以用纳税申报书［是指《国税通则法》（1962 年法律第 66 号）第 2 条第 6 款所规定的纳税申报书。以下同］的复印件代替。这时，当同款第 1 项的（1）和（2）所示的金额超过 100 万日元的时候，必须将成为该所得原因的事实附在该纳税申报书复印件的后面。

8.3　各省各厅的长官或者长官所委托的人员在接到第 1 款所得等报告书或者前一项纳税申报书复印件（以下统称为"所得等报告书"）的时候，必须将该所得等报告书的复印件交付给国家公务员伦理审查会。

第 9 条　报告书等的保存以及阅览

9.1　对于前 3 条的规定所提出的礼物等报告书、股票交易等报告书以及所得等报告书，自提交给受理这些报告书的各省各厅的长官或者长官委任的人员后，必须在自应该提交这些报告书期间最后一日的第 2 天起保存 5 年的时间。

9.2 任何人都可以向各省各厅的长官或者长官委任的人员提出申请阅览，根据前条规定所保存的礼物等报告书（只限于在礼物中接受的利益或者接受报酬的价值每件超过 2 万日元的情况）。但是，作为以下任何一项有关事先须得到国家公务员伦理审查会认定的事项不在此规定之内。

（1）由于公事的关系，有可能危害国家安全的、有可能损坏同其他国家或者国际机构的信赖关系的，或者在与其他国家或国际机构进行交涉时有可能导致不利立场的报告书。

（2）由于公事的关系，有可能给预防犯罪、镇压和搜查罪犯、维护公诉、执行刑事及其他维护公共安全和秩序带来不便的报告书。

第四章　国家公务员伦理审查会

第 10 条　机构设置

国家公务员伦理审查会（以下称为"审查会"）设置在人事院。

第 11 条　所掌管事务以及权限

审查会所掌管的事务以及权限除了第 5 条第 3 款和第 9 条第 2 款但书、第 39 条第 2 款、第 40 条第 3 款和第 5 款以及第 42 条第 3 款所规定的事项之外，还有以下的内容：

（1）在制定和修改《国家公务员伦理规章》的时候，需要草拟草案，征求内阁的意见。

（2）当违反本法或者基于本法所制定的命令（包括根据第 5 条第 3 款规定的训令。以下同）的事件发生时，要根据事件的情节，就惩罚处分基准的制定以及变更进行处理。

（3）对于有关维护职员职务伦理准则等事项，进行调查研究以及策划。

（4）为了维护职员职务伦理准则规划和内容等的调整进行工作。

（5）在各省各厅内部制定和完善遵守《国家公务员伦理规章》的制度的时候，对各省各厅的长官就制度建设进行指导并提出建议。

（6）对礼物等报告书、股票交易等报告书以及所得等报告书进行审查。

（7）对于违反本法或者违反基于本法所制定的命令的行为，要求任命权者（是指《国家公务员法》第55条第1款所规定的任命权者和法律另行规定的任命权者，以及他们所委托的人员）对违反者进行调查，就违反行为等进行报告以及阐述处理意见，批准同意所做的惩戒处分，并且对发表惩戒处分的文告概要提出建议。

（8）根据《国家公务员法》第17条之2的规定，利用所委任的权限进行调查。

（9）要求任命权者在监督上对职员维护职务伦理方面采取必要措施。

（10）根据《国家公务员法》第17条之2的规定，以及受委托的权限，对职员实施惩戒手续，以及公布惩戒处分的文告概要。

（11）除了前几款之外，根据法律或者基于法律的命令所规定的其他属于审查会的事务以及权限。

第12条 职权的行使

审查会的会长以及委员独立地行使职权。

第13条 组织

13.1 审查会由会长以及委员4人组成。

13.2 会长和委员可以是非常务的。

13.3 会长统筹主理会务，对外代表审查会。

13.4 会长应事先指定代理会长职务的委员，以防会长出现意外事故时，由代理会长临时主持审查会的事务。

第14条 会长以及委员的任命

14.1 会长以及以下第2款所规定的委员以外的其他委员，应该从人格高尚的且可以就有关维护职员职务伦理等进行公正的判断，具有法律或者社会学科方面的学术经验的，并且具有职员经历且在职期间不超过20年的人员中选任，经过两院的批准，由内阁任命。

14.2 其中1名委员应该从人事院选任，由内阁任命。

14.3 会长或者第2款所规定委员以外的其他委员任期届满、或者产生空缺时，如国会闭会或者众议院解散不能获得两议院同意时，内阁可以不拘泥于第1款的规定，从符合同款所规定资格的人员中，任命会长或者第2款所规定委员以外的其他委员。

14.4 当出现第 3 款的情况时，则应该在任命后最初举行的国会上，两议院必须对上述任命进行事后追认。这时，若任命未获得两议院的事后追认，内阁必须立即罢免会长或者第 2 款所规定委员以外的其他委员。

第 15 条　会长以及委员的任期

15.1　会长和委员的任期为 4 年。

15.2　前条第 2 款的委员作为人事官的剩余任期不满 4 年时，该人事官按照前条第 2 款的规定，被委任为委员的话，其委员的任期不论前项的规定如何，都规定为其作为人事官的剩余任期时间。

15.3　补缺选举的会长以及委员的任期为前任的剩余任期。

15.4　会长以及委员可以继任。

15.5　会长以及委员的任期届满时，该会长以及委员在继任者被任命之前，将继续担任其职务。

第 16 条　身份保障

会长或者委员（第 14 条第 2 款所规定的委员除外。以下的本条、下一条、第 18 条第 2 款以及第 3 款、第 19 条中所指的委员都是指这种第 14 条第 2 款所规定之外的委员）除了发生以下各项中任何一项之外，不得在任期中罢免其委员职务。

（1）接受破产的宣告时。

（2）当受到监禁以上的刑事判决时。

（3）当认为由于身心的原因，不能在审查会上执行职务时，或者认为其违反了职务上的义务，或者具有与会长或全员身份不相适宜的行为时。

第 17 条　罢免

当会长或者委员触及前条任何一项时，内阁必须罢免其会长或者委员的职务。

第 18 条　服务

18.1　会长以及委员不得泄露职务上所掌握的秘密，即使其退职以后也必须遵守这个规定。

18.2　会长以及委员在任期中，不得担任政党及其他政治团体的领导职务，不得积极参与政治运动。

18.3　常务的会长以及委员在任期中，不得经营盈利事业及其他的以金钱上的利益为目的的业务,除内阁同意外,不得担任为谋取报酬的其他职务。

第 19 条　俸禄

会长以及委员的俸禄由其他法律规定。

第 20 条　会议

20.1　审查会由会长召集主持。

20.2　审查会若没有会长以及 2 人以上的委员参加的话,则不能召开会议做出决议。

20.3　审查会的议事,由出席会议的过半数的票数进行决定,当票数相同时,由会长决定。

20.4　当会长因事不能到会,涉及本条第 2 款的规定时,则会长由第 13 条第 4 款所规定的委员担任。

第 21 条　事务局

21.1　为了处理审查会的事务,在审查会中设置事务局。

21.2　事务局设事务局局长以及必要的工作人员。

21.3　事务局局长由会长任命,主要处理日常事务局的事务。

21.4　从事事务局事务的人员不得泄露职务上所了解到的秘密。即使其退职后也必须遵守这个规定。

第 22 条　与调查线索相关的任命权者的报告

当任命权者觉察到职员有违反法律或者违反基于法律的命令的嫌疑时,必须将所觉察到的事情报告给审查会。

第 23 条　任命权者所进行的调查

23.1　当任命权者觉察到职员有违反法律或者违反基于法律的命令的嫌疑,并针对该行为进行调查时,必须将情况通知审查会。

23.2　审查会可以要求任命权者对前条的调查经过进行报告,或者对此表明意见。

23.3　任命权者结束第 1 款的调查时,必须及时向审查会报告调查的结果。

第 24 条　对于任命权者调查的要求等

24.1　审查会觉察到职员有违反法律或者违反基于法律的命令的嫌疑时,可以要求任命权者对该行为进行调查。

24.2　前一条的第 2 款以及第 3 款的规定适用于前条的调查。

第 25 条　共同调查

审查会按照第 23 条第 2 款（包括适用于前一条第 1 款的情况）的规定接受了报告的情况下，如果认为有必要的话，可以同该任命权者共同对违反法律或者违反基于法律的命令的行为进行调查。这时，审查会必须将进行共同调查的决定通知任命权者。

第 26 条　任命权者所实施的惩戒

任命权者以职员违反法律或者违反基于法律的命令的行为为理由需要进行惩戒处分时，必须事先得到审查会的认可。

第 27 条　任命权者所实施惩戒处分的文告概要公布

27.1　任命权者以职员违反法律或者违反基于法律的命令的行为为理由对职员进行了惩戒处分后，为了维护与职员职务有关的伦理准则而认为特别有必要进行时，可以公布该惩戒处分的文告概要（包括部分公布第 7 条第 1 款股票交易等的报告书中与该惩戒处分有关的股票交易等情况。以下同）。

27.2　在任命权者进行前条的惩戒处分的时候，审查会认为有特别需要的话，可以向该任命权者就该惩戒处分的文告公布提出意见。

第 28 条　审查会所进行的调查

28.1　审查会根据第 22 条的报告或者其他方法觉察到职员有违反法律或者违反基于法律的命令的嫌疑时，为了维护与职员职务有关的伦理准则而认为特别有必要进行时，可以决定开始对有关该行为的问题进行调查。这时，审查会必须事先听取该被调查职员的任命权者的意见。

28.2　审查会在决定前条的决定时，必须将该决定通知同款所指的任命权者。

28.3　任命权者接受前条的通知时，必须协助审查会所进行的调查。

28.4　任命权者在接到第 2 款的通知后，在对第 1 款被调查职员进行惩戒处分或者有关退职的处分时，必须事先同审查会进行协商。但是，根据下一条第 1 条的规定接受惩戒处分的劝告时，或者根据第 31 条的规定接受了通知时，则不受此限制。

第 29 条　惩戒处分的劝告

29.1　审查会根据前条的调查结果，认为惩戒处分比较妥当时，可以提出处分意见，劝告任命权者应该采用惩戒处分。

29.2 任命权者必须就有关前条的劝告所采取的具体措施报告给审查会。

第30条 审查会所实施的惩戒

审查会经过第28条的调查，认为有必要时，可以对该被调查职员实施进行惩戒的手续。

第31条 调查终结以及惩戒处分的通知

审查会结束了第28条的调查时或者按照前一条的规定进行了惩戒处分时，需要将该决定及其内容通知任命权者。

第32条 审查会所实施惩戒处分的文告概要公布

审查会根据第30条的规定进行了惩戒处分后，为了维护与职员职务有关的伦理准则而认为有特别必要时，可以公布该惩戒处分的文告概要。

第33条 与刑事审判有关的特例

当对于违反法律或者违反基于法律的命令的行为实施惩戒手续时，可以适用《国家公务员法》第85条的规定，但是在适用时应该将该条中的"人事院"改为"国家公务员伦理审查会"。

第34条 保守秘密义务的特例

当审查会进行调查时，可以适用《国家公务员法》第100条第4款的规定，在这里适用时应该将该款中"人事院"改为"国家公务员伦理审查会"以及将"调查或者审理"改为"调查"。

第35条 请求有关行政机关协助

审查会为了办理其所掌管的事务，认为有特别必要时，可以请求有关行政机构的长官提供资料或者情报，以及其他必要的协助。

第36条 要求在人事院规则中制定相应的规定

审查会就其所掌管的事务，可以要求人事院准备草案，制定相关的人事院规则。

第37条 人事院的报告听取等

为了确保人事行政的公正，当人事院认为有特别必要时，可以要求审查会对此人事行政提出报告，并且提出意见。

第38条 对人事院规则的委任

本章所规定的内容之外，有关审查会所认为的必要相关事务将在人事院规则中制定。

第五章　伦理检察官

第 39 条

39.1　为了维护与职员职务有关的伦理道德准则，根据法律的规定，在内阁的各机构中、在内阁管辖下作为处理行政事务而设置的各机构中以及内阁管辖下设置的各机构以及会计监察院（以下统称为"行政机构"）中，要分别任命 1 名伦理检察官。

39.2　伦理检察官要对其所属行政机构的职员，就维护与职务有关的伦理等，进行必要的指导以及提供建议，同时根据审查会的指示，要建立和完善该行政机构的维护行政伦理的体制，以维护该行政机构的与职员职务有关的伦理道德。

第六章　其他细则

第 40 条　有关教育类公务员的特例

40.1　本法第 7 条以及第 8 条的规定将适用于《教育公务员特例法》（1949 年法律第 1 号）第 2 条第 1 款所规定的教育公务员中的国立大学的校长、教员以及部长、局长，以及《学校教育法》（1947 年法律第 26 号）第 58 条第 1 款所规定的国立大学中的助手（以下统称为特例公务员），这是本法第 7 条以及第 8 条中的。本省审议官级别以上的职员，改为国立大学的校长以及副校长（只限于领取月工资超过《普通职务工资法》第十附表指定职务俸禄表第 4 号俸禄金额的职员）。

40.2　本法第 11 条的第 7—10 项、第 22—26 条以及第 28—32 条的规定不适用于特例教育公务员。

40.3　审查会觉察到特例教育公务员有违反法律或者违反基于法律的命令的嫌疑时，为了维护与职员职务有关的伦理准则而认为有特别必要时，可以经过文部大臣，要求该特例教育公务员所在大学的管理机构当职员为校长、教员以及助手时，该管理机构是指根据《国立学校设置法》（1949 年法律第 150 号）第 7 条之 3 所规定的评议会（未设置评议会的大学为教授会，当职员为部长局长时，则管理机构是指校长。以下所指的管理机构都与此规定相同）对此进行调查。

40.4 前条的大学管理机构，结束了前条的调查后，必须通过文部大臣将调查的结果报告给审查会。

40.5 审查会根据前条的报告，认为有必要时，可以经过文部大臣，要求第3款的大学管理机构就惩戒处分有关的事宜，进行《教育公务员特例法》第9条第1款所规定的审查。

40.6 本法第27条第2款的规定将适用于特例教育公务员，这时的"任命权者"被解释为"管理机构者"（根据《国家公务员法》第55条第2款的规定，其任命权由文部大臣委任时，经过文部大臣批准的任命权者）。

第41条 有关国营企业工作职员的特例

41.1 适用于有关国营企业工作职员工资等的特例法的职员将不适用于第四章的规定。

41.2 对于适用于第四章规定的、《国营企业劳动法》（1948年法律第257号）第2条第2项所指的职员可以适用于同法律第40条第1款第1项的规定，但是适用时同项中的"第3条第2项到第4项和第3条之2"应该改为"第3条第2项到第4项（除了有关维护职务伦理的事项之外）"。"第17条和第17条之2"应该改为"第17条（除了有关维护职员职务伦理所采取的措施之外）"。"第84条第2款和第84条之2"应该改为"第84条第2款（除了对违反《国家公务员法》）（1999年法律第129号）或者根据该法所下达的命令（包括根据同法律第5条第3款的规定所下达的训令）的行为所采取的措施之外"；"第100条第4款"应该改为"第100条第4款（除了根据第17条之2的规定接受权限委任的国家公务员伦理审查会所进行调查的相关事务）"。

第42条 特殊法人等所采取的措施

42.1 依法直接设立的法人或者依据特别法律、利用特别的设立行为所设立的法人［除了不适用于《总务厅设置法》（1983年法律第79号）第4条第11款规定的法人］及其他依据这些法律、以政令的方式设立的法人根据法律的规定，这些法人中的董事和职员及其他从事该法人业务的人员，将被视为法人设立所依据的法律或者赋予法人资格的法律中所规定的、从事公务的人员，并且接受政府出资的法人（以下称为特殊法人等。）必须按照根据本法的规定所制定的国家方针政策，为维护特殊法人等职员职务的伦理道德，采取必要的措施。

42.2　各省各厅的长官可以根据前条的规定，就特殊法人等所应采取的措施，对其所管辖的特殊法人等进行必要的监督。

42.3　审查会根据第1款的规定，可以要求各省各厅的长官就特殊法人等所应采取的措施，进行报告，或者在监督上采取必要的措施。

第43条　地方公共团体所采取的措施

地方公共团体按照根据本法的规定所制定的国家方针政策，为了维护地方公务员的职务伦理，必须努力制定和采取必要的措施。

第44条　本法所掌管的权限

44.1　根据本法的规定，内阁总理大臣所掌管的有关维护职员职务伦理相关的事务，除了有关第4条、第5条第4款、第14条、第7条以及第18条第3款所规定的事项之外，其他的将只限于《国家公务员伦理规章》以及第42条第1款以及下一条政令相关的事项。

44.2　除了前条所规定的事务以及本法所规定的其他机构所负责的事务之外，其他有关涉及本法所规定的维护职员职务伦理道德的事务将属于审查会所管辖之下。

第45条　对政令的委任

本法所规定的内容之外，有关本法（除了第四章）实施时的、所必要的相关事宜，将在听取审查会的意见之后，在政令中制定。

第46条　处罚规则

违反第18条第1款或者第21条第4款的规定而泄露秘密者，将处于2年以下的徒刑或者处于100万日元以下的罚款。

韩国公职人员伦理法

2007年5月17日第8435号法案

提要：韩国在1981年就出台了《公职人员伦理法》，后来该法几经修改，最新一版是2007年修改完成的。该法共有7章，分别是：总则、财产登记与披露、礼品申报、退休公职人员的就业限制、补充规定、纪律处分和处罚规定。

该法在第一章中，明确了制定本法的目的，即"加强公职人员作为人民公仆的道德建设"，通过对一些行为的要求和规定，达到"防范非法谋财，确保执行公务公正性的目的"。该法强调公职人员应该具有的基本道德行为标准是：公职人员在履行职责时，应当举止得当，以公共利益为先，忠实履行职责，避免自身的财产利益妨碍公职人员公正地履行职责。与日本一样，韩国《公职人员伦理法》也强调财产登记与披露和礼品申报，此外还对退休公职人员就业施加限制，但是同样也没有涉及一些其他国家道德行为准则的常见内容，如处理利益冲突、信息披露、保守秘密，等等。

此外，韩国《公职人员伦理法》专门在第六章中对违反该法的情况，以及不同情况应采用的相应惩处措施作了比较详细的规定，这些措施包括解雇、罚款、有期徒刑，等等。例如，该法规定，"退休的公职人员受雇于营利性私营企业或联营组织，违反第17（1）条的规定，应当判处一年以下监禁，或1000万韩元以下罚金"。

第一章 总则

第1条（目的）

本法旨在加强公职人员作为人民公仆的道德建设，通过施行财产登记制度，披露登记财产，证明财产来源，公职人员和公职候选人的股票全权信托，以及订明约束公职人员利用职务之便购置财产的必要事项，要求对职务上收受的礼品进行申报，对退休公职人员就业施加限制，达到防范非法谋财，确保执行公务公正性的目的。〈经 2005 年 5 月 18 日第 7493 号法案，2006 年 12 月 28 日第 8098 号法案修订。〉

第2条（生活保障等）

2.1 国家应当保障公职人员的生活，使其致力于公共服务，并在公共服务中努力加强道德建设。

2.2 防止利益冲突的义务。

（1）国家和地方政府应当尽力防止公职人员履行职责与其财产利益之间存在利益冲突，避免妨碍公职人员公正地履行职责。

（2）公职人员在履行职责时，应当举止得当，以公共利益为先，忠实履行职责，避免自身的财产利益妨碍公职人员公正地履行职责（本条由 2005 年 5 月 18 日第 7493 号法案新增）。

第二—1章 财产登记和披露

第3条（登记责任人）

1. 属于以下任何一项的公职人员（以下简称"登记责任人"）应当根据本法规定，登记财产：〈经以下法案修订：1993 年 6 月 11 日第 4566 号法案；1997 年 12 月 13 日第 5454 号法案；1997 年 12 月 31 日第 5491 号法案；1999 年 1 月 21 日第 5681 号法案；1999 年 12 月 31 日第 6087 号法案；2000 年 12 月 29 日第 6306 号法案；2001 年 1 月 26 日第 6388 号法案；2003 年 3 月 12 日第 6861 号法案；2005 年 12 月 29 日第 7796 号法案；2006 年 2 月 21 日第 7849 号法案。〉

（1）从事政治服务的国家公职人员，如总统、总理、国务院成员和国会成员。

（2）在地方政府从事政治服务的公职人员，如地方政府负责人和地方议员。

（3）在一般服务中级别达到四级或以上的国家公职人员（包括在一般服务中属于高级公务员的公职人员），以及在特别服务中薪酬与上述公职人员相当的公职人员（包括在特别服务中属于高级公务员的公职人员）。

（4）从事总统令规定的外交服务的公职人员、第四级或更高级别的国家情报局工作人员，以及总统安全局中从事安保服务的公职人员。

（5）（a）法官和公诉人。

（b）宪法法院的宪法研究人员。

（6）军衔为上校或以上级别的军官，以及具有同等级别的文职雇员。

（7）在从事教育服务的公职人员中，大学校长和副校长，研究生院院长，院长（包括大学的院长），专科院校的院长，各类与学院同等的学校的校长，教育董事会负责人，地区教育局局长，特别广域市、广域市和道（Do）教育局成员。

（8）（a）警衔为警正（包括自治地区的警正）或以上级别的警务人员，消防部门中级别为国家和地方消防警正或以上级别的公职人员。

（b）从事合同服务，担任拟由第3—6项、第8项下公职人员任命的职位或同等职位的公职人员。

（9）政府投资机构的负责人、副负责人和常任审计员，韩国银行行长、副行长和审计员，韩国金融监督院的院长、副院长和审计员，韩国全国农协中央会和全国渔协中央会主席和常任审计员。

（10）根据总统令规定，属于以下任何一项的机构和组织（以下简称"公共服务相关组织"）的人员：

（a）政府投资机构，韩国银行，政府出资或资助的机构和组织，以及其他受政府委托执行政府任务的机构和组织。

（b）地方政府投资的公营公司和根据《地方公营企业法》成立的地方政府公营公司，地方政府出资或资助的机构和组织，以及受地方政府委托执行地方政府任务的机构和组织。

（c）高级人员的任命须经中央行政机构负责人或地方政府负责人批

准的机构和组织,或高级人员须由中央行政机构负责人或地方政府负责人任命的机构和组织。

(11) 在《国会法》《最高法院法》和总统令的指定领域内运作的公共服务相关组织的其他公职人员和职员。

第4条 (应登记的财产)

1. 登记责任人登记的财产应当是属于以下任何一项的人的财产(包括事实上管有的财产,不论所有者是谁,不论是向非营利公司投入的财产,还是位于外国的财产;这一规则在下文中同样适用):〈经以下法案修订:1993年6月11日第4566号法案;1994年12月31日第4853号法案;2007年5月17日第8435号法案。〉

(1) 登记责任人。

(2) 配偶(包括有事实夫妻关系的人;这一规则在下文中同样适用)。

(3) 登记责任人的直系亲属;但已婚的女儿、外祖父母和女儿的子女排除在外,如登记责任人已婚,其配偶的直系亲属排除在外。

2. 登记责任人应登记的财产如下:〈经以下法案修订:1993年6月11日第4566号法案;1994年12月31日第4853号法案;2006年12月28日第8098号法案。〉

(1) 与不动产有关的所有权、地上权和传贳权。

(2) 不动产相关规定经必要的变通后适用的采矿权、渔业权和其他权利。

(3) 属于以下任何一项的动产、证券、债权、债务和无形财产权:

(a) 对于每个所有者,总额不少于1000万韩元的现金(包括支票)。

(b) 对于每个所有者,总额不少于1000万韩元的存款。

(c) 对于每个所有者,总额不少于1000万韩元的股票、国债券和公债券等证券。

(d) 对于每个所有者,总额不少于1000万韩元的债权。

(e) 对于每个所有者,总额不少于1000万韩元的债务。

(f) 对于每个所有者,总额不少于500万韩元的黄金和铂金(包括黄金制品和铂金制品)。

(g) 每件不少于500万韩元的宝石。

（h）每件不少于500万韩元的古董和艺术品。

（i）单人会籍价格不少于500万韩元的会籍。

（j）对于每个所有者，每年收益不少于1000万韩元的无形财产权。

（k）汽车、建筑机械、船舶和飞机。

（4）在无限合伙、有限合伙和有限责任公司中的投资份额。

（5）股票期权。

根据第（1）款登记的财产，按类别计算和表示价值的方法如下：〈经以下法案修订：1993年6月11日第4566号法案；1994年12月31日第4853号法案；1995年12月29日第5108号法案；2001年1月26日第6388号法案；2005年1月14日第7335号法案；2006年12月28日第8098号法案。〉

（6）对于土地，财产价值为《不动产价值公示和评估法》项下公布的个别土地价格（如公布的个别土地价格没有涉及有关土地的，则指根据该法第9条的规定，公布的以土地价格为基础计算的金额）或实际成交的土地价格。

（7）对于住房，财产价值为《不动产价值公示和评估法》第16条和第17条规定的公布价格，或实际市场价格。

（8）对于购物中心、建筑物、商住两用公寓和其他不动产，财产价值为：以《不动产价值公示和评估法》中规定的公布个别土地价格为基础计算的建筑用地的总价值（如没有相关土地的公布个别土地价格，则指以该法第9条规定的公布土地价格为基础计算的金额），按国家或地方政府公布的各种官方价格中最高者，计算出的建筑物价值（如有购置价值，该价值也应考虑在内），或实际的市场价格。

（9）对于不动产相关规定经必要的变通后适用的权利，财产价值为实际的市场价格，任何专家等人员评估的价值，按种类、数量、内容等细节评定价值。

（10）对于现金、存款、债权和债务，财产价值指其金额。

（11）对于国债券、公债券或债权证等证券，财产价值为其票面价值。

（12）对于韩国交易所上市的股票，在韩国证券商协会登记的股票，《证券交易法》第194条项下交易方式与证券市场类似的场外交易股票，财产价值为财产登记基准日报出的最终价格（如韩国交易所在财产登记基准日前收市，指该收市日的最终价格；但对于《证券交易法》第194条项下交易方式与证券市场类似的场外交易股票，指总统令规定的交易价格），而对于除此之外的其他股票，财产价值为其票面价值。

（13）对于在任何有限合伙、无限合伙或有限责任公司中的股权份额，财产价值为投资价值，股权比例，在最近营业年度内该合伙或公司的年营业额。

（14）对于黄金和铂金（包括黄金商品和铂金制品），财产价值为实际市场价格，截至申报之日的市场价格，按种类、成分和重量评定价值。

（15）对于珠宝，财产价值为实际市场价格，专家等人员评估的价值，按种类、大小、颜色等细节评定价值。

（16）对于古董和艺术品，财产价值为实际市场价格，专家考虑尺寸和艺术家后评估的价值，按种类、尺寸、艺术家和作品年代评定价值。

（17）对于会籍，财产价值是为其支付的金额；但对于高尔夫会籍而言，指《所得税法》中适用的标准市场价格或实际市场价格。

（18）对于汽车、施工机械、船舶和飞机，财产价值为专家考虑实际市价金额和折旧等因素，类型、制造年份、制造公司和登记号码等信息，评估的价值。

（19）对于股票期权，按拟交付的股份种类和数量的详情，行权价格和行权期间等行权条件，以及拟交付股份的现时市价等评定价值。

4. 除第（3）款所述外，应登记财产的价值计算和表示方法，以及登记所需的其他事项，应当按总统令的规定。〈1993年6月11日第4566号法案新增。〉

5. 就第（2）款所述财产而言，各所有者可指出财产购置日期、购置方式和购置财产的收入来源等信息，并附上说明性文件。〈1993年6月11日第4566号法案新增。〉

6. 在应根据第（1）款登记的财产中，向非营利公司投入的财产应当与其他应登记的财产分开表示，还应指明登记责任人在该公司的职位。〈1993年6月11日第4566号法案新增。〉

第5条（财产登记机构和登记时间）

1. 任何公职人员应当从其有责任登记之日起一个月内，在以下任何一家机构（以下简称"登记机构"）登记，但在公职人员有责任登记之日起一个月内，登记责任被免除的，上述规定不适用，如由于（其中包括）调动、降级或退休，公职人员被免除登记责任，但在三年内再次负有登记责任的（如属退休，一年内），可申报调动、降级或退休后的任何变动，或申报第11（1）条所述的财产变动，唯有此方式可代替登记：〈经以下法案修订：1988年8月5日第4017号法案；1991年11月30日第4408号法案；1993年6月11日第4566号法案；1994年12月31日第4853号法案；1997年12月13日第5454号法案；1999年1月21日第5681号法案；2001年1月26日第6388号法案。〉

（1）如属国会成员，在国会控制下的其他公职人员，在国会秘书处登记。

（2）如属法官或在法院控制下的其他公职人员，在法院行政办公室登记。

（3）如属总统、法官或在宪法法院控制下的公职人员，在宪法法院秘书处登记。

（4）如属国家选举委员会或其他选举委员会控制下的公职人员，在国家选举委员会秘书处登记。

（5）如属政府部门和行政部门（包括总统令规定的委员会等行政机构；这一规则在下文中同样适用）控制下的公职人员，在主管的部门和行政部门登记。

（6）如属审计和检查委员会控制下的公职人员，在审计和检查委员会秘书处登记。

（7）如属国家情报院控制下的公职人员，在国家情报院登记。

（8）如属地方政府管辖的公职人员，在主管的地方政府登记。

（9）如属地方议会控制下的议员或公职人员，在主管的地方议会登记。

（10）如属特别广域市、广域市和道教育局控制下的公职人员，在特别广域市、广域市和道（如适用）教育局登记。

（11）如属特别广域市、广域市和道教育委员会成员，以及隶属于此类委员会的公职人员，在教育委员会（如适用）登记。

（12）如属公共服务相关组织的人员或雇员，在监督该等组织的部门和行政部门登记；但对于受特别广域市、广域市、道和市/县/区（仅限于自治区；这一规则在下文中同样适用）监督的公共服务相关组织人员或雇员，在特别广域市、广域市、道和市/县/区（如适用）登记。

2. 如属除第 1 至 12 项所述以外的其他登记责任人，受政府部门和行政部门、审计和检查委员会和国家情报院监督的公职人员，以及根据第 10（1）条财产登记事宜向公众公开的公共服务相关组织的人员（不论第 5 至 7 项及第 12 款有何规定），在政府行政及内政部登记。

3. 在第（1）款但书所述情况下，如当时主管的登记机构不是先前的登记机构，先前登记机构的负责人应当在登记责任人被免除登记责任后，由于调动等原因，再次负有登记责任后的一个月内，将财产登记相关文件移交新登记机构的负责人。但书还适用于登记机构变更，登记责任人没有由于调动等原因被免除登记责任的情况。

4. 若第（1）5 款所述的登记机构难以为数量过多的财产登记责任人办理登记，可根据总统令的规定，指定其下属机构作为登记机构。〈1994 年 12 月 31 日第 4853 号法案新增〉

第 6—1 条 （变动事项申报）

1. 在每年 1 月 1 日至 12 月 31 日之间，登记责任人的财产发生变动的，应当在次年 2 月底之前向登记机构申报有关财产变动事项；但是在首次登记后做出的变动事项申报，或第 5（1）条规定订明的申报中，应当向登记机构申报直至当事人负有登记责任之日起相应年度 12 月 31 日的变动事项。〈经 1993 年 6 月 11 日第 4566 号法案；2006 年 12 月 28 日第 8098 号法案修订。〉

2. 如登记责任人退休，应当在退休后的一个月内，向退休时对其具有管辖权的登记机构进行申报，指明相应年度 1 月 1 日（如是在 1 月 1 日后开始负有登记责任，开始负有登记责任之日）与退休日之间发生的财产变动事项；但若此人在退休后一个月内再次负有登记责任，则应当以第（1）款中的变动事项申报代替上述申报。〈1993 年 6 月 11 日第 4566 号法案；1994 年 12 月 31 日第 4853 号法案新增。〉

3. 如是在 12 月开始负有登记责任，开始负有登记责任之日与相应年度 12 月 31 日之间发生的财产变动事项，应含在次年的变动事项申报中，或第（2）款中退休人员涉及的变动事项申报中，如登记责任人在 1 月或

2月退休,第(1)款所指的变动事项可含在第(2)款中退休人员涉及的变动事项申报中。〈1994年12月31日第4853号法案;2006年12月28日第8098号法案新增。〉

4. 第(2)款的规定经必要的变通后,适用于按第3(1)9至11条规定有责任登记,但由于所属机构或组织被排除在公共服务相关组织之列,被免除登记责任的人。〈1994年12月31日第4853号法案新增。〉

5. 第9(1)条规定的任何公务员道德委员会(以下简称"公务员道德委员会"),若认为有必要做出第(1)款规定中的申报,可要求有关金融机构的负责人在有关持有人的请求下,按照《促进利用信息通信网络及信息保护法》第2(1)条等规定,提供使用信息通信网络(以下简称"信息通信网络")的有关金融交易的余额数据(包括信用资料中有关贷款余额的数据;本条的这一规则在下文中同样适用),不论《实名金融交易与保密法》第4条、《信用资料使用与保护法》第24条有何规定,有关金融机构负责人应当遵从使用信息通信网络的请求。在这种情况下,有关金融机构负责人若已征得持有人的同意,则无须向其告知负责人提供有关金融机构中的余额数据一事,不论《实名金融交易与保密法》第4—2条有何规定。〈2006年12月28日第8098号法案新增。〉

6. 公务员道德委员会应当在第(1)款项下申报时限到期日起15日或之前,向持有人提供第(5)款前半部分规定的金融交易中的余额相关数据。〈2006年12月28日第8098号法案新增。〉

7. 进行第(1)款和第(2)款中的申报时,应当提交清楚解释和证明增加或减少原因的任何材料,例如销售合同或收据(包括其副本),或指明增加或减少的原因。〈经1993年6月11日第4566号法案修订。〉

第6—2条(申报股票交易详情)

1. 根据第10(1)条各项须披露财产的登记责任人,应当在根据第6或11(1)条申报财产变动时,向登记机构申报第4(1)条各项所指的股票收购或转让涉及的股票交易详情。

2. 根据第(1)款申报股票交易详情时,应申报的股票交易范围和申报方法所需的事宜,应当按照总统令的规定。

3. 第(1)款项下股票交易详情的申报内容,不得向公众公开。

4. 第8、8—2、12—14及14—3条的规定适用于第(1)款项下的申报及申报事项的审查和管理。

第6—3条（延期申报变动事项）

1. 若登记责任人属于以下各项情况之一，申请延期申报变动事项，登记机构负责人可根据第6（1）条或第11（1）条的规定，将变动事项申报延期，但延期不超过3年：

（a）根据法案及从属法规的规定，被派赴国外执行派遣服务。

（b）根据法案及从属法规的规定，被暂时停职。

（c）加入海外代表团或在驻外办事处任职。

（d）总统令规定的其他原因。

2. 根据第（1）款获准延期申报变动事项的登记责任人，应当在有关延期事由消除后一个月内，申报最后一次财产登记或申报变更事项后发生变动的事项。

【本条经2001年1月26日第6388号法案全面修订】

第6—4条（变动事项申报的范围和内容）

依据第6（1）和（2）条的规定，应申报的财产变动事项的范围和内容如下：

（1）由于交易、捐赠或公布价格的披露等原因所致，第4（2）1和2条所指的财产变动事项，以及第4（3）12条所指的高尔夫会籍变动事项；但通过买卖方式交易的，应申报实际市场价格；由于捐赠或有关年度内没有发生有关交易，无法确认实际市场价格的，应当申报公布价格的变动后金额；公布价格的变动后金额低于实际市场价格的（已经申报的），无须申报。

（2）第4（2）3条所指财产的种类、数量、金额等方面的变动事项。

（3）至于依据第4（1）和（6）条的规定投入非营利公司的财产，应指出投入财产的详情，非营利公司的名称、主要办事处地点、代表姓名、主要业务及其他详情，以及登记责任人在该非营利公司的职位变动事项。

【本条由2006年12月28日第8098号法案新增】

第7条（登记期限延长）

如登记责任人［包括第6（2）条规定的退休公职人员；这一规则在下文第8、10、12、13和24条中同样适用］出于不可避免的原因，申请延长财产登记（包括申报；这一规则在下文中同样适用）期限，登记机构负责人认为原因合理的，可将全部或部分财产的登记期限延长。在这种情况下，登记责任人应当在延长的期限内办理登记。〈经1993年6月11日第4566号法案修订。〉

第8—1条（登记事项的审查）

（1）任何公务员道德委员会应当对登记事项进行审查。〈经2006年12月28日第8098号法案修订。〉

（2）如认为登记责任人由于疏忽等原因，漏报一部分应登记的财产，或关于价值总额的书面材料有误，有关公务员道德委员会可勒令登记责任人在规定期限内补充财产登记文件。

（3）如认为有必要进行第（1）款所述的审查，任何公务员道德委员会可要求登记责任人提交材料，以书面形式询问问题，或展开调查进行事实确认。在这种情况下，公务员道德委员会应当给予登记责任人提交材料进行解释或辩护的机会。

（4）公务员道德委员会可要求政府机构、地方政府、公共服务相关组织或其他公共机构的负责人提交报告或材料，以便进行第（1）款所述的审查。在这种情况下，上述机构、单位或组织的负责人不得拒绝提交报告或材料，不论其他法案有何规定。〈经1994年12月31日第4853号法案修订。〉

（5）尽管《实名金融交易与保密法》第4条和《信用资料使用与保护法》第24条另有规定，但若在第（1）款所述的审查中，认为有必要确认任何金融交易的细节（包括信用资料；这一规则在下文中同样适用），任何公务员道德委员会可要求任何金融机构的负责人提交有关金融交易细节的材料。该要求应当通过文件或使用信息通信网络传达，指明个人事项，但应符合《国会法》《最高法院法》《宪法法院法》《国家选举委员会法》或总统令中规定的条件，而任何参与相关金融交易的人不得拒绝这一要求。〈1994年12月31日第4853号法案；1997年12月31日第5493号法案；2006年12月28日第8098号法案新增。〉

（6）任何公务员道德委员会可要求登记责任人及其配偶、直系亲属及其他在财产登记上有利害关系的人到场，并要求他们陈述有关情况。

（7）经过第（1）款项下的审查后，发现登记责任人在很大程度上涉嫌虚假登记，或利用职务上得知的秘密获得财产或从资产中获利，有关公务员道德委员会应当请求司法部部长（如属军事人员或军队文职雇员，应当请求国防部部长）在规定期限内展开调查。〈经2001年1月26日第6388号法案修订。〉

（8）司法部部长或国防部部长（如适用）接到第（7）款项下的调查请求后，应当安排公诉人或检察官立即展开调查，而后将调查结果通知有关公务员道德委员会。〈经1994年12月31日第4853号法案修订。〉

（9）刑事诉讼相关法案及从属法规（包括《军事法庭法》）中关于刑事调查的规定，经必要的变通后适用于公诉人或检察官在第（8）款项下展开的调查；但这不适用于有关限制人身自由的规定。〈经1994年12月31日第4853号法案修订。〉

（10）任何公务员道德委员会应当在按第5（1）条的规定登记事项后三个月内，或第6条项下申报的变动事项根据第10（1）条向公众公开后三个月内，完成对须披露财产的所有公职人员的审查；但公务员道德委员会可根据需要，通过决议延长审查期，最长不超过3个月。〈经2001年1月26日第6388号法案修订。〉

（11）任何公务员道德委员会可委托有关登记机构或其他相关机构对登记责任人（须披露财产的人除外）的登记事项进行审查，受托机构的负责人应将审查结果告知主管的公务员道德委员会。

（12）第（2）至（9）款的规定经必要的变通后适用于第（11）款中的委托情况。在此情况下，如有人希望要求提交第（5）款所述金融交易细节，或第（7）款所述调查的相关材料，此人应当取得主管公务员道德委员会的批准。〈经1994年12月31日第4853号法案修订。〉

（13）对于第10（1）条各项所指的、须披露财产的人，或第10—2条等规定所指的公职候选人（在本条下文中简称"须披露财产的人"），公务员道德委员会若认为有必要审查其登记财产的有关事项，可要求须披露财产的人按第4条登记财产的每个所有者，证实该财产的购置日期，财产购置方式，以及购置财产的收入来源（在本条下文中简称"财产购置过程"）。被要求证实财产购置过程的人，应当提交在待证实内容中登记财产的基准日期起过去三年的证据资料。〈2006年12月28日第8098号法案新增。〉

（14）依据第（13）款的规定被要求证实财产购置过程的人，不得拒绝做出证实或提交证据资料，有正当理由的除外。〈2006年12月28日第8098号法案新增。〉

（15）对于第13条和第14条规定的证实财产购置过程、提交证据资料，其必要事项应当按照总统令的规定。〈2006年12月28日第8098号法案新增。〉

【本条经1993年6月11日第4566号法案全面修订】

第 8—2 条（根据审查结果采取的措施）

1. 如根据第8条项下的登记事项审查结果，认为登记财产存在虚假记录，因严重疏忽导致的漏报、错报，或认为公职人员利用职务上得知的秘密获得财产或从资产中获利，任何公务员道德委员会应当采取以下各项中的任何一项措施：〈经以下法案修订：1994年12月31日第4853号法案；2001年1月26日第6388号法案；2006年12月28日第8098号法案。〉

（1）警告和纠正措施。

（2）根据第30条的规定，就疏忽行为判处罚金。

（3）在日报的广告栏中公布虚假登记的事项。

（4）要求做出解雇或处分决定（包括免职）。

2. 判断登记财产是否存在第（1）款中因严重疏忽导致漏报、错报的情况时，应当全面考虑登记财产和漏报财产的规模、种类和价值，以及解释漏报或错报的理由。〈2006年12月28日第8098号法案新增。〉

3. 任何公务员道德委员会可同时采取第（1）3款中的措施与第（1）款各项下的措施。

4. 任何公务员道德委员会采取第（1）款中的措施后，应当通知登记机构或其他相关组织的负责人。〈1994年12月31日第4853号法案新增。〉

5. 如公务员道德委员会在采取第（1）款中的措施时，认为第4（1）条各项下的任何人涉嫌通过虚假或其他非法手段牟取商品或财产中的利益，违反其他法案及从属法规，公务员道德委员会可将此事上报司法部部长（如属军事人员和军队文职人员，上报国防部部长）；但若违反的是管限国家税收、关税和地方税的法案及从属法规，公务员道德委员会可分别

通知国家税务局局长、韩国关税厅厅长及有关地方政府负责人。〈2006年12月28日第8098号法案新增。〉

【本条由1993年6月11日第4566号法案新增】

第9条 （公务员道德委员会）

1. 为审查并决定以下各项下的事项，应当分别在国会、最高法院、宪法法院、国家选举委员会、政府、地方政府及特别广域市、广域市和道的教育局成立公务员道德委员会：〈经以下法案修订：1991年11月30日第4408号法案；1993年6月11日第4566号法案；1994年12月31日第4853号法案；1997年12月13日第5454号法案。〉

（1）对有关财产的登记事项进行的审查，根据审查结果采取的措施。

（2）第8（12）条后半部分规定的批准。

（3）第17（1）条但书中规定的批准。

（4）本法、其他法案及从属法规赋予各公务员道德委员会的权力涵盖的其他事项。

2. 各公务员道德委员会应当对以下各项下的事项行使管辖权：〈经以下法案修订：1991年11月30日第4408号法案；1993年6月11日第4566号法案；1994年12月31日第4853号法案；1997年12月13日第5454号法案；2006年12月28日第8098号法案。〉

（1）国会的公务员道德委员会应当主管国会成员、在国会控制下的其他公职人员、国会的退休公职人员的相关事项。

（2）最高法院的公务员道德委员会应当主管法官、在法院控制下的其他公职人员、法院的退休公职人员的相关事项。

（3）宪法法院的公务员道德委员会应当主管宪法法院法官、在宪法法院控制下的其他公职人员、宪法法院的退休公职人员的相关事项。

（4）国家选举委员会的公务员道德委员会应当主管在国家选举委员会及其他选举委员会控制下的公职人员、选举委员会退休公职人员的相关事项。

（5）特别广域市、广域市和道的公务员道德委员会应当主管与下列公职人员有关的事项：属于特别广域市、广域市或道并且级别在四级或以下的公职人员，有关公共服务组织的高级人员和雇员，属于特别广域市、广域市或道议会并且级别在四级或以下的公职人员，市/县/区议会成员，属于市/县/区并且级别在四级或以下的公职人员，以及特别广域市、广域市和道的退休人员。

（6）市/县/区的公务员道德委员会应当主管与下列公职人员有关的事项：属于市/县/区并且级别在五级或以下的公职人员，有关公共服务组织的高级人员和雇员，属于市/县/区议会并且级别在五级或以下的公职人员，以及市/县/区的退休人员。

（7）特别广域市、广域市和道教育局的公务员道德委员会应当主管与下列公职人员有关的事项：属于特别广域市、广域市和道教育局和教育董事会，并且级别在四级或以下的公职人员，以及特别广域市、广域市和道教育局的退休人员。

（8）政府的公务员道德委员会应当主管除第1—7项外其他公职人员及其退休公职人员的相关事项。

3. 各公务员道德委员会应当由九名成员组成，包含主席和副主席各一名，其中五人（包括主席）从法官、教育工作者、其他德才兼备的人或者公民组织（指《非营利民间组织援助法》第2条项下的非营利民间组织；这一规则在下文中同样适用）推荐的人选中任命；但市/县/区的各公务员道德委员会应当由五名成员组成，包含主席和副主席各一名，其中三人（包括主席）应当从法官、教育工作者、其他才望兼隆的人或者公民组织推荐的人选中任命。〈经1993年6月11日第4566号法案；2001年1月26日第6388号法案修订。〉

4. 各公务员道德委员会的成员任期和任命、审查程序及其他必要事项，应当根据以下各项规定决定：〈1993年6月11日第4566号法案；1997年12月13日第5454号法案新增。〉

（1）如属国会的公务员道德委员会，根据《国会法》决定。

（2）如属最高法院的公务员道德委员会，根据《最高法院法》决定。

（3）如属宪法法院的公务员道德委员会，根据《宪法法院法》决定。

（4）如属国家选举委员会的公务员道德委员会，根据《国家选举委员会法》决定。

（5）如属政府的公务员道德委员会，根据总统令决定。

（6）如属特别广域市、广域市和道的公务员道德委员会，市/县/区的公务员道德委员会，特别广域市、广域市和道教育局的公务员道德委员会，根据有关地方政府的市政法令决定。

（7）各公务员道德委员会可根据各法规、总统令、根据本法制定的市政法令及第（4）款各项的规定，制定其委员会运作规则。〈1993年6月11日第4566号法案新增。〉

第10—1条（登记财产的披露）

1. 各公务员道德委员会应当向公众公开属于以下各项、在委员会管辖权范围内、有责任登记的公职人员的财产及该等公职人员配偶和直系亲属的财产相关事项，以及第6条中变动事项申报的内容，具体公开方式是在登记或申报期限届满后的一个月内，在政府公报或简报上公布：〈经以下法案修订：1993年6月11日第4566号法案；1997年12月13日第5454号法案；1997年12月31日第5491号法案；1999年1月21日第5681号法案；2000年12月29日第6306号法案；2001年1月26日第6388号法案；2005年12月29日第7796号法案。〉

（1）从事政治服务的国家公职人员，如总统、总理、国务院成员、国会成员、国家情报院院长和主任。

（2）在地方政府从事政治服务的公职人员，如地方政府负责人和地方议员。

（3）在一般服务中级别达到一级的国家公职人员（包括在一般服务中属于高级公务员同等级别的公职人员），地方公职人员，以及在特别服务中薪酬与上述公职人员相当的公职人员（包括在特别服务中属于高级公务员的公职人员）。

（4）总统令规定的从事外事服务的公职人员，国家情报院规划与协调办公室主任。

（5）级别在高等法院首席法官以上的法官，级别在检察厅厅长以上的公诉人，身为检察厅分支单位（配有副首席公诉人）负责人的公诉人。

（6）军衔在中将以上的军官。

（7）大学校长和副校长，学院院长（不包括大学院长），专科院校的院长，各类与大学和学院同等的学校的校长，教育董事会负责人，特别广域市、广域市和道教育委员会成员。

（8）级别在治安监及特别广域市、广域市和道地方警察局局长以上的警务人员。

(9)（a）地区税务局局长，以及身为三级公职人员或属于高级公务员的公职人员的海关负责人。

（b）从事合同服务，担任拟由第 3 至 6 项、第 8 项和第 9 项下公职人员任命的职位或同等职位的公职人员；但对于从第 4、5、8 和 9 项中指定的职位，仅限于在合同服务中担任有关职位的公职人员。

（10）政府投资机构的负责人、副负责人和常任审计员，韩国银行行长、副行长和审计员，韩国金融监督院的院长、副院长和审计员，韩国全国农协中央会和全国渔协中央会主席和常任审计员，总统令规定的公共服务相关组织人员。

（11）政府的其他公职人员，由总统令规定。

（12）从第 1 至 11 项所述职务退休的人［仅限于第 6（2）条规定的情况］。

2. 如登记责任人在登记后，由于晋升或调动等原因，须根据第（1）款的规定公开财产，则从其须公开财产之日起，应当在有此责任后的一个月内，在第 5（1）条所指的登记处再次登记，公务员道德委员会应当根据第（1）款将上述财产事项向公众公开；但若此人曾被调到无须公开财产的职位，之后三年内成为须公开财产的人，此人仅须公开在上次公开后变动的事项。〈1994 年 12 月 31 日第 4853 号法案新增〉。

3. 未经公务员道德委员会或登记机构负责人许可，任何人不得查阅或复制与登记责任人财产有关的登记事项，亦不得安排他人查阅或复制，但在第（1）款和第（2）款所指的情况下除外。〈经 1993 年 6 月 11 日第 4566 号法案；1994 年 12 月 31 日第 4853 号法案修订。〉

4. 除属于以下各项的情况外，公务员道德委员会或登记机构的负责人不得授予第（3）款所指的许可：〈经 1993 年 6 月 11 日第 4566 号法案；1994 年 12 月 31 日第 4853 号法案修订。〉

（1）针对登记责任人的犯罪行为或不当行为展开调查所需，或与之有关的审判所需；

（2）国会成员根据《国会法》第 128（1）条、《国家政府管理检查与调查法》第 10（1）条、《国会听取证词、鉴定及其他事项法》第 4 条的规定，要求获得国家行政管理部门的检查与调查材料，或者为查明指定公职人员的活动是否涉及具体的不当行为，开展调查所需。在这种情况下,公务员道德委员会或登记机构的负责人不得对外披露有关财产登记事项的细节。

（3）如在任何政府机构、地方政府或公共服务相关组织负责人控制下的公职人员涉及不当行为,前述负责人对此进行判断所需。

（4）负有或曾经负有登记责任的人请求查阅或复制有关其自身的登记事项。

第10—2条（公开公职选举候选人的财产）

（1）如希望参选总统、国会成员、地方政府负责人或地方议会成员的人进行参选登记,应当提交第4条规定的报告,当中指明截至前一年12月31日,向主管的选举委员会登记的财产,该委员会应当在公布候选人登记时,公开有关候选人财产的申报事项。〈经以下法案修订：1994年3月16日第4739号法案；1994年12月31日第4853号法案；2004年3月12日第7189号法案；2006年12月28日第8098号法案。〉

（2）对于任命须经国会批准的公职人员,例如最高法院首席法官、宪法法院院长、总理、审计和检查委员会主席、最高法院法官、国会秘书处秘书长,或者对于由国会选举的公职人员,例如宪法法院法官、国家选举委员会成员,提交其任命审批提案或选举提案时,应当向国会提交报告,申报公职候选人在第4条项下应登记的财产,而后,国会发言人应当立即向公众公开有关公职候选人的申报事项,但公职候选人根据第10（1）条的规定,在任命审批提案或选举提案提交时间前,向公众公开于上一年度12月31日或之后登记的财产,并不适用以上规定,但确认财产披露的文件应呈交国会。〈经1994年12月31日第4853号法案；1997年12月13日第5454号法案修订。〉

（3）国家选举委员会和国会的公务员道德委员会应当对第（1）款或第（2）款中有关财产的申报事项进行审查,并可向公众宣布审查结果。

（4）第8（2）至（6）条的规定经必要的变通后适用于第（3）款中的审查。〈经1994年12月31日第4853号法案修订。〉

（5）第（1）款和第（2）款所指申报的形式、财产披露方法和其他必要事项,应当按照《国会法》或《国家选举委员会法》的规定。

【本条由1993年6月11日第4566号法案新增】

第 11 条（职位调动后的财产申报）

1. 如登记责任人因调动等原因获豁免登记责任，但仍然是公职人员、公共服务相关组织的高级人员或雇员（包括此人在退休后一个月内，成为公职人员、公共服务相关组织的高级人员或雇员的情况），该登记责任人应当在调动后的一个月内，向以前的登记机构申报直至调动之日变动财产的变动事项，例如，调动日期在调动当年 1 月 1 日后（如此人是在 1 月 1 日后成为登记责任人，则直至其开始负有登记责任之日），然后在调动事由发生当月，申报上一年度变动的财产事项；但若该登记责任人在其有责任申报财产变动事项的期间内退职，第 6（2）条的规定经必要的变通后适用。〈经 1994 年 12 月 31 日第 4853 号法案；2006 年 12 月 28 日第 8098 号法案修订〉。

2. 对于第（1）款中的申报及该等申报事项的控制，第 6 至 8 条、第 8—2 条、第 10 条、第 12 至 14 条、第 14—3 条的规定经必要的变通后适用。〈经 1994 年 12 月 31 日第 4853 号法案；2001 年 1 月 26 日第 6388 号法案修订。〉

第 12 条（如实登记的责任）

1. 登记责任人不得在财产登记文件中，对第 4 条所指的应登记财产、该财产的价值、购置日期、购置方式及购置财产的收入来源弄虚作假。〈经 1993 年 6 月 11 日第 4566 号法案修订。〉

2. 任何登记责任人应当切实遵守各公务员道德委员会等机构在登记事项上的任何审查规定。〈经 1993 年 6 月 11 日第 4566 号法案修订。〉

3. 第 4（2）2 或 3 条所指之人应当切实遵守登记责任人的财产登记规定，或有关公务员道德委员会对登记事项的审查规定。〈经 1993 年 6 月 11 日第 4566 号法案修订。〉

4. 尽管有第（3）款的规定，但若第 4（1）3 条所指之人并非登记责任人的受养人，经有关公务员道德委员会批准后，可拒绝公布有关其财产申报的事项，接受每三年一次的复审。在这种情况下，登记责任人应当提交批准申请，清楚地指明理由。〈经 1993 年 6 月 11 日第 4566 号法案；2006 年 12 月 28 日第 8098 号法案修订。〉

5. 对于第（4）款中申请批准拒绝公布财产及对该申请进行审查，其必要事项应当按照总统令的规定。〈2006 年 12 月 28 日第 8098 号法案

新增。〉

第 13 条（禁止为其他目的利用财产登记事项）

不得以登记事项为由，给予登记责任人任何不利待遇或处置，但若登记责任人有虚假登记行为，或发生本法规定的其他事由，则属例外；除本法规定的目的外，任何人不得为其他目的利用财产登记事项。〈经 1993 年 6 月 11 日第 4566 号法案修订。〉

第 14—1 条（保密）

负责财产登记事务的人，或其他在履职过程中得知登记事项的人，不得向其他人披露。

第 14—2 条（禁止利用职务之便探听秘密牟取财产）

登记责任人不得利用其在履职过程中得知的秘密，牟取任何财产或财产利益。

【本条由 1993 年 6 月 11 日第 4566 号法案新增】

第 14—3 条（禁止提供和披露金融交易材料）

若有人掌握根据第 8（5）条提供的金融交易细节的有关材料，不得向他人提供或披露，也不得将其用于任何不正当的用途。

【本条由 1994 年 12 月 31 日第 4853 号法案新增】

第二—2 章　股票出售或信托

第 14—4 条（股票出售或信托）

1. 当事人及其利害关系人［指第 4（1）2 或 3 条所指之人，但不包括第 4（1）3 条所指之人中，拒绝告知第 12（4）条项下财产登记事项的人；这一规则在下文中同样适用］全部拥有的股票总额超过总统令在 1000 万—5000 万韩元范围内订明的限额，在登记责任人中须根据第 10（1）条披露财产的人，以及在隶属于财政经济部和金融监管委员会的公职人员中，总统令规定的任何人（以下简称"须披露财产的人"），应当在超出限额之日［如自成为须披露财产的人之日起，或自第 6—3（1）条项下的延期事由消除之日起，股票总额超过总统令在 1000 万—5000 万韩元范围内订明的限额，超出限额之日指成为须披露财产的人当日，或延期事由消除之日；如其申请审查股票是否涉及第 14—5（6）条项下股票全权信托审查委员会的业务，超出限额之日指其被告知他们涉及上述业务的决定之日］起一个月内，直接采取以下各项中的措施，或者安排利害关系人采取以下各项中的措施，采取该等措施一事应当向登记机构报告；但若第 14—5（7）条项下的股票全权信托审查委员会做出决定通知，认为与工作职责无关，则上述规定不适用：

（1）出售有关股票。

（2）订立信托或投资信托合同，其中包括以下各项要求（以下简称"股票全权信托"）：

（a）受托机构应当在信托合同订立之日起 60 日内，处置原信托股票；但若根据实际情况，难以在 60 日内处置股票，受托机构取得公务员道德委员会的批准，处置股票的期限可予延长，此时，一次延长期应当在 30 日内。

（b）须披露财产的人或其利害关系人不得参与受托财产的管理、运作和处置。

（c）须披露财产的人或其利害关系人不得要求提供有关受托财产管理、运作和处置的信息，受托机构亦不得提供这些信息；但受托机构可在订立信托合同时，在总统令规定的范围内，预先说明受托财产的基本运作方法。

（d）若出现第 14—10（2）条各项所指的原因，信托人可终止信托合同。

（e）受托机构以合格管理人的谨慎态度，妥善开展信托业务的，不承担任何损害赔偿责任。

（f）受托机构应当是从事信托业务的机构，并且是《信托业法》所指的信托公司（包括经营信托业务的金融机构），或者《商业运作间接投资和资产法》所指的资产管理公司；但在最近三年内，有须披露财产的人或其利害关系人在其中任职的公司，应当排除在外。

2. 如第（1）款项下的申报和第 5 条项下的登记同时进行，登记股票的类型和价值应当以根据第（1）款的规定出售股票之日，或者订立股票全权信托合同之日为基准。

3. 须披露财产的人应当同时申报订立或终止股票全权信托合同引起

的资产变动情况,具体方式是在第 6 条和第 11 条规定的申报中同时说明这一情况。

4. 根据第(1)款的规定报告订立股票全权信托合同的情况后,在不迟于有关信托合同终止之时,在第 6 条和第 6—2(1)条规定的申报中,上述受托财产不再属于申报对象之列。

5. 第(1)款项下出售股票或股票全权信托情况的申报和披露方法,应当按照总统令的规定。

6. 第 6—2(3)、7、8、8—2、12—14 及 14—3 条的规定经必要的变通后,适用于第(1)款规定的申报及申报事项的审查和管理。

【本条由 2005 年 5 月 18 日第 7493 号法案新增】

第 14—5 条 (股票全权信托审查委员会对业务关系的审查)

(1)应当在政府行政及内政部成立股票全权信托审查委员会(以下简称"股票全权信托审查委员会"),查核和确定须披露财产的人及其利害关系人拥有的股票是否与业务有关。

(2)股票全权信托审查委员会由九名成员组成,其中设主席一名。

(3)股票全权信托审查委员会的主席和成员应当由总统任命或委任。在这种情况下,其中三名成员分别由国会任命或委任,另外三名由最高法院首席法官任命或委任。

(4)股票全权信托审查委员会的成员应当是公务员道德委员会的成员、法官、教育人员、与股票相关的金融专业人员,以及其他精通全权信托的人。

(5)主席的成员的任期为两年,仅限连任一次。

(6)若须披露财产的人认为,当事人及其利害关系人拥有的股票与业务没有关系,有意以此为由获豁免第 14—4(1)条项下出售股票或股票全权信托的义务,应当在当事人及其利害关系人全部持有的股票总价值超出总统令在 1000 万—5000 万韩元范围内订明的限额之日〔如自上述人士成为须披露财产的人当日起,或自第 6—3(1)条项下的延期原因消除之日起,股票总价值超出总统令在 1000 万—5000 万韩元的范围内订明的限额,则超出限额之日指成为须披露财产的人当日,或延期原因消除之日〕起一个月内,向股票全权信托审查委员会提出申请,请求委员会审查拥有的股票是否与业务有关。

(7) 股票全权信托审查委员会应当在根据第（6）款规定申请审查之日起一个月内，审查并决定有关股票是否与业务有关，并将有关结果通知申请人；但若股票全权信托审查委员会认为有必要延长审查期，可通过决议延长审查期，以一个月为限。

(8) 应当根据有关股票的直接或间接信息，行使影响力的可能性，判断股票与业务的关系。

(9) 股票全权信托审查委员审查股票是否与业务相关时，可根据需要，要求须披露财产的人提交数据或进行书面调查。

(10) 股票全权信托审查委员会审查股票是否与业务相关时，可根据需要，要求相关机构、组织和企业提交数据，有关机构、组织和企业应当遵从这一要求，有合法拒绝理由的除外。

(11) 股票全权信托审查委员会进行审查和运作程序等所需的事项，应当按照总统令的规定。

【本条由2005年5月18日第7493号法案新增】

第14—6条（购股限制）

(1) 根据第14—4（1）条的规定订立股票全权信托合同后，须披露财产的任何人及其利害关系人在有关信托合同终止前，不得新购股票。

(2) 在第（1）款规定的限制购股期内，须披露财产的人或其利害关系人由于继承及总统令指明的其他原因获得股票的，应当直接出售有关股票或设立全权信托，或安排利害关系人出售有关股票或设立全权信托，并应当在取得股票之日（如属继承，指获知继承生效之日）起一个月内，向登记机构报告此事；但若股票全权信托审查委员会做出决定通知，认为不存在业务关系，则上述规定不适用。

(3) 第14—4（3）至（6）条、第14—5条的规定经必要的变通后，适用于第（2）款中的股票全权信托和业务关系审查。

【本条由2005年5月18日第7493号法案新增】

第14—7条（禁止提供受托财产信息）

(1) 根据第14—4（1）或14—6（2）条的规定订立股票全权信托合同后，须披露财产的人及其利害关系人不得要求任何信托公司、资产管理公司、投资公司或销售公司提供管理、运作或处置受托财产的有关信息，不论《信托业法》第 17—10 条、《商业运作间接投资和资产法》第 125 条有何规定，上述信托公司、资产管理公司、投资公司或销售公司不得听从须披露财产的人或其利害关系人的要求提供信息；但处置有关受托财产产生纳税责任（包括转让所得税等）时，信托公司、资产管理公司、投资公司或销售公司可向须披露财产的人或其利害关系人提供有关履行纳税责任的信息，以便其主动履行纳税责任。〈经 2006 年 12 月 28 日第 8098 号法案修订。〉

（2）根据第 14—4（1）条或第 14—6（2）条的规定订立全权信托合同后，须披露财产的人及其利害关系人不得参与受托财产的管理、运作或处置。

【本条由 2005 年 5 月 18 日第 7493 号法案新增】

第 14—8 条 （信托情况的报告等事项）

（1）股票全权信托的受托机构应当在次年 1 月，向有管辖权的公务员道德委员会提交报告，说明每年 1 月 1 日（订立全权信托合同当年，从订立合同之日起）至 12 月 31 日受托财产的管理、运作或处置的详细信息。在此情况下，于 12 月订立股票全权信托合同的，上述报告可与次年的管理、运作或处置详细信息一并提交。

（2）受托财产的价值低于总统令规定的金额时，受托机构应当将有关事实上报有管辖权的公务员道德委员会，公务员道德委员会应当相应通知信托人。

（3）第（2）款中的受托机构通知时间和方法，应当按照总统令的规定。

【本条由 2005 年 5 月 18 日第 7493 号法案新增】

第 14—9 条 （监督受托机构）

受托机构的高级人员和职员违反本法或本法项下的命令或裁决时，公务员道德委员会可要求金融监督院院长采取适当的处理措施，例如向有关高级人员和职员下达矫正命令，或做出纪律处分。

【本条由 2005 年 5 月 18 日第 7493 号法案新增】

第 14—10 条 （要求出售股票和终止信托）

（1）股票全权信托的信托人从有管辖权的公务员道德委员会征得同意后，可以书面形式要求受托机构出售全部受托财产。

（2）出现以下各项所指的原因时，股票全权信托的信托人可要求受托机构终止股票全权信托合同；但如属第2项，信托人必须要求终止股票全权信托合同：

1. 收到第14—8（2）条规定的通知。

2. 受托机构已根据第（1）款中的出售要求，出售全部受托财产。

3. 由于退休和调动等原因，原须披露财产的有关人员无须披露财产。

（3）股票全权信托合同根据第（2）款的规定终止后，股票全权信托的受托机构应当在终止之日起一个月内，向有管辖权的公务员道德委员会提交报告，在报告中说明终止原因，当年1月1日（在设立股票全权信托当年终止的，从设立股票全权信托之日起）至终止日之间受托财产的管理、运作和处置情况。在此情况下，于1月终止股票全权信托合同的，上述报告可与前一年的管理、运作和处置情况一并提交。

【本条由2005年5月18日第7493号法案新增】

第三章　礼品申报

第15条（收到外国政府等的礼品后应当申报）

1. 如公职人员（包括地方议会和教育委员会的成员；这一规则在下文第22条中同样适用）或任何公共服务相关组织的高级人员或雇员在职务上收到来自外国或外国人（包括外国组织；这一规则在下文中同样适用）的礼品，应当立即向其所属机构或组织的负责人汇报，并转交礼品。这一规定还适用于上述人员的家人因这些公职人员、公共服务相关组织的高级人员或雇员的职务，收到外国或外国人礼品的情况。〈经以下法案修订：1993年6月11日第4566号法案；1994年12月31日第4853号法案；2006年12月28日第8098号法案。〉

2. 根据第（1）款的申报礼品，应申报礼品的价值由总统令规定。

第16条（礼品收归国库等事项）

（1）根据第15（1）条申报的礼品，应当在申报后立即收归国库。

（2）有关申报礼品的管理或维护等事项，应当以总统令的规定为准。

第四章　退休公职人员的就业限制

第 17 条（限制退休公职人员在相关私营企业就业等事项）

1. 曾经处在总统令规定职级或职务领域的公职人员、公共服务相关组织的高级人员或雇员，不得在退休后两年内受雇于指定规模或以上的、与其退休前三年内在有关部门执行的业务密切相关的、营利性私营企业（以下简称"营利性私营企业"），或为与营利性私营企业的共同利益和相互合作等事宜成立的公司或组织（以下简称"联营组织"）；但若有管辖权的公务员道德委员会批准就业，则上述规定不适用。〈经 2001 年 1 月 26 日第 6388 号法案修订。〉

2. 确认第（1）款中的密切业务联系和授予就业批准时，有管辖权的公务员道德委员会可根据需要，要求有关营利性企业和有关联营组织的负责人提交所需的材料，有关营利性私营企业和有关联营组织负责人接到要求后，应当提交所需的材料，但有正当理由无法提交的情况除外。〈2006 年 12 月 28 日第 8098 号法案新增。〉

3. 在第（1）款所述的情况下，与退休公职人员在有关部门的业务具有密切联系的范围，营利性私营企业的范围，该私营企业的规模，相关联营组织的范围应当以《国会法》《最高法院法》《宪法法院法》《国家选举委员会法》或总统令的规定为准。〈经以下法案修订：1991 年 11 月 30 日第 4408 号法案；1993 年 6 月 11 日第 4566 号法案；2001 年 1 月 26 日第 6388 号法案。〉

4. 在确定和运用第（3）款中有关部门的业务范围时，应当充分考虑，避免非法侵犯退休公职人员的自由与权利。〈2001 年 1 月 26 日第 6388 号法案；2006 年 12 月 28 日第 8098 号法案新增。〉

第 18 条（申请批准就业）

退休公职人员若要取得第 17（1）条但书所指的就业批准，应当根据《国会法》《最高法院法》《宪法法院法》《国家选举委员会法》或总统令的规定，通过其原职机构的负责人，向有管辖权的公务员道德委员会申请就业批准。〈经 1991 年 11 月 30 日第 4408 号法案；1993 年 6 月 11 日第 4566 号法案修订。〉

第 19 条　（勒令解雇等事项）

1. 对于曾在政府机构、地方政府或公共服务相关组织［如曾任公务员道德委员会主席，其就业限制见第 17（1）条］任职的人，其就业行为违反第 17（1）条规定的，有管辖权的公务员道德委员会主席，政府机构、地方政府或公共服务相关组织的负责人应当请求有关中央行政机构的负责人（国会的负责人为国会秘书长；法院的负责人为法院行政办公室主任；宪法法院的负责人为宪法法院秘书处秘书长；国家选举委员会的负责人为国家选举委员会秘书长；这一规则在下文中同样适用）采取措施解雇有关人员，有关中央行政机构的负责人接到该请求后，应当勒令违反规定的人员所在营利性私营企业或联营组织的负责人解雇此人。〈经以下法案修订：1991 年 11 月 30 日第 4408 号法案；1993 年 6 月 11 日第 4566 号法案；2001 年 1 月 26 日第 6388 号法案。〉

2. 营利性私营企业或联营组织的负责人收到第（1）款项下的解雇要求后，应当立即遵照要求行事。〈经 2001 年 1 月 26 日第 6388 号法案修订。〉

第五章　补充规定

第 20—1 条　（负责规划与总务的机构）

政府行政及内政部部长主管本法项下有关财产登记、财产公开、礼品申报、退休公职人员就业限制的规划与总务。〈经 1993 年 6 月 11 日第 4566 号法案；2001 年 1 月 26 日第 6388 号法案修订。〉

第 20—2 条　（向国会等单位报告）

1. 任何公务员道德委员会应当向国会例行会议和有关地方议会第二届常会提交年度报告，报告上一年度的财产登记、礼品申报、现状、对退休公职人员就业限制的监督以及委员会的各项活动。〈经 2006 年 12 月 28 日第 8098 号法案修订。〉

2. 编制第（1）款所述年度报告所需的事项，由总统令规定。

【本条由 1993 年 6 月 11 日第 4566 号法案新增】

第 21 条　（授权规定）

执行本法所需的必要事项应当由《国会法》《最高法院法》《宪法法

院法》《国家选举委员会法》、总统令或有关地方政府的市政法令规定。〈经 1991 年 11 月 30 日第 4408 号法案；1993 年 6 月 11 日第 4566 号法案修订。〉

第六章 纪律处分和处罚规定

第 22 条（纪律处分等）

如公职人员、公共服务相关组织的高级人员或雇员有以下各项行为，有管辖权的公务员道德委员会可要求通过解雇或给予纪律处分的决议：〈经以下法案修订：1994 年 12 月 31 日第 4853 号法案；2001 年 1 月 26 日第 6388 号法案；2005 年 5 月 18 日第 7493 号法案；2006 年 12 月 28 日第 8098 号法案。〉

1. 未能登记财产，违反第 5（1）条的规定。

2—1. 未能申报变动事项、申报股票交易详情或附加说明材料，违反第 6（1）条［若是在 12 月开始负有登记责任，还包括第 6（3）条的规定］、第 6（7）条、第 6—2 条、第 11（1）条的规定。

2—2. 面对第 8（13）条规定中公务员道德委员会提出的证明要求，做出虚假证明，或提交伪造数据。

2—3. 未能证明或提交证据资料，并且缺乏正当理由，违反第 8（14）条的规定。

3. 未经许可查阅或复制登记事项，或促使他人查阅或复制，违反第 10（3）条的规定［包括在第 11（2）条项下经必要的变通后适用的情况］。

4. 在财产登记上不诚实，例如做出虚假登记等，违反第 12（1）条的规定［包括在第 6—2（4）和 11（2）条项下经必要的变通后适用的情况］。

5. 在登记事项上未能遵从有关公务员道德委员会等机构的审查要求，违反第 12（2）条的规定［包括在第 6—2（4）和 11（2）条项下经必要的变通后适用的情况］。

6. 将登记财产的有关事项用于本法规定用途以外的其他用途，违反第 13 条后半部分的规定［包括在第 6—2（4）和 11（2）条项下经必要的变通后适用的情况]。

7—1. 向他人披露登记财产的有关事项，违反第 14 条的规定［包括在第 6—2（4）、11（2）和 14—4（6）条项下经必要的变通后适用的情况］。

7—2. 未能做出申报，违反第 14—4（1）条的规定。

7—3. 购买股票或未能就此做出申报，违反第 14—6 条的规定。

7—4. 要求提供受托财产的管理、运作和处置信息，违反第 14—7（1）条主句的规定。

7—5. 参与受托财产的管理、运作和处置，违反第 14—7（2）条的规定。

7—6. 终止股票全权信托合同，违反第 14—10（2）条的规定。

8. 未能申报外国或外国人的礼品或上交礼品，违反第 15 条的规定。

【本条经 1993 年 6 月 11 日第 4566 号法案全面修订】

第 23 条　已删除

〈被 2001 年 7 月 24 日第 6494 号法案删除。〉

第 24—1 条（拒绝登记财产罪）

1. 登记责任人无正当理由拒绝登记财产的，判处一年以下监禁，或 1000 万韩元以下罚金。

2. 第 10—2（1）和（2）条规定的公职候选人，无正当理由未能提交登记财产报告的，判处六个月以下监禁，或 500 万韩元以下罚金。

【本条经 1993 年 6 月 11 日第 4566 号法案全面修订】

第 24—2 条（拒绝股票全权信托罪）

须披露财产等事项的人未能出售其拥有的股票，或为其拥有的股票设立股票全权信托，违反第 14—4（1）或 14—6（2）条的规定，并且缺乏正当理由的，判处一年以下监禁，或 1000 万韩元以下罚金。

【本条由 2005 年 5 月 18 日第 7493 号法案新增】

第 25 条（提交虚假数据罪）

各机构、组织或企业负责人被公务员道德委员会［包括登记机构等单位的负责人，公务员道德委员会根据第 8（11）条的规定，向其转授财产登记的权限；这一规则在下文第 26 条中同样适用］或股票全权信托审查委员会要求根据第 8（4）和（5）条［包括在第 6—2（4）、11（2）

和14—4（6）条项下经必要的变通后适用的情况］提交报告或数据等，结果提交虚假报告或虚假数据，或拒绝提交报告或数据，并且毫无正当理由的，判处一年以下监禁，或1000万韩元以下罚金。〈经2006年12月28日第8098号法案修订。〉

【本条经2005年5月18日第7493号法案全面修订】

第26条（拒绝出席罪）

收到有关公务员道德委员会根据第8（6）条［包括在第6—2（4）、11（2）和14—4（6）条项下经必要的变通后适用的情况］提出的在委员会席前说明情况的要求，但未能遵从要求行事，并且毫无正当理由的，判处六个月以下监禁，或500万韩元以下罚金。〈经以下法案修订：1994年12月31日第4853号法案；2001年1月26日第6388号法案；2005年5月18日第7493号法案。〉

【本条由1993年6月11日第4566号法案新增】

第27条（未经许可查阅和复制罪）

未经许可查阅或复制财产登记事项，或促使他人查阅或复制，违反第10（3）条的规定［包括在第11（2）条项下经必要的变通后适用的情况］，应当判处一年以下监禁，或1000万韩元以下罚金。〈经1994年12月31日第4853号法案；2001年1月26日第6388号法案修订。〉

【本条由1993年6月11日第4566号法案新增】

第28—1条（泄密罪）

（1）参与或曾经参与财产登记事务的人，或在履职过程中得知财产登记相关事项的人，披露了不向公众公开的登记财产相关事项，并且缺乏正当理由，违反第14条的规定［包括在第6—2（4）、11（2）和14—4（6）条项下经必要的变通后适用的情况］，应当判处一年以下监禁，或1000万韩元以下罚金。〈经2001年1月26日第6388号法案；2005年5月18日第7493号法案修订。〉

（2）掌握金融交易细节材料的人向他人披露该等材料，或为其他目的利用该等材料，违反第14—3条的规定［包括在第6—2（4）、11（2）和14—4（6）条项下经必要的变通后适用的情况］，应当判处三年以下监禁，或2000万韩元以下罚金。〈1994年12月31日第4853号法案；2001年1月26日第6388号法案；2005年5月18日第7493号法案新增。〉

（3）第（2）款所指的监禁和罚金，可同时判处。〈1994年12月31日第4853号法案新增。〉

【本条由1993年6月11日第4566号法案新增】

第28—2条（违反禁止参与股票全权信托禁令罪）

（1）须披露财产的人或其利害关系人要求提供受托财产的管理、运作和处置信息，违反第14—7（1）条主句的规定，或者信托公司、资产管理公司、投资公司或销售公司的高级人员和职员满足了上述提供信息的要求，应当对他们分别判处一年以下监禁，或1000万韩元以下罚金。〈经2006年12月28日第8098号法案修订。〉

（2）须披露财产的人或其利害关系人参与受托财产的管理、运作和处置，违反第14—7（2）条的规定，应当判处一年以下监禁，或1000万韩元以下罚金。

【本条由2005年5月18日第7493号法案新增】

第29条（违反就业限制罪）

退休的公职人员受雇于营利性私营企业或联营组织，违反第17（1）条的规定，应当判处一年以下监禁，或1000万韩元以下罚金。〈经2001年1月26日第6388号法案修订。〉

【本条由1993年6月11日第4566号法案新增】

第30条（过失罚金）

（1）应当对以下各项所指的人，判处2000万韩元以下的过失罚金；〈经2006年12月28日第8098号法案修订。〉

1. 被有关公务员道德委员会根据第8—2（1）2条的规定［包括在第6—2（4）、11（2）和14—4（6）条项下经必要的变通后适用的情况］，决定处以过失罚金的人。

2. 面对有关公务员道德委员会根据第8（13）条的规定提出的证明要求，做出虚假证明或提交虚假数据的人。

3. 未能证明或提交规定材料，并且缺乏正当理由的人。

（2）应当对以下各项所指的人，判处1000万韩元以下的过失罚金；〈经2006年12月28日第8098号法案修订。〉

1. 缺乏正当理由，拒绝遵照第17（2）条中的要求提交材料，或提交虚假材料的营利性私营企业或联营组织负责人。

2. 拒绝按照第19（2）条中的要求解雇违规人员的营利性私营企业或联营组织负责人。

（3）各公务员道德委员会应当向法院告知第（1）款和第（2）款项下应缴过失罚金之人的罪行，根据《非争议案件诉讼程序法》进行过失罚金的审讯。〈经2006年12月28日第8098号法案修订。〉

【本条由1993年6月11日第4566号法案新增】

韩国公职人员廉正准则

2003年2月8日第17906号总统令

提要：韩国《公职人员廉正准则》在2003年2月8日以总统令的形式颁布实施。该准则共分为6章：总则（第1—3条）、公平履行职责（第4—9条）、禁止给予或接受不正当的好处（第10—14条）、为公务员创造健康的环境（第15—17条）、违反措施（第18—21条）、补充规定（第22—24条）。

该准则在第一章中，明确该法令的制定目的，即规定公职人员的行为标准。该准则对公正履职、使用公共财产为个人牟利、使用与工作相关的信息进行交易、收受金钱和其他礼品、外出演讲、借款等特定行为进行了规定，可以说是补充了前文《公职人员伦理法》没有规定的内容。

第一章 总则

第1条 目标
依据反腐败法第八条，该法令的目的是规定公职人员的行为标准。

第2条 限制
这项法令中所使用的术语的定义应如下所示：

"相关责任人"一词是指其业务涉及公共部门责任的人，包括个人（一个公职人员，以个人身份做事，必须被视为责任人）或组织及下面所列举的：

（1）已经提交或者确认提交民事诉状的个人或组织，根据第二篇民事诉讼程序法执行令的第二条和第四条。

（2）任何个人或组织将通过取消授权或许可体验暂停业务，征收附加费和罚款的直接优势和劣势。

（3）任何个人或组织都应接受调查、审计、监督、检查、控制和行政指导。

（4）任何个人或组织将通过裁决、决定、行政许可、评价，考试、评估、调解和仲裁等体验直接优势和劣势。

（5）任何个人或组织都应接受征兵，调动和动员。

（6）任何个人或组织都可以签署或者确定签署与一个国家或当地政府的合同。

（7）任何与反腐败相关或由中央政府指派的其他个人或组织（包括任何在总统和总理以下的领导），当地政府的领导，特别市或道的教育负责人（以下简称"中央管理机构负责人"）。

这里所说的"责任相关公职人员"是指拥有直接优势和劣势（在事件中，机构应该指派有经验的人，意思是公共部门负责相关业务的官员），在与其他公职人员履行具体职责的同时，其权利范围由中央行政机关的负责人决定。

礼物是指商品、证券、住宿券、会员卡、门票或者没有任何索求的其他等价物（包括以低于市场商品价格获得）。

"娱乐"一词意味着提供食品、饮料、高尔夫球轮或交通、住宿等方面的便利。

第3条 应用范围

这项法令适用于国家公职人员（不包括在国民议会、法院、宪法法院和国家选举委员会控制下的国家公职人员）和地方公职人员。

第二章 公平履行职责

第4条 妨碍公务的处理准则

1. 当上级为了追求他自己或者任何第三方的利益而发出错误的指令，这可能会严重阻碍公平履行职责。公职人员在向上一级作出说明后可以拒绝遵守这样的命令。

2. 尽管按照上文第一条指令不必履行，公职人员应立即向他的机构负责人报告（以下简称"公务员行为准则"），向第 23 条指定的人员报告。

3. 在公务员行为准则中，应当需要依据条款第二条时，应该确认这些指令的详细信息。当取消或修改原指令是必要的时候，公职人员应当向机构有关的负责人报告。

4. 当机构的负责人收到关于条款 2 或者 3 时，应当采取适当的措施，包括但不限于原指令，必要时修改或取消。

第 5 条　避免与个人利益相关的责任

1. 一名公职人员应该判断他或她是否有公平履行职责的困难，由于他的职责关乎其个人和亲属（根据公务员法第 767 条，以下简称"同样适用"）等三层关系，他或她应立即咨询上级或公务员行为准则规定的可以避免此类责任的官员。

2. 直接的或公务员行为准则规定的高级官员，应根据第一条回答咨询，如公职人员继续履行职责不适用，应该向机构领导报告。然而，这名官员可以临时指派该公务员去履行其他的职责，并且不向机构负责人报告，前提是这名官员有权利这样做。

当机构负责人收到条款 2 的报告时，应当采取必要的措施以确保公正履行职责，包括但不限于重新分配工作。

第 6 条　杜绝优惠待遇

公职人员在履行自己的职责时，不能给予同地区，或有亲缘关系，或校友等人任何优惠待遇。

第 7 条　禁止使用未指明用途的预算

公务员不应当因为公共机构执行预算而承担其机构的财产损失，包括差旅费和超过规定的其他运行开支。

第 8 条　处理来自政界的不公正要求

1. 当来自政治家或其他政党的官员强迫或恳求公务员进行偏袒时，公务员应当向其机构领导报告或咨询公务员行为准则来处理此事。

2. 机构的领导或公务员行为准则规定的其他官员在收到报告，提供咨询之后，应当采取必要措施使得公务员能够公平履行职责。

第 9 条　禁止私人请求

1. 公务员禁止为任命、晋升、调整等个人事务向任何第三方人事官员做出请求。

2. 公务员不得利用职务便利非法干扰任命，晋升，调整人事安排。

第三章　禁止给予或接受不正当的好处

第 10 条　禁止特权干预

1. 公务员不得利用自己的职务便利为自己或他人牟取不正当利益。

2. 公务员不得允许自己或他人使用其机构或职权牟取不正当利益。

第 11 条　禁止调解或教唆

1. 公务员禁止使用良好的办公条件或招标等妨碍其他公职人员公正地履行自己的职责，来为自己或第三方牟取不正当利益。

2. 公职人员不得为自己或其他第三方而向与其职责相关的任何人或者公职人员牟取不正当利益。

第 12 条　禁止使用与工作相关的信息进行交易

1. 公职人员不得进行任何涉及证券或房产等财产的交易或投资，不得利用职权便利获得信息，也不得为其他任何寻求交易或投资的人提供信息。

2. 与此条相关的第一条，根据该领域的职权，中央部门的负责人，应当为商业交易限制和其他利用职权便利事宜设置详细标准。

第 13 条　禁止使用公共财产为个人牟利

无正当原因，公职人员不应该将公车、船只和飞机等公共财产私用或从中牟利。

第 14 条　收受金钱或其他物品的限制

1. 公职人员不得收取金钱、贵重物品、房产、礼物或者其他类似产品（以下简称"金钱和其他条款"），但是这项规定不适用于以下内容：

（1）法律规定的金钱和其他索赔，如偿还债务。

（2）在法律规定范围内提供的食物和便利。

（3）由赞助商为公务活动的参与者提供的餐饮、住宿和交通。

（4）分发给非指定人员的纪念品和宣传品。

（5）钱或者其他物品等被用来提供给遭遇疾病或灾难的有需要的公职人员。

（6）金钱和其他被有关机构限制影响履行职责的物品。

2. 公职人员不应该从其他具有利害关系的公务员那里收受金钱和礼品。但是，这项规定不适用于以下内容：

（1）当适用于第一条时。

（2）在常规做法范围内提供的小礼物。

（3）由同事或其他党派的人士赠予的金钱和礼品。

（4）高一级的官员赠送给低一级的官员金钱和礼品用以鼓舞士气和奖励。

（5）公职人员不应从以往的相关责任人或与其指责有关的其他人或官员中接受金钱和礼品。但是，这一条款不适用于条款1和条款2所规定的情形。

（6）公职人员应当防止配偶或者直系亲属从条款1和条款3所规定的人中获取好处。但是，这不适用于条款1及条款2规定以下的人。

第四章 为公务员创造健康的环境

第15条 外出演讲等

1. 一名打算外出做演讲、报告或参加研讨会、培训课程、公开论坛等的公务员（以下简称"外出作报告"），三个月或一年内超过四次，或者8个小时，应当向其上级机关报告邀请自己的组织、原因、要求、地点、时间等一系列细节。但是，以下情况无须报告，例如他或她参加法律和规章允许的与其职责相关的活动。

2. 根据第一款，外出讲座不应超过请求方常规的邀请标准。

3. 在事件以外的讲座，根据1条的公职人员，如果他或她已收到每次超过50万韩元的酬金，则应当按照1款所规定的向其机构负责人报告。

第16条 禁止借款

1. 公职人员不得无偿（包括与市场价值不相称的补偿）从职务相关的人借款和租赁房屋（除了第三条所规定的，其他均适用于此类）。但是，贷款在普通条件下从金融机构申请，该法不适用于第二条所规定的实名交易和保密保证。

尽管有第一条的规定，公职人员若打算从与其有利害关系的人中无偿借款或租赁房屋，应当如实向上级机关报告。

第17条　关于对祝贺、慰问、调研等收受礼金和礼品的限制

1. 公职人员禁止因祝贺或慰问而通知与其职责相关的人，但是以下情况除外：

（1）通知亲属。

（2）通知当前或以前办公室的同事。

（3）通过报纸和广播发出通知。

2. 公职人员不应该通过祝贺或慰问收取超过中央机构在考虑普通公务员的意见后已经规定的标准的金钱或礼品，以下情况除外：

（1）公职人员和他的亲属之间因祝贺或慰问而收取的金钱或礼品。

（2）依据其协会的章程或法规，由公职人员所属的宗教组织或友好型社会给予的金钱或礼品。

（3）由中央机构因祝贺或慰问而赠送的其他礼品。

第五章　违反措施

第18条　咨询的合法性

当一名公职人员不确定目前是否履行职责时违反规定，他可以向行为准则干事咨询。

第19条　违规的举报和确认

1. 任何一个人都会意识到公职人员违反这项法令都应向行为准则规定的主管机构提交报告，这等公职人员应该是一个机构的主管或副部长等以上的级别，这样的报告可以向韩国反腐败独立委员会提交。

2. 提交报告的人应在报告中指明，他或她的个人详细资料，包括违规者的名称、地址和违反的细节。

3. 该机构负责人在该机构所属的公职人员或机构的行为守则，应根据第1款收到违反的报告，并保证其机密性，并应采取必要措施，使报案人不得因该报告而受到不利待遇。

4. 行为准则执行官应当确定违反段落一的条款，然后交给相关的负责人，并将有关的内容提交给相关的公职人员。

第 20 条　纪律处分等

机构的负责人，应当在他或她收到 19 条第 4 款所规定的报告后，采取必要的措施，包括对有关公职人员的纪律处分。

第 21 条　金钱和其他条款的禁止处置

1. 公职人员收到钱或其他礼品，违反了第 14 条或第 17 条第 2 款，应立即将金钱或礼品返还给提供方。在这种情况下，有关的公职人员可以要求其所属的机构的负责人附书面证据。

2. 在事件中，按照第一条所规定的应返还金钱和礼品，应该承受损失、腐烂、变质或者由于地址和姓名的原因很难返还的，有关公职人员应立即向他或她的机构负责人报告这样的事实，并由机构负责人负责处置。

第六章　补充规定

第 22 条　教育

1. 中央机构的负责人应当在其职权下为教育部门的公职人员提供时间表，来确保他们遵守这项法令，并且每年执行一次。

2. 中央机构的负责人，应该在其职权范围内对新任命的公职人员进行教育。

第 23 条　准则执行者的任命

1. 中央机构的负责人应该在其职权范围内任命准则的执行机构和四个同等级别的机构负责人。但是，依据其规模、性质和职权范围，在机构任命准则执行者不合适的时候，该准则该条款不适用。

2. 作为法律规定，准则的执行者有对其机构的公职人员进行相关教育和咨询以及是否应该遵循本条款的义务。

3. 准则的执行者不得披露这项法律咨询过程中的任何秘密。

4. 对于没有任命准则执行者的机构来说，准则的执行者应由更高一级的机构来执行此类事务，以保证公职人员的廉洁自律。

第 24 条　由机构执行的准则

1. 中央行政机构的负责人可以在该机构的执行本命令必要性的范围内，对该机构（以下简称"机构具体行为守则"）的性质进行详细的维护等行为。

2. 中央行政机构的负责人，根据第 1 款设立或者修改特定行为规范，应当通知韩国反腐败独立委员会。

3. 韩国反腐败独立委员会认为，根据第 2 款通知的具体行为守则是不合适或不适当的，可以向有关机构建议采取补救措施。

4. 韩国反腐败独立委员会可以根据第 1 款对该机构具体的行为准则进行操作。

附　　录

1. 这项法令在颁布三个月后生效。

2. 适用于外部讲座的第 15 条规定，在本条例颁布后执行。适用于借款或者房地产租赁的第 16 条，在本条例颁布后执行。

新加坡部长行为准则

提要：新加坡政府早在1954年就制定了《部长行为准则》，后来多次对该准则进行修改，2000年时又重新修订了该准则。准则里明确指出，政府部长身居要职。确保部长的行为不损害其自身的公信力及政府的权威至关重要。准则要求，所有部长在其履行公务的过程中均应始终依据最高的廉洁、责任、诚实、正直和勤勉标准行事。该准则包括个人利益的披露、董事、合伙人及职位、经济利益、与公务员的关系、新闻、接受礼品及服务、附件等内容。附件是对收受礼品及服务的规定作了补充说明。

该准则规定，这些规定是必须遵守的"义务规定"，所有部长都必须遵循这些标准，违反规定可能导致该部长被免职。准则还指出，部长个人应对遵守本《部长行为准则》负责，并应自行决定如何最好地按照本准则行事。但是准则也明确规定，该准则不具备法律效力，因此，任何有关遵守与否的问题都不受任何法院或法庭的复核。

自1954年起生效的《部长行为准则》详细规定了部长的行为及个人事务安排标准。该准则自颁布以来，不时历经修改。

现特重新颁布本《部长行为准则》，其中包含迄今为止所作的所有变更以及有关收受礼品的补充规定。

政府部长身居要职。确保部长的行为不损害其自身的公信力及政府的权威至关重要。因此，所有部长在其履行公务的过程中均应始终依据最高的廉洁、责任、诚实、正直和勤勉标准行事。

本《部长行为准则》规定了所有部长坚守这些标准所需遵守的"义

务规定"。违反任何一条"义务规定"均可能导致该部长被免职。

部长个人应对遵守本《部长行为准则》负责，并应自行决定如何最好地按照本准则行事。

1. 个人利益的披露

为应对潜在的腐败及来历不明财富的指控，并避免个人利益和公共职责之间的矛盾，每位部长均必须在就任后秘密向总统（通过总理）披露：

（a）其收入来源（部长及国会议员的薪酬除外）。

（b）其资产，包括所有金融资产、不动产、在任何公司或专业实践中的权益，以及任何其他重要的个人资产。

（c）其金融负债，包括抵押和借款。

2. 董事、合伙人及职位

2.1 部长担任任何专业事务所或其他企业的合伙人的，必须在就职后立即停止其在此类机构中的受薪职务行为或在其日常事务管理中发挥任何作用。但是，部长可以采取必要的措施以防止其专业认证或注册失效。

2.2 下文第2.3或2.4款中规定的情况除外：

（a）部长不得担任任何商业机构的正式或咨询类职能，或从中收取任何形式的报酬。

（b）部长不得担任任何上市公司或私人公司的任何董事职位，无论是否有报酬。

2.3 如果总理认为符合国家利益，则经过总理许可，部长方可在特定企业内部担任董事职位，或参与或涉及特定商业机构的任何活动。总理的许可必须在公报上发布。

2.4 部长还可以接受下列机构的董事职位或其他职位（名誉形式或其他形式）：

（a）任何慈善机构。

（b）为持有私人家族资产或改良个人税制或促进审慎的遗产规划之目的而成立的私人公司，前提是其中不存在职权及利益冲突。

3. 经济利益

3.1 部长必须小心避免其职务和其私人经济利益之间的任何实际或可能的利益冲突。此类冲突或冲突感知可能产生于：

（a）以有利于或看起来有利于所持有的个人利益的方式行使权力或影响力。

（b）使用其担任部长过程中所获知的特殊信息为其私人经济利益带来收益或避免其损失（或可能引发相关的合理怀疑）。

3.2 因此，部长不得进行任何可能，甚至是可以预见的，会因此导致其个人经济利益与其公共职责相冲突的任何交易。

3.3 此外，部长也不得使用其官员影响力支持其在当中拥有个人利益的任何企业、项目或计划，第2.3款中许可的除外。

3.4 部长不得接受任何正与政府谈判、正寻求获得任何许可证或与政府达成任何合同关系的人的任何馈赠。

3.5 在任何情况下，部长均不得将其作为部长而获知的任何官方信息用于其自身的营利或任何家人或关联人的营利目的。

3.6 部长必须小心避免凭借其职位以及提前获知任何信息或获知机密信息的特殊途径从而获得相对于其他投资者而言更为有利的条件的投机性投资。

如果出现个人利益和公共职责相冲突的情况，则部长必须披露产生冲突的经济利益。如果其中存疑，其应放弃或处理产生实际或潜在冲突的经济利益。

4. 与公务员的关系

4.1 部长不得使用其影响力支持任何人进入新加坡公务员系统（Singapore Civil Service）或在其中得到晋升。但是，部长可向其认识的人提供一份初次受聘于新加坡公务员系统的书面证明。

4.2 如果某位部长熟悉公务员工作，且公务员委员会或公共服务署为评估公务员的业绩表现而寻求其意见，则该部长可就该事项提供其意见。

4.3 部长不得指示或要求公务员做任何可能与新加坡公务员系统"清廉、公正、正直和诚实"的核心价值观相冲突的事情或履行任何此类职能。部长应尊重公务员在所有政治事项及存在公众争议的事项中保持中立的职责。

5. 新闻

部长不得参与任何形式的，与其作为政府工作人员的责任及职责相矛盾或违反集体部长责任制原则的新闻报道。

6. 接受礼品及服务

6.1 经常会有人想要部长利用其职位为其获取一些不适当的优势，使得部长面临过度的压力。

部长必须拒绝任何此类企图，特别是伴以任何类型的礼品时（包括任何无形利益、款待、门票、优惠或免费或估价过低的服务）。

6.2 部长不得接受任何人提供的可能或可能看起来会让部长面临与其公共职责相冲突的义务的礼品。

6.3 部长还必须确保其配偶、子女及其他通常与之居住在一起的受抚养家属不接受任何人可能或可能看起来会让部长面临与其公共职责相冲突的义务的礼品。

6.4 为避免疑虑，本准则不应阻止部长或其家庭成员接受：

（a）家人或朋友以真正的个人身份赠送的礼品。

（b）与部长职务明显不相关的礼品。

（c）一般不会被认为影响或可能影响部长履行其职责的礼品，如日历和办公日志等偶尔的不昂贵的礼品，以及在当时情况下正常的常见且适度的款待。

有关接受礼品及服务的说明见本准则中供指导部长所用的附件。

本《部长行为准则》并不详尽。因此，部长应小心避免所有可能令人产生其可能在做任何本准则禁止的事情的印象的交易。部长应在其谨慎、周全地处理其事务。

和适用于部长一样，本《部长行为准则》同样适用于政务部长和政务次长。本准则不具备法律效力，因此，任何有关遵守与否的问题都不受任何法院或法庭的复核。

本准则应自2005年7月4日起生效，并取代1979年1月8日生效的《部长行为准则》（Cmnd. 2/1979）（经 Cmnd. 4/1989 和 Cmnd. 3/1997 修订）。

附件
第6款有关接受礼品及服务的说明

部长可能发现下列特定规定对于《部长行为准则》第6.1至6.3条有用。

1. 有关公共成员的礼品

（1）所有礼品均应拒收或立即退还给赠予人，并亲自解释如果接受礼品将违反本准则。

（2）但是，如果退还礼品会导致冒犯，或无法退还礼品，则应将礼品转交给该部长所在部的常务秘书处理。

（a）如果接受者希望保留该礼品，其可以在对礼品进行正式估价后以礼品的现金价值从政府购买该礼品，或者，如果礼品价值低于50新元，则接受者可不支付任何款项而保留该礼品。

（b）如果常务秘书认为礼品有意义，则礼品可在该部所在的场所加以展示或公用（无论是否提前经过正式估价）。

2. 在正式访问期间交换礼品或接受来自外国政府的礼品属于认可的惯例。因此，虽然部长、其配偶或子女不应接受任何人赠予的可能或可能看起来会让该部长面临与其公共职责相冲突的义务的礼品，但要做到不明显失礼地拒绝正式访问期间交换的礼品或来自外国政府的礼品可能很难。接受者可在某些未来场合将该礼品当作礼貌的标志加以使用或展示。此类礼品的性质更多的是送给部长职务而非部长本人的礼品。因此，部长或其配偶或子女在正式访问期间交换的或接受的来自外国政府的所有此类礼品均应转交给部长所在部的常务秘书，且下列规定也应适用：

（a）如果接受者希望保留该礼品，其可以在对礼品进行正式估价后以礼品的现金价值从政府购买该礼品，或者，如果礼品价值低于50新元，则接受者可不支付任何款项而保留该礼品。

（b）如果常务秘书认为礼品有意义，则礼品可在该部所在的场所加以展示或公用（无论是否提前经过正式估价）。

（c）如果该部长希望互赠礼品，则该礼品应由政府出资购买。

3. 对礼品的正式估价应由财政部的一位常务秘书指定的一位估价师进行。本规范所述的礼品估价应与赠送给公务员的礼品的估价相同。

联合国国际公务员行为准则（2013）

提要：《联合国国际公务员行为准则》于2013年颁布实施。准则共有54条，包括20个方面的内容：引言、指导原则、工作关系、职权骚扰和滥用、利益冲突、信息披露、联合国组织资源的利用、离职限制、秘书处的角色、职员—管理层的关系、同会员国及立法机构的关系、与公众的关系、与媒体的关系、信息使用和信息保护、尊重不同的风俗与文化、安全防范与保障、个人行为、外间受雇和活动、礼物、荣誉和来自外界的报酬、结语。

在引言部分里，该准则明确提出国际公务员的职责和使命：促进国际和平，尊重基本权利、经济社会进步和国际合作。准则也提出，联合国组织体现的价值观必须是那些能够指导国际公务员各方面行动的准则，包括：尊重基本人权、社会公正、人的尊严和价值；尊重男女权利平等；无论国家大小，尊重国家平等。可以看出，联合国提出的这些价值观与国际公务员的角色和职责紧密联系，也反映了联合国宪章的要求，国际组织的特点十分鲜明。

引　言

1. 联合国和各专门机构体现了世界各国人民的最高愿望。它们的目标是拯救后代免于战争灾祸，并使每一个男人、女人及孩童都能活得有尊严、有自由。

2. 国际公务员承担着将这些理想化为现实的责任。这依赖于在成员国之间形成的公共管理的伟大传统：才干、正直、公正、独立和谨慎。在这之上，国际公务员还有特殊的使命：促进国际和平，尊重基本权利、经济社会进步和国际合作。因此，坚持最高标准的行为准则是国际公务员义不容辞的责任；因此，最终正是国际公务员使得联合国体系得以实现一个公正和平的世界。

指导原则

3. 联合国组织体现的价值观必须是那些能够指导国际公务员各方面行动的准则，包括：尊重基本人权、社会公正、人的尊严和价值；尊重男女权利平等；无论国家大小，尊重国家平等。

4. 国际公务员应共享其组织的愿景。国际公务员对这一愿景的忠诚是其廉洁正直和国际视野的保证；供给公务员预期组织共享同一愿景能确保其将组织利益置于个人利益的高处，同时确保其本着负责任的态度使用公共资源。

5. 联合国宪章规定的廉正概念包含了国际公务员行政行为的各个方面，主要包括诚实、正当、公正、廉洁之类的素质；这些素质是宪章规定的才干和效率的基本。

6. 宽容和理解是人的基本价值观。这些价值观对国际公务员至关重要，因为他们必须一视同仁地尊重所有人，不能带有任何的区别和偏见。这一方面形成了对各方需求都很敏感的一种气氛和一种工作环境。为了在多元文化的背景下实现这一目标，就需要大力呼吁积极的肯定而非消极的接受。

7. 国际忠诚意味着忠诚于整个联合国系统，而不仅只忠诚于国际公务员所属的组织；国际公务员有义务了解和例证这一广义范围内的忠诚。当多个国际组织的国际公务员同时服务于同一国家或地区，则保持对其他国际组织公务员的合作和理解态度就显得极其重要。

8. 如果要维持国际公务员制度的公正性，国际公务员本身就应该独立于其组织以外的任何权威；并且他们的行为必须反映这种独立性。与其就职宣誓一致，国际公务员不应寻求也不应接受任何政府、个人或组织以外实体的指令。需要着重强调的是，国际公务员在任何意义上都不是政府或其他实体的代表，更不是其政策的支持者。这同样适用于那些从各国政府借调而来的国际公务员，也适用于那些可以从其他地方获取的服务项目。国际公务员应时刻注意的是，只要他们效忠于联合国宪章和各国际组织的相应文书，联合国成员国及其代表将致力于尊重他们的独立地位。

9. 公正意味着容忍和克制，特别是处理政治或宗教信仰。虽然国际公务员个人的看法和观点仍然不可侵犯，但他们没有同其他个体一样的自由，不能对有争议的事件以个人或群体成员的身份、无论使用任何媒介公开地表达自己的观点。这可能意味着，在某些情况下，国际公务员个人的观点只能通过机智和谨慎的方式得以表达。

10. 这并不意味着国际公务员必须放弃他们个人的政治观点或国家观点。然而，这意味着，他们必须在任何时候都保持着广阔的国际视野和对整个国际社会的理解。

11. 国际公务员的独立性并不与联合国是一个由成员国构成的组织（有时还有其他组织的构成）这一事实相冲突和模糊。国际公务员行为准则有利于进一步加强各成员国的良好关系，并有助于增强其对组织秘书处的信任和信心，进而该准则可以使整个成员国紧密团结起来，共谋利益。

12. 对特定国家或地区项目负责的国际公务员，要求其在保持政治独立性方面要特别谨慎小心。有时，他们可能需要听从东道国的指示，但这不应损害其独立性。在任何时候，如果他们认为这种指示威胁到他们的独立性，则必须请示其上级主管。

13. 各级国际公务员均应对其履行职责过程中实施的行为、做出的决定和承诺负责。

14. 国际视野源于对联合国系统各组织内法律规定的目标和宗旨的理解及忠诚。尤其是，这意味着尊重持有不同观点的人，遵循不同的文化习俗。这需要一种工作意愿，不对任何民族的任何人怀有偏见；这需要一种工作灵敏性，以知晓别人对自身言语和行动的看法。这要求国际公务员避免任何可能被理解为偏见或不容人的表达。由于不同的文化有不同的工作方式，国际公务员应不拘泥于自己国家或地区的工作态度、工作方式和工作习惯。

15. 不受歧视是一项基本人权。国际公务员应没有任何区别地尊重所有人的尊严、价值和平等权。应尽力避免基于刻板印象的一切假设。联合国宪章的主要原则之一就是男女平等，因此，各组织应尽自身最大的努力促进性别平等。

工作关系

16. 管理者和监督者担任领导职务，因此，确保形成和维持相互尊重的和谐工作环境是他们的职责。他们应对所有的观点和看法保持一种开放的态度，并确保每位职员的优点得到准确的识别。他们需要为有需要的职员提供相关支持；特别是当工作人员收到来自其履行职责所产生的批评时，这点尤为重要。管理者还有责任引导和激励其职员，促进他们的发展。

17. 管理者和监督者是职员的榜样，因此他们有必须坚持最高行为准则的特殊义务。管理者从其职员处索取优惠、礼物或贷款等行为是不正当的；他们必须公正形式，不偏袒、不恐吓。当涉及其他人的任职或事业问题，国际公务员不应试图因个人原因去影响其他同事。

18. 管理者和监督者应与员工进行有效的沟通，并与他们分享相关信息。国际公务员有向其监督者提供所有相关事实和信息的相互责任，并遵守和捍卫其监督者做出的任何决定，即使这些决定不与其个人观点相一致。

19. 国际公务员必须遵守其接收到的与其官方职能相匹配的一切指令，此外，如果他们对收到的指令是否与宪章或其他任何宪制性文件、政府机构的决定或行政条规相一致有怀疑态度，则应立即征询自己的上司。如果国际公务员和其主管不能达成一致，则公务员可提出出示书面指示的要求。这些书面指示可能受到相关体制机制的挑战，但是，任何挑战和冲击都不应拖延指令的执行。国际公务员也可以在官方文件中记录自己的观点和看法。国际公务员不应遵守那些明显违反其官方职能或威胁自身或他人安全的书面或口头指令。

20. 国际公务员有责任向上级汇报任何违反该组织规章制度的行为，其组织机构的责任则在于采取适当的行动，配合正式授权的审计或调查活动。如实汇报违反行为或配合审计调查的国际公务员有权利获得相关保护，以免遭受打击报复。

职权骚扰和滥用

21. 任何形式的骚扰均是对人类尊严的侮辱，国际公务员不得从事任何形式的骚扰。国际公务员有权获得一个没有任何职权骚扰和滥用的工作环境。所有的组织都必须禁止任何形式的骚扰。组织机构有责任制定相关规则，并对职权骚扰和滥用的构成以及如何解决不可接受的行为提供有关指导。

22. 国际公务员不得滥用职权，或利用自己的职权或职位做出具有攻击性、侮辱性的、令人尴尬或恐吓他人的行为。

利益冲突

23. 当一名国际公务员的个人利益干扰了他/她职责的履行，抑或是其产生了对国际公务员需具备的正直的品质、地位的独立性和公正性产生了怀疑，则可能会发生利益冲突。利益冲突包括国际公务员自身或第三方直接或间接地从其组织机构相关之处获得的不当收益。利益冲突可能在国际公务员自身及其家族与第三方、个人、受益人或其他机构的往来中产生。如果利益冲突已经产生或存在产生的可能性，则这种冲突应以组织利益的最大化为前提进行披露、处理和解决。涉及导致利益冲突的相关问题可能非常敏感，需要谨慎对待。

信息披露

24. 国际公务员应避免协助与他们组织打交道的第三方，因为这可能会导致实际的或想象的优惠待遇。这在采购事项或预期就业谈判中尤其重要。有时，由于国际公务员立场或职能与组织政策的一致性，如果有必要组织会要求他们披露某些个人的资产信息，以使组织能确保没有冲突。该组织必须确保所披露信息的保密性，并且只能在为达到某些特定目的或由相关国际公务员授权的情况下使用这些信息。国际公务员也应该提前披露可能在履行职责过程中产生的利益冲突，并征求缓解或补救的相关意见。他们应该以保持和增强公众对其自身以及其组织信任的方式履行自己的职责和开展自己的个人事务。

联合国组织资源的利用

25. 国际公务员有责任维护联合国的资源，这些资源主要用于完成组织使命和推进组织利益的最佳化。国际公务员只能将组织的资产、财产、信息等资源用于特定授权和谨慎对待的目标。组织可以允许有限的个人使用组织的资源，如电子和通信资源。

离职限制

26. 国际公务员在离开联合国组织的服务岗位后，不应再利用其以前的职能和职位获得不当利益，包括擅自使用特权或发布机密信息；同时，国际公务员，包括服务于采购工作的人员以及申购干事，均不应试图过度影响组织的决策以获得第三方的利益或应第三方的要求，寻求一个受雇于第三方的机会。

（总部和外地工作地点）秘书处的角色

27. 所有秘书处的主要职能是协助立法机构的工作，并实施他们的决定。行政首长负责指导和控制秘书处的工作。因此，当国际公务员向立法机构或委员会提交提案或主张时，他们代表的是行政首长的立场，而不是个人或组织单位的立场。

28. 国际公务员在向立法或代表机构提供服务时，他们谋求的应该是整个组织利益，而不是个人或组织单位的利益。在没有行政首长批准的前提下，国际公务员不应对政府或其他国际公务员制度的代表就悬而未决的事情发表任何演讲、讨论或提议。然而，国际公务员可以为此类决案的草案工作提供真实的信息、技术咨询或援助。

国际公务员不应向政府代表或立法机构的成员游说或寻求支持，以获得对自己抑或是对他人职位的发展，或试图阻止、逆转对其地位不利的决定。各国政府应遵守联合国宪章和联合国系统各组织的章程，承诺维护国际公务员的独立性；因此，政府代表和立法机构的成员既不能应允此类请求，也不能干预此类问题。国际公务员解决这类问题的正确方法是通过行政渠道；每个组织都有责任提供相关的渠道。

职员—管理层的关系

30. 一个吸引人才的内在组织环境对职员和管理层的关系至关重要，同时这种组织环境还有利于组织利益的寻求。职员与管理层之间的关系应该是以相互尊重为指导原则的。选举职工代表的一个重要作用就是在于审议雇用和工作条件，同时促进职工福利的最大化。结社自由是一项基本人权，国际公务员有权成立或加入协会、工会或其他团体，以促进和捍卫自己利益的权利。员工和管理层之间的持续对话是必不可少的。管理部门应促进这种对话。

31. 选举的职工代表享有从其身份地位获取的权利；这可能包括参与到其所属组织的立法机构中去。这些权利的使用应与《联合国宪章》、《世界人权宣言》及所有关于人权的国际公约的章程相一致，并且不会破坏国际公务员制度的独立性和完整性。在使用其享有权利的广泛自由时，职工代表必须履行责任意识，避免过分批评组织机构。

32. 职工代表无论是在任期之内或任期结束后，都应受到免于因其作为职工代表履行的责任或参与的活动而受到歧视的保护。组织应避免对其职工工会或协会的管理横加干涉。

同会员国及立法机构的关系

33. 保持与各国政府尽可能好的关系，同时避免做出损害这种关系的行为是国际公务员的明确责任。他们不应干预各国政府的政策或内政事务。不管是代表个人或集体，国际公务员试图进行批评或抹黑政府的行为都是不能接受的。与此同时，国际公务员可以为了支持自己组织的政策而畅所欲言。国际公务员的任何活动，对损害或推翻一个政府发挥了不管是直接或间接的作用，均构成严重的不当行为。

34. 国际公务员不是其本国政府的代表，也没有权利作为联合国系统内各组织与其本国政府之间的联络代理人。但是，行政负责人可能要求承担此类责任，作为一种使国际忠诚和正直成为必不可少的独特作用。对他们来说，不管是政府还是联合国组织均不应把国际公务员放在可能使国家和国际忠诚发生冲突的位置。

与公众的关系

35. 联合国系统内的组织若想成功运作，就必须得获得公众的支持。因此，全体国际公务员均有责任不断促进公众更好地理解其组织的目标和所做工作。这就需要他们充分了解自己的组织所取得的成就，并将联合国系统作为一个整体而熟悉自身。

36. 还有一种风险是，有时国际公务员可能受到来自他们的组织外的批评；在与其国际公务员的责任相一致的前提下，他们应有技巧地、有克制地进行回应。组织有责任保护国际公务员免受因履行职责而招致的批评。

37. 国际公务员不应在公众场合宣泄自己的不满或批评自己的组织。在任何时候，国际公务员都应像他们的忠诚誓言一样，努力促进国际公务员制度的积极形象。

与媒体的关系

38. 保持与媒体之间公开而透明的关系是传达组织信息的有效手段。组织应制定适用于以下原则的准则和程序：国际公务员应以其组织的名义发言，避免个人的参考和意见；在任何情况下，国际公务员均应避免利用媒体来促进自身的利益、宣扬自己的不满、透露未经授权的信息或试图影响其组织的政策决定。

信息使用和信息保护

由于机密信息的泄露可能会严重损害一个组织的效率和信誉，因此国际公务员应对其在所有公务事项中行使的自由裁量权负责。未经授权，他们不能泄露机密信息。国际公务员不应使用他们因其官方职位而获取的但尚未对公众公开的信息来谋求个人利益。这些义务不因国际公务员的离职而终止。组织必须制定使用和保护机密信息的准则，这些指导准则同样需要跟上通信等新技术发展的步伐。这些规定不影响联合国秘书处与各成员达成的信息交流的已有条例，这些条例保证了各成员国对联合国组织机构生活和工作上的充分参与。

尊重不同的风俗和文化

40. 世界是万千个拥有各种不同民族、语言、文化、习俗和传统的大家庭。真正尊重他们是国际公务员的基本要求。必须避免在特定的文化背景里不能接受的任何行为。但是，如果有传统直接违背了联合国系统通过的任何人权文书，则国际公务员应遵从联合国系统的规定。国际公务员应避免奢侈招摇的生活方式和显露个人重要性的膨胀感。

安全防范与保障

41. 一旦行政管理者按工作需要分配了工作人员，组织就有责任没有任何歧视地确保国际公务员的健康、福利、安全和生活，保证他们不会遭受不当风险。组织应采取措施保证职员及其家人的安全。同时，国际公务员有责任义不容辞地遵守旨在保护其安全的所有指令。

个人行为

42. 国际公务员的私生活是其自己的事情，组织不应干涉其私生活。然而，在某些情况下，国际公务员的行为会折射出组织的行为。因此，国际公务员需牢记，他们在工作场所之外的行为和生活，即使与其职务无关，也可能影响组织的形象和利益。这也可能从国际公务员的家庭成员的行为和生活上反映出来，因此，国际公务员有责任确保其家庭成员充分意识到这一点。

43. 国际公务员享有的特权和豁免仅是在确保组织利益的基础上授予

的。这些特权不能豁免国际公务员不遵守当地的法律,也没有提供国际公务员可以忽视私人法律或财政义务的借口。值得关注的是,只有行政管理者才有权放弃基于国际公务员的豁免特权或确定其范围。

44. 违反的行为可以包括严重的犯罪活动,也可以包括轻微的过失行为,同时,组织可以根据不同的性质和具体案件的情况作出判断。国家法院定罪通常、尽管并不总是成为国际公务员被起诉的具有说服力的证据;触犯国家刑法的犯罪行为通常也被视为违反了国际公务员制度的行为标准。

外间受雇和活动

国际公务员的基本义务就是将其全部精力投入到他们组织的工作中去。因此,未经事先授权,国际公务员不应参加任何外间活动,无论有无报酬,因为这些外间活动干扰了他们本身的义务,或不符合其身份,或是与其组织的利益相冲突。任何与此相关的问题均应提交给行政管理者。

46. 除上述规定外,当然外间活动也不是不可以,只要是同时有利于国际公务员自身和其组织双方的。组织应允许、鼓励和促进国际公务员参与到专业活动中去,这些活动有利于促进与公营和私营机构的联系,从而培育和加强他们的专业和技术能力。

47. 国际公务员在休假中,无论是否带薪,都应牢记他们仍是国际公务员,仍然与其组织存在雇用关系,仍然需要遵守其组织的规则。因此,在其休假期间,获得适当的授权后国际公务员可以接受雇用,无论有偿或无偿的。

48. 鉴于国际公务员的独立性和公正性,除了保留其选举权,他们不应该参与任何政治活动,比如代表或控制当地或国家的政治职位。但是,这并不妨碍其参与当地社区或民间活动,只要这种参与性的服务是与其联合国系统中的誓言相一致的。国际公务员有必要在选择支持政党或竞选活动中保持谨慎的态度,避免接受或募集资金、撰写相关文章、公开演说或向媒体发表声明。这些情况都需要国际公务员做出判断,如果仍存疑惑,应将问题提交给行政管理者。

49. 由于成员在一个政党的意义从国家到国家有所不同,这就很难制定一个适用于所有情况的标准。一般情况下,国际公务员可以是某个政党的成员,只要其当前的看法和灌输给其他成员的义务是与其在联合国系统内的誓言相一致的。

礼物、荣誉和来自外界的报酬

为了维护国际公务员正直的形象，在没有上司授权的情况下，国际公务员均不能接受任何来自外部组织的荣誉、勋章、礼物、报酬、支持或超出名义价值的经济利益；这些外部组织可能包括政府、商业公司或其他实体。

51. 在联合国系统内任职或离职期间，国际公务员均不得接受任何因其职位而获得的来自政府或其他上述组织的补充款和其他补贴。为了平衡这一要求，政府或其他实体，只要承认他们与联合国宪章的精神和联合国系统各组织的章程，均不应该提供此类支付。

结　语

52. 国际公务员行为准则的实现需要各方的最高承诺。国际公务员必须致力于本准则所阐述的价值观、原则和标准。积极主动地拥护本准则。有责任献身于联合国系统的远大理想。组织有责任通过其政策框架来实施这些准则标准，包括法规、规章和其他行政手段。站在他们的立场，希望会员国通过遵守联合国宪章和其组织文书，维持国际公务员制度的独立性和公正性。

53. 要使这些标准得以有效实施，很重要的是要使其被广泛传播，并采取相关措施、落实机制，以确保其范围和重要性在国际公务员、联合国会员国和其他组织之中广泛知晓。

54. 尊重这些标准可以使其成为确保国际公务员继续履行其职责、满足世界各国人民愿望的有效工具。